中國學術思想 研究輯刊

八 編

林 慶 彰 主編

第13冊

王弼的言意理論與玄學方法

蔡 振 豐 著

花木蘭文化出版社

國家圖書館出版品預行編目資料

王弼的言意理論與玄學方法／蔡振豐 著 — 初版 — 台北縣永
和市：花木蘭文化出版社，2010〔民 99〕

目 2+172 面：19×26 公分

（中國學術思想研究輯刊 八編：第 13 冊）

ISBN：978-986-254-197-5（精裝）

1.（三國）王弼　2. 學術思想　3. 玄學

123.12　　　　　　　　　　　　　　　　99002346

中國學術思想研究輯刊

八 編 第十三冊　　　　　　　ISBN：978-986-254-197-5

王弼的言意理論與玄學方法

作　　者　蔡振豐

主　　編　林慶彰

總 編 輯　杜潔祥

出　　版　花木蘭文化出版社

發 行 所　花木蘭文化出版社

發 行 人　高小娟

聯絡地址　台北縣永和市中正路五九五號七樓之三

　　　　　電話：02-2923-1455／傳真：02-2923-1452

網　　址　http://www.huamulan.tw 信箱 sut81518@ms59.hinet.net

印　　刷　普羅文化出版廣告事業

封面設計　劉開工作室

初　　版　2010 年 3 月

定　　價　八編 35 冊（精裝）新台幣 58,000 元　　　版權所有·請勿翻印

王弼的言意理論與玄學方法

蔡振豐　著

作者簡介

蔡振豐，1962 年生，國立臺灣大學中國文學研究所碩士、博士。曾任國立臺灣大學中國文學系助教、講師、助理教授，現為該系副教授。主要研究領域為魏晉玄學、佛學及儒、道二家思想，並兼及於東亞儒學研究。主要著作有《王弼的言意理論與玄學方法》、《魏晉名士與玄學清談》、《魏晉佛學格義問題的考察：以道安為中心的研究》、《朝鮮儒者丁若鏞的四書學》等。

提　　要

　　本書旨在說明「言意理論」在魏晉學術轉變中的重要地位，並嘗試指出王弼的「言象意說」可成為──「系統的方法」（即可作為──論述的文法或思維的方式）。全書的問題起於湯用彤、牟宗三、勞思光、余英時等學者對魏晉學術的討論，尤其反省於「境界型態形上學」、「體用」等觀點在論述王弼玄學上的問題。

　　全書主要由三部份組成，第一部分論及魏初選舉制度之爭議、劉劭《人物志》之理論以及對聖人議題的看法等，與「玄學」之發生的可能關聯。第二部份則分析王弼言意理論的意涵，並說明其在方法上的意義。第三部份在於透過王弼的《老子注》與《周易注》，說明王弼的言意理論如何作為「方法」展現在其注文之中。

　　全書的章節安排如下：

目

次

緒論　問題與方法

　　「王弼的言意理論與玄學方法」這個論題，主要在於討論王弼的言意理論，以及言意理論對於玄學形成的影響這一問題。言意理論在魏晉是一個重要的論題，其在玄學研究上的重要性，則由湯用彤先生所提出，其言云：

　　新學術之興起，雖因於時風環境，然無新眼光新方法，則亦只有支離片斷之言論，而不能有組織完備之新學。故學術，新時代之托始，恒依賴新方法之發現。夫玄學者，謂玄遠之學。學貫玄遠，則略於具體事物而究心抽象原理。論天道則不拘於構成質料（Cosmology），而進探本體存在（Ontology），論人事則輕忽有形之粗迹，而專期神理之妙用。夫具體之迹象，可道者也，有言有名者也。抽象之本體，無名絕言而以意會者也，迹象本體之分，由於言意之辨，依言意之辨，普遍推之，而使之為一切論理之準量，則實為玄學家所發現之新眼光新方法。王弼首唱得意忘言，雖以意解，然實則無論天道人事之任何方面，悉以之為權衡，故能建樹有系統之玄學。夫漢代固嘗有人祖尚老莊，鄙薄事功，而其所以終未捨棄天人災異通經致用之說者，蓋尚未發現此新眼光新方法而普遍用之也。〔註1〕

自湯用彤先生提出「玄學系統的建立，有賴於言意之辨」〔註2〕以來，學者在討論玄學之產生時，皆對「言意問題」抱持審慎的態度。然湯氏這一意見並非全然受到肯定，在上引這段文字中，即有下列幾個問題容易受到質疑。第

〔註 1〕 見湯用彤：〈言意之辨〉一文，《魏晉玄學論稿》（《魏晉思想・甲編五種》，臺北：里仁書局，1984 年），頁 23～24。
〔註 2〕 見《魏晉玄學論稿》，頁 24。

一，湯氏以為玄論之起是由於學問往抽象化之途轉進的必然趨勢，而抽象化的對象，則是魏晉的源於評論人物的名理之學。湯氏此說如要成立，勢必要假定人物識鑒與玄學論題係屬同質的發展，而這一假設是否絕對可能？牟宗三先生對此有所反對。牟先生以為：「若從『學』方面言，則玄學稱為玄學名理，而《人物志》則稱為才性名理。玄學名理以王弼、何晏為首，向秀、郭象隨之。才性名理以《人物志》開端，下賅鍾會之《四本論》。」〔註3〕換言之，牟先生以為才性名理與玄學名理分屬二個領域，玄學名理為形上學，而才性名理為「品鑒人學」〔註4〕。謝大寧先生根據牟先生的區分，進一步以為：「才性名理只是人性論中美學鑑賞的問題，玄學則是形上學的論題；這二者之間不可謂有任何本質上的關聯性，甚至連論題的推衍都是不可能的。它們之間鉤連起歷史關係的因素是在言意之辨上，而這是純方法論上的層次。因兩者皆屬於前述『內容真理』〔註5〕的範圍，故可援用相同的方法論論題。倘若人由此起過多的聯想，遂謂才性與玄理為同質的，謂玄學為學問往抽象發展的必然歸趨，這當然是一種混漫分際的聯想。」〔註6〕於此可見謝氏堅決的認為才性名理與玄學名理為一異質的發展。

　　第二個對湯氏之說的質疑在於：湯氏以為玄學的本體論即由言意方法的基礎轉來。他說：

> 忘象忘言不但為解釋經籍之要法，亦且深契合於玄學之宗旨。玄貴虛無，虛者無象，無者無名。超言絕象，道之體也。因此本體論所謂體用之辨，亦即方法上所稱言意之別，二義在言談運用雖有殊，但其所據原則實為同貫。故玄學家之貴無者，莫不用得意忘言之義以成其說。〔註7〕

湯氏此說在哲學上是否說得通亦頗受到懷疑。質問者以為：「方法學上的言不

〔註3〕　見牟宗三：《才性與玄理》（臺北：學生書局，1980年），頁43。
〔註4〕　見《才性與玄理》，頁255。
〔註5〕　「內容真理」與「外延真理」之辨見《才性與玄理》，頁252～254。外延真理所對者為客觀世界中具體指實之物，內容真理所對者則為超現象的精神境界、價值領域中之物。如以語言表達這兩類真理，外延真理可由概念透過邏輯程序而清楚表達，它可以達成一客觀的認知。而內容真理則是所謂的啟發語言，啟發語言永不能指實而說，它必須在一辯證的歷程中呈現，必須透過「忘卻」的過程來彰顯。
〔註6〕　見謝大寧：《從災異到玄學》（臺北：國立台灣師範大學國文所博士論文，1989年），頁10～11。
〔註7〕　見《魏晉玄學論稿‧讀人物志》，頁28～29。

盡意，不過意味某一類的名言有其本質上的限制；這一類的名言，可稱爲『內容眞理』，它在本質上即無法由概念以窮盡其全部內容。所以得意忘言也只是說明欲得眞實則必待超越名言這一辯證過程，它原則上可以是一切內容眞理的方法論上之『共法』。王弼能由荀粲之論轉化運用之，以成其玄學理論，這是他的穎悟處，但若謂玄學的本質即由此而來，可能就過甚其辭了。」〔註8〕

　　上述二點對湯氏意見的質疑，在論據上皆有可觀之處，然所持論之角度爲哲學史的觀點。在余英時先生的《中國知識階層史論》中，湯氏之說曾被作爲定論應用於該書的論述之中，茲節錄於下：「（郭）林宗所開始之人倫鑒識既以才性之分析爲本，則分之愈精，析之愈微，個人之一切特徵亦愈益顯露，雖人心不同，各如其面，而才性之所近亦自有類型可辨。故才性之分析既因同以見異，復自異以求同，而具體之人物批評遂不得不發展爲抽象之討論」〔註9〕。又言：「形不盡神及瞻形得神之旨，正是漢末以來捨具體事象而求抽象原理之精神之表現。故論人物之重神而遺形亦猶論天道之重本體而忽象數也。與神鑒之論相輔而行者有所謂『言不盡意』之說（下引歐陽建〈言盡意論〉），王弼注易遂探此法，益輔以莊生『得魚忘荃』之旨，而建立本體論。於是『言不盡意』、『得意忘言』卒成爲魏晉玄學中之一根本方法，推其源流固出自漢魏以來之人倫鑒識也。」〔註10〕余先生是以思想史角度立論，重點放在思想對社會活動的影響上，其說可以使我們肯定，在歷史的層面上，「玄論」與「才性論」的發展可能有密切的關聯。而這一關聯爲何？余先生所言仍重於「言意」方法之應用於人倫品鑒上，這一點與湯用彤氏以「體用關係」，泛論「言意」的應用是相同的。湯用彤先生雖說「玄學系統的建立，有賴於言意之辨」，這一語句，似是以「言意之辨」爲一理論的構建之法，然其文後所言之解釋經學、會通儒道、立身行事等等，實爲一應用之法，而非所謂的「系統」的「根本」之法。所以湯、余二者之說，並不及於「言意之辨」之所以可爲系統之「方法」，仍不能解釋前述才性名理與玄論之間「異質」的質疑。他們只能說明「言意之辨」爲玄學思潮下的一思想傾向，而不能說明玄學之興起與「言意之辨」有何內在的理論關聯。換言之，不能說明「玄學」之所以爲「學」的原因。勞思光先生於玄學的系統性有較強的質疑，其

〔註8〕　見謝大寧：《從災異到玄學》，頁8。
〔註9〕　見余英時：《中國知識階層史論》（臺北：聯經出版社，1980年），頁241。
〔註10〕　見《中國知識階層史論》，頁290。

言：「清談之士既未構成一有傳承關係之學派，亦未曾建立一有嚴格系統之學說；故『玄學』是否能被看作一嚴格意義之『學』確有問題。」〔註11〕即是以魏晉玄學並無所謂的系統之法，而做的評論。

勞思光先生不但以為「魏晉玄學」沒有嚴格的系統性，而且在綜論正始時期何晏、王弼等人的玄論時，也是與牟宗三先生有所不同的。勞、牟二家議論的相異，引發了本文的寫作興趣。首先勞先生的批評是建立在由曹魏到兩晉的玄學發展上，玄學在這段時間的發展確實沒有明顯的傳承關係，如元康時期的郭象玄論，即與正始時期的王弼之說有所別異。但是假如先將玄學的討論定位於「正始時期」的夏侯玄、何晏、王弼諸人的學說上，那麼是否仍無所謂的系統之法可尋？其次，勞先生以為：「老子所說的『無為』觀念，必須收歸『主體自由』觀念下，方見其真意義；王注始終不能接觸此種觀念，故就注老而言，有關價值及自我境界之部份，王弼皆無所見；只能說了解老子之形上學觀念而已」〔註12〕。此一論點明顯的與牟宗三先生之說有所出入，他否定王弼之說有所謂的「境界」、「主體自由」的成分，其實也就間接的反對以「境界形態的本體論」這一觀點去理解王弼之說。如此，王弼的形上學為何，成了檢討王弼理論的一個重點。本文的論題既在於正始玄學之「方法」上的討論，為了使本文得以合法的進入論題，以下將先對夏侯、何、王等諸人的論說做一比對，並且重新反省「境界形態」說對他們理論的適用性。

正始時期的玄學代表人物，如夏侯玄、何晏、王弼等人的理論中，他們對於「道」的看法是相當一致的，《晉書‧王衍傳》說：

> 何晏、王弼等祖述老、莊，立論以為：「天地萬物皆以無為本。無也者，開物成務，無往不存者也。陰陽恃以化生，萬物恃以成形，賢者恃以成德，不肖恃以免身。故無之為用，無爵而貴矣。」〔註13〕

王衍的這一段話十分扼要的指出何晏及王弼立論的共同點，《列子‧天瑞》張湛注引何晏〈道論〉言：

> 有之為有，恃無以生；事而為事，由無以成。夫道之而無語，名之而無名，視之而無形，聽之而無聲，則道之全焉，故能昭音響而出氣物，色形神而章光影；玄以之黑，素以之白，矩以之方，規以之

〔註11〕 見勞思光：《新編中國哲學史》第二章（臺北：三民書局，1986 年增訂版），頁 141。

〔註12〕 見《新編中國哲學史》，頁 165。

〔註13〕 唐‧房玄齡等：《晉書》（臺北：鼎文書局，1980 年），卷四十三，頁 1236。

員。員方得形而此無形，白黑得名而此無名也。〔註14〕

「有」恃「無」以生，這是「開物」；「事」由「無」以成，這是「成務」。「道之而無語，名之而無名」是以「名」之限定，相對的說明道的「無限性」。何晏的語旨在於強調「道」本身無經驗性質，但為經驗事物之生成依據。並且由此觀念轉而以為「道」的「無限性」可由「道」之可「備載」萬物來說明。《列子‧仲尼》注引何晏〈無名論〉言：「若夫聖人，名無名，譽無譽，謂無名為道，無譽為大。則夫無名者，可以言有名矣；無譽者，可以言有譽矣」〔註15〕。何晏所謂的「無名可以言有名」，可以用同篇注引夏侯玄的話來說明，夏侯氏言：「夫唯無名，故可得徧以天下之名名之」，即是以「無名」可以為備載萬物之「名」。同樣的，「道」之所以為「無」亦可同理而觀之。何晏的這些意見與王弼是十分接近的。王弼的《老子指略》說：

　　夫物之所以生，功之所以成，必生乎無形，由乎無名。無形無名者，
　　萬物之宗也。〔註16〕

此即說明「道」一方面超越現象，另一方面又決定現象。又《老子注》第五章中解「天地不仁，以萬物為芻狗」言：

　　天地任自然，無為無造，萬物自相治理，故不仁也。仁者必造立施
　　化，有恩有為。造物施化，則物失其真；有恩有為，則物不具存；
　　物不具存，則不足以備載矣。〔註17〕

即以「自然」義說明「道」能使「物具存」，能備載萬物。由此可以看出正始玄學的代表人物間實有共同的理趣。這一理趣在於「道」為「無形」，而為「有形」之根源，「道」為「無名」而又「備載」萬物。在後面的論述中，可以看到這些論旨並未曾在王弼的理論中有所改變，這得以說明王弼之說是在夏侯玄、何晏的說法上做進一步的理論發展，因此在正始玄學的這一階段，可以將夏侯、何、王三者視為同一學派的發展。

　　然而指「道」不為時空中的對象，可備載萬物，為早期形上思想常有之區分，從「體用」的觀點，因「用」而顯「體」，因「現象」而知有「超現象」之存在，這在理論上並無疑義。但是何、王等人的論旨當不止於此，他們有

〔註14〕　楊伯峻：《列子集釋》（北京：中華書局，1979 年），頁 10～11。
〔註15〕　《列子集釋》，頁 121。
〔註16〕　魏‧王弼著，樓宇烈校釋：《王弼集校釋》（臺北：華正書局，1992 年），頁195。
〔註17〕　《王弼集校釋》，頁 13。

意進一步以此一區分而論價值問題。如夏侯玄的話中即說：

> 天地以自然運，聖人以自然用，自然者，道也。道本無名，故老氏
> 曰彊爲之名。〔註18〕

夏侯氏所說的「聖人以自然用」揭示他們所論的「道」在超越義之外，仍含有對萬物或對行爲上的支配意義，這一想法在王弼的論述中亦然。王弼所謂「凡有之爲利，必以無爲用；欲之所本，適道而後濟」（《老子注》第一章）〔註19〕，其注文中的「以無爲用」與「以自然用」皆在強調對事物的支配義，但這一支配義在「備載」的意義下，則有理論上的問題。如《老子注》三十八章言：「以無爲用，則莫不載也」〔註20〕，說道體之「無」可備載萬物，此無問題。但若論主體之「無」，對事物可形成「莫不載」的作用，在理論上恐有疑義。回到上引《老子》的本文中，首先值得注意的是：「天地不仁，以萬物爲芻狗」二語是連著「聖人不仁，以百姓爲芻狗」，在語脈上重於言聖人的「不仁」境界。所謂「不仁」應指「無所偏好」之意，其旨在說明：主觀境界之駐於「無爲」的超越義，可使主體得以保有主體的超越性自由，而使主體的行爲能依自身之決定，而不爲外在的事物所牽累。反觀王弼的解法則非如此，王弼以爲「無爲」而使萬物「自相治理」，其功能性的意義在於「備載」；換言之，依王弼之意，天地如「有爲」則勢必對物有所排斥而不能「備載」萬物，造成「物不具存」的結果。但王弼此說在理論上實有困難，蓋在「任自然」之義下的「萬物各適其所用」，如指爲一事實命題，則任何情況，均不能說是「不適其所用」；如是理想陳述，則此理想須另行建立，不得從「自然」一義中建立。此一困難業已經勞思光先生所指出〔註21〕，亦爲勞氏論王弼不能接觸價值及自我境界的主要論據。

牟宗三先生不視「自然」爲一事實命題，他以爲「自然」是「依沖虛而觀所顯之境界上的自然」，而所謂境界上的「自然」是指「不著於物而指物」，因不著於物而指物，「則自亦無物上之他然，而卻眞正是自然。正是遮撥一切意計造作而顯之『洒脫自在』之自然，此即是沖虛而無所適、無所主之朗然自在」〔註22〕。牟先生顯然無視王弼「造物施化，則物失其眞；有恩有爲，

〔註18〕《列子集釋》，頁121。
〔註19〕《王弼集校釋》，頁2。
〔註20〕《王弼集校釋》，頁93。
〔註21〕《新編中國哲學史》，頁165。
〔註22〕見《才性與玄理》，頁144。

則物不具存；物不具存，則不足以備載矣」這句話對「任自然」有何意義上
的說明。而牟宗三的自然義是建立於「沖虛玄德」上的，其所據以論者爲《老
子注》第四章，茲節錄於下：

> 沖而用之，用乃不能窮。滿以造實，實來則溢。故沖而用之，又復不
> 盈，其爲無窮，亦已極矣。形雖大，不能累其體。事雖殷，不能充其
> 量。萬物捨此而求主，主其安在乎？不亦淵兮似萬物之宗乎？〔註23〕

王弼的注文以爲道所以爲萬物之宗主，在於道以沖虛爲性，「沖而用之又復不盈」
表示道始終不落於定有，所以不爲「實」所限定。牟宗三先生就道的這一沖虛
之性而言：「此沖虛玄德之爲萬物之宗主，亦非客觀地置定一存有型之實體名曰
沖虛玄德，以爲宗主。若如此解，則又實物化而爲不虛不玄矣。是又名以定之
者矣。此沖虛玄德之爲宗主實非『存有型』，而乃『境界型』者。蓋必本於主觀
修證，所證之沖虛之境界，即由此沖虛境界，而起沖虛之觀照」〔註24〕。牟先
生不視王弼之玄學體系爲一「實有形態」，而視爲「境界形態」〔註25〕。「實有
形態」是以「道」之所指，爲一客觀的「創生的實體」；而其所謂的「境界形態」
可能含有以下二個意義：第一，其「道」非一「創生的本體」，而是經由主觀心
靈的修養（主觀修證）所呈現的本體，故離此心即無本體，此本體爲一主觀的
呈顯，而非一客觀的實有。其次，道雖爲心所呈現，但由於它可以達到一超主
客的層次，所以不能說它是主觀的，因爲經由心靈之轉化所呈顯之道，可以具
有客觀創生的含意，但這一創生只能是「不生之生」，是「憑因之生」而非「創
生之生」。

　　牟先生以「道」之不可「實體化」而言主觀之沖虛境界，有其洞見所在。
這一說法，不僅一方面用以判分中、西方哲學的形上系統，指出中國哲學的
優越之處；一方面則可建立對道家思想的理解，在方法論上有堅實的說服力。
但牟先生的這一理解，似非完全建立在王弼的《老》注，而是建立在先秦《老
子》、《莊子》，到魏晉玄學的王弼、向、郭，整個學派的系列發展上。換言之，
是將上述的發展視爲一傳承的道家學派而說的。可是王弼對《老子》的態度，
並不如孔門弟子、孟子、荀子、《中庸》及《易傳》作者之拳拳服膺，折衷於
孔子。而且王弼於注《老》之外，亦注《易》及《論語》，是否能視爲純粹的

〔註23〕《王弼集校釋》，頁11。
〔註24〕見《才性與玄理》，頁141。
〔註25〕見《才性與玄理》，頁264，又頁141～143。

道家學者亦頗受懷疑，因此對王弼思想的討論，是可以跳脫將王弼隸屬於「道家系統的學派」這一觀點的〔註26〕，如此王弼理論並不一定須以「境界形態」解之。再者，如以「境界形態」視王弼《老子注》的「守母存子」及《老子指略》的「崇本息末」，雖可知牟先生的慧見所在，然將這一觀念放在「莫不載」、「備載」的觀念下，又顯出主觀境界說所無法達成的限制。《老子指略》批評名、儒、雜、墨各家，以為他們的學說皆是「用其子而棄其母」，並且以為「物失所載，未足守也」，由所守可「載物」，可知王弼觀念中的「母」、「道」非僅由超主客之「主觀境界」而有其形上意義，也當有其「客觀」的一面。又如王弼《周易注‧復卦》注〈象辭〉「復，其見天地之心」曰：

> 復者，反本之謂也。天地以本為心者也。凡動息則靜，靜非對動者也。語息則默，默非對語者也。然則天地雖大，富有萬物，雷動風行，運化萬變，寂然至無，是其本矣。故動息地中，乃天地之心見也。若其以為有心，則異類未獲具存矣。〔註27〕

在主觀境界說之下，這一段注文中的「寂然至無」之「本」，可理解為「由動靜有無相翻以顯之本」，蓋「由動而有」、「動止則有泯」、「至無」不落於「有」之限定始能妙「眾有」〔註28〕。但此解對照王弼《老子注》第十六章，則未有所愜，十六章的注文言：

> 唯此復，乃能包通萬物，無所不容。……無所不包通，則乃至於蕩然公平也。蕩然公平，則乃至於無所不周普也。無所不周普，則乃至於同乎天也。與天合德，體道大通，則乃至於窮極虛無也。窮極虛無，得道之常，則乃至於不窮極也。〔註29〕

此段注文言「復」之無所不包通，似非主觀境界說的「泯有」，反而是「存眾有」；「窮極虛無」非指為主觀境界說之不落於「有」的「至無」，而指為「周

〔註26〕儒釋兩家對照之下，孔子「踐仁知天」及佛陀「緣起性空」的理論，一直指引後代儒釋二家思想的行程。但道家學者自先秦起，都沒有自覺的要繼承誰的學說。所以道家中人雖有共同的精神傾向，也有共同關懷的問題，但他們對這些問題的解決，不必是永遠盤繞在前代宗師的領域中，他們也有可能會以不同於前人的態度，去面對共同的問題。關於此點參見楊儒賓：《先秦道家的觀念的發展》（臺大文史叢刊之七十七，臺北：臺大文學院，1987年），頁40～41。

〔註27〕《王弼集校釋》，頁336～337。

〔註28〕參《先秦道家的觀念的發展》，頁108～109。

〔註29〕《王弼集校釋》，頁36～37。

普萬物」之「無窮極」。由上諸例可知：主觀境界之說並不一定是對王弼理論最好的詮釋系統。

　　上述對主觀境界說的檢討，其目的並不在於推翻此詮釋系統，而在於說明尚有其他詮釋系統的可能。「道」之為「體」為無形無象的存在，其沒有「實體」的意義是無問題的，但也不一定必須以「主觀境界」來說明。回到形上學的基礎，我們或許也可以由海德格（Martin Heidegger）對「存有」（Sein）的概念中得到啟發〔註30〕。在海德格「存有」的意義之下，「道」是一「存有」而不是「存有者」（Seiendes），它不以一實體性（substantiality）或實有性（reality）的方式出現，所以道是「無」。但是道也不是「非有」，因為道呈現存有者並且藉存有者呈現其自身，所以不能以「非有」視之。在此，道與存有者的關係是「呈現」而非「創生」（「呈現」的觀念與王弼「不生之生」有其相近之處）。存有者之所以得以呈現，是基於道的「解蔽性」，但道一方面呈現存有者，另一方面也往往使人遺忘了「道」，而將道誤解為另一種存有者。這即是說：道是解蔽且隱蔽之道。海德格的「存有」概念不直接涉及價值領域，看似與中國哲學甚至王弼的玄論不相為謀，但他對「存有」的理解與中國哲學的道之概念頗有相近之處，本文並非主張借用他的「存有」概念，而是以為：海德格的理論，或許可以提供一個與目前的詮解有別的不同面向，以供詮解者做更進一步的思考。

　　至此，本文檢討了「體用」、「主觀本體論」等說法，其目的在於重新理解王弼的玄論，並且討論「言意之辨」這一方法的問題，一般對言意問題持體用觀者，簡單的以為「得意忘象」即是「貴無」，實則王弼「得意忘象論」除了「貴無」之外，亦有「存萬有」的意思，這一「存萬有」的用意，使得他的理論含有價值的論斷，只要一涉價值問題，則非體用觀念所能盡。況且將「言意之辨」視為「體用之辨」在面對《周易注》中卦爻的時間概念，或是「有」境的事物情境時，有其無法解說的一面。而「主觀境界」之說雖能以「主體之自由義」說明「忘象」之必要，然此純就「應物」上點撥，卻又

〔註30〕Sein 一般英譯譯為 Being，中譯譯為「存在」或「存有」。如陳嘉映、王慶節譯：《存在與時間》（臺北：唐山出版社，1989年），即將 Sein 譯為「存在」，將 existenz 譯為「生存」；而布魯格編著，項退結編譯：《西洋哲學辭典》（臺北：華香園出版社，1989年），則將 Sein 譯為「存有」，將 existenz 譯為「存在」。本文採取「存有」之譯名。有關海德格的「存有」概念，參閱陳榮華：〈海德格的「存有」與中國哲學的道概念〉，《台大文史哲學報》第36期（1988年12月）。

不能說明王弼理論中的「周徧義」。如此可知，上述二說實非牢不可破，因其之可斟酌，也指出了另一詮解的可能，這使得本文對言意問題是否能成為一系統之法，重新產生了興趣。

在討論言意問題是否可以成為一系統之法，特別是成為「玄學」的基礎時，似有必要先說明它是否可為玄學中的二個向度——「才性名理」與「玄學名理」二者提供理論根本。換言之，我們必須出先找出「才性」與「玄理」的「共法」，並且說明它們之間是一種同質的發展。一般而言，「玄學名理」是屬於形上學的領域，而「才性名理」是品鑒人學的美學領域。品鑒人學的審美判斷是形式而主觀的，這與形式而客觀的（如某些數學命題：如圓之於三角形等）、實質而主觀的（如人的種種目的）或者實質而客觀的判斷（如自然的目的）等是不相同的。但是當審美判斷要求一完全的品鑒，要求品鑒者對被品鑒者有完全的了解時（即能完全把握自然才質所顯現的所有質性），它事實上已脫離了主觀的美學品鑒，而進入客觀自然的絕對目的之中，如此使得美學的品鑒由意識上對完全品鑒的要求而進入形上學的領域。在觀察魏晉人物識鑒的理論上，我們可以找出上述的發展跡象。這一跡象特別表現在對聖人鑒識能力的看法上，具體的討論則又可見之於對聖人之「名」的意見上。如上引夏侯玄之論：以為聖人之名為「無名」，因其無名，故可用「天下之名」名之。這一強調「備載」的觀念，表現在人物品鑒上，即為聖人可以「總達眾材」這一觀念。以《人物志》為例，〈九徵〉篇云：「人物之本，出乎情性，情性之理，甚微而玄，非聖人之察，其孰能究之哉？」〔註31〕即表示只有聖人方可品鑒無失。在品鑒無失的目的下，為了使觀人術無所失誤，劉劭才客觀的討論：觀人所應取的種種可能的方式、觀點（如〈八觀〉）；觀人所可能產生的謬誤（如〈七繆〉）；人之見知與見用於國家之難（如〈效難〉）；觀人者如何自處其才，以觀人之德，達於觀人之極致（如〈釋爭〉）等問題。這說明劉劭有意將主觀之品鑒逐漸客觀化的趨勢，這種趨勢使得品鑒活動逐漸脫離了美學的欣趣。

在劉劭將觀人品鑒逐漸客觀化的歷程中，為了使客觀化的目的得以完全達成，他提出了「中庸之德，其質無名」〔註32〕這一觀念，其論述的方式與

〔註31〕 漢・劉劭著，陳喬楚註譯：《人物志今註今譯》（臺北：商務印書館，1996 年），頁 11。

〔註32〕 〈體別〉，《人物志今註今譯》，頁 41。

王弼之論道相近，所謂「中和之質，必平淡無味，故能調成五材，變化應節」〔註 33〕。又由於「偏材之性不可移轉」〔註 34〕，所以聖人實爲天生不移，幾爲「道」之實體化。《人物志》在理論上的此一轉變，說明了以才性爲主題的論說，亦含有形上學的意味，故才性與玄理之間的發展，在本質上雖有所別，但有一同質化的趨向；這一同質化的趨向，說明在討論上可以將二者視爲同一思潮下的相關學群。

經過以上的說明，爲了使論說的脈絡更爲清楚，以下擬再重述本文的基本想法：「王弼的言意理論與玄學方法」這個論題，主要在於討論王弼的言意理論，以及言意理論對於玄學形成的影響這一問題。言意理論係指王弼在《周易略例‧明象》所論的言象意說。而所謂的「玄學」則定位於正始時期有關才性及玄理的討論，由於本文所論述的時期較短，旨趣亦不在綜括魏晉的玄學發展，所以在寫作時儘力集中於王弼的理論上，以免旁溢而喪失焦點。這並不表示本文不能注意到其他玄學起源的可能線索，諸如魏晉時期，時代的風氣如何形成這類的問題。前人於玄學風氣的形成有頗多的論說，各家的解釋大致就歷史演變的源流，以及現實因素的促成二方面立論。就歷史源流而言，一般以揚雄、王充、張衡等兩漢之道家爲其遠流，而以荊州新學的發展爲其近因〔註 35〕。余英時先生依此論說之脈胳，給予這些考證一個內在的系統性的解釋，企圖從動機上說明玄學風潮的發展因素是出於「士的自覺精神」〔註 36〕。以爲魏晉思想之演變，實環繞在士大夫之群體自覺及個體自覺而進行，其目的在消融群體與個體自覺的衝突及牴觸，而使群己關係獲致協調。這些意見都是寶貴而值得再三斟酌的。

而在現實因素的促成方面，除言意方法的發現與引用外，前人所論大致在於避禍〔註 37〕、政治意識的發展〔註 38〕以及救世弊等三方面〔註 39〕。有關

〔註 33〕　〈九徵〉，《人物志今註今譯》，頁 14。
〔註 34〕　〈體別〉，《人物志今註今譯》，頁 64。
〔註 35〕　如湯用彤先生即持此見。參〈魏晉玄學流別略論〉一文，《魏晉玄學論稿》，頁 47～48。
〔註 36〕　這概念中，所謂「自覺」即爲「區別人己」。群體的自覺形成於東漢士大夫與外戚、宦官之衝突。而個體自覺「即自覺爲具有獨立精神之個體，而不與其他個體相同，並處處表現其一己獨特之所在，以期爲人所認識。」見余英時：〈漢晉之際士之新自覺與新思潮〉，《中國知識階層史論》，頁 231～232、305。
〔註 37〕　如陳寅恪先生以爲玄論之起是爲了政治上的避禍，遂「一變其指實之人物問題，而爲抽象玄理之討論」。其目的則在於「不與其時政治當局合作」。見〈陶

這三方面的論述由於涵蓋的層面較廣，往往不易以歷史的材料加以證成，所以本文皆不採取。最後在進入論題之前，本文須再重申一個詮釋上的基本問題：本文的寫作乃基於對王弼理論的「詮釋活動」，而這一活動很自然的要求某種程度的根據性，這一根據來自於史料以及王弼的諸著作中。但由於文字一旦寫下，它就脫離了作者的控制，以及當時讀者的接受情境。如此文字作品便通過距離化的作用，在文字系統以內組合成了一絕緣孤立的體系。因此，作品一方面從屬現時，另一方面其意義必須依賴詮解者的參與，在此情況之下，詮釋的結果對作品的本身而言都是不盡。在上述的基本信念下，本文的寫作只是提出一新的理解方式，但這不代表這一理解方式，必須與其他的理解互相排斥。當然，為了避免陷入相對主義，本文必須肯定作品本身在接受詮釋之前，仍有其較為客觀的意義；並且承認詮釋之間仍有優劣高下。如此，本文的提出，一方面可視為在學習階段中，對自身的交待；而其最大的意義卻在於：以此作為一尋求溝通與指導的方式。

淵明之思想與清談之關係〉，《金明館叢稿初編》（《陳寅恪先生文集》第一冊，臺北：里仁書局，1981 年），頁 180～181。此說或可解釋部分實情，然用於正始玄學並不恰當，觀夏侯玄、何晏高唱玄論之時，皆位高權重，而王弼亦熱中於功名，可知此說至少不能概論正始時期。

〔註38〕 即以才性論和玄論，具是統治階級為鞏固階級利益而發展的一套政治理論。持此論者大都以唯物史觀為論述基礎，視玄學為一套政治的意識型態。如唐長孺：〈九品中正制度試釋〉，《魏晉南北朝史論叢》（河北：河北教育出版社，2002 年）。又如許抗生等所著的《魏晉玄學史》（陝西：陝西師範大學，1989 年）。此說將學說之有「政治作用」混同為「政治的意識型態」，顯見為受政治教條影響下的研究結論。類此泛意識型態論的主張，因為不承認真理的客觀性，遂使自己的主張也跌入相對主義，而使一切判斷落於虛無。又，如視玄學為一政治的意識型態，則無法解釋其發展下的美學領域如何無法開出之問題。

〔註39〕 如容肇祖即謂何晏、王弼之說，主要在破除當世天人災異的迷信。說見《魏晉的自然主義》，《魏晉思想・甲編第二種》（臺北：里仁書局，1984 年），頁24～25。然而，天人災異之說在當時未必只能以迷信視之，更何況天人災異說在當時並沒有顯著瓦解的現象。何晏與王弼不談災異，恐怕也不見得是站在天人災異有何現實的弊端這一立場。

第一章　魏初的形名之學及人倫識鑒的問題

　　東漢士大夫好名之風爲選舉制度所直接促成，此前輩學者論之甚詳，如《廿二史箚記》卷五「東漢尚名節」條云：

　　馴至東漢，其風益盛，蓋當時薦舉徵辟，必採名譽，故凡可以得名者，必全力赴之。〔註1〕

求名之風雖與選舉制度關係密切，然其風既興之後，「名」本身便成一獨立之價值，未必一定作爲求仕之手段，故有高名而不肯入仕者出，如郭林宗、徐孺子、申屠蟠以及其他隱逸之流，即足以說明「名」具獨立之價值。葛洪《抱朴子・正郭》引諸葛元遜之言曰：「林宗隱不修遁，出不益時，實欲揚名養譽而已」〔註2〕。據此，則郭林宗所爲，實在於「揚名養譽，唯名是求」。求名者日眾，人物評論遂發展爲專門之學，此即所謂「人倫鑒識」。專門之學興起之後，品鑒專家亦隨之而生，《後漢書・許劭傳》云：「天下言拔士者咸稱許、郭」〔註3〕即以許子將與郭林宗爲其中最著者。然由於人物之名有其獨立之價值，故其發展對在野而不求仕進的士人而言，則偏於美學欣趣一面，如林宗之評袁奉高、黃叔度言曰：

〔註1〕清・趙翼著，王樹民校證：《廿二史箚記校證》（北京：中華書局，1984年），頁102。

〔註2〕晉・葛洪著，楊明照校箋：《抱朴子外篇校箋》下（北京：中華書局，1991年），頁472。

〔註3〕南朝宋・劉曄：《後漢書・許劭傳》（臺北：鼎文書局，1981年），卷六十八，頁2234。

奉高之器，譬諸〔氿〕濫，雖清而易挹。叔度汪汪若千頃陂，澄之
不清，淆之不濁，不可量也。〔註4〕

此即以饒富玄趣之抽象譬喻以為人物之評論。此一發展純在會心，固不強求名
須符實。然人倫識鑒除了美學一路外，亦有延續東漢選舉制度而發展者；此必
強烈要求名實相符，以免徵聘到「純盜虛聲」之處士〔註5〕。《抱朴子‧名實》
言：「漢末之世，靈獻之時，品藻乖濫，英逸窮滯，饕餮得志，名不準實，賈不
本物，以其通者為賢，塞者為愚」〔註6〕，可見漢末名器尤濫，名不準實的情
況嚴重，天下之士痛心於名實之不講，使得形名之義見重於世。這一脈發展在
魏初頗為重要，依目前史料所示，魏初政治問題的討論重心大都在於人才一項，
漢儒所喜談的制度問題，幾全置勿論。特別是魏初太學與官僚系統已脫節，取
士之方大致必須依賴選舉制度；《人物志‧流業》云：「主道得而臣道序，官不
易方而太平用成」〔註7〕，即是此一趨勢的反映。另一方面太學中「諸博士率
皆麤疏，無以教弟子。弟子本亦避役，竟無能習學」〔註8〕，亦可見太學已失
去了教育、培植人材的意義〔註9〕。在此情況之下，有關名實的討論成了學術
的重點。由於名實之討論所涉為人物評論與政治典制，所以其說以循名責實

〔註4〕 《後漢書‧黃憲傳》，卷五十三，頁 1744。

〔註5〕 《後漢書‧黃瓊傳》曰：「先是徵聘處士多不稱望，李固素慕於瓊，乃以書逆
遺之曰：……近魯陽樊君被徵初至，朝廷設壇席，猶待神明。雖無大異，而
言行所守無缺。而毀謗布流，應時折減者，豈非觀聽望深，聲名太盛乎？自
頃徵聘之士，胡元安、薛孟嘗、朱仲昭、顧季鴻等，其功業皆無所採。是故
俗論皆言處士純盜虛聲。」《後漢書‧黃瓊傳》，卷六十一，頁 2032。

〔註6〕 〈名實〉，《抱朴子校箋》，頁 486。

〔註7〕 〈流業〉，《人物志今註今譯》，頁 83。

〔註8〕 晉‧陳壽：《三國志‧魏書‧王肅傳》裴松之注引《魏略》（臺北：鼎文書局，
1980 年），卷十三，頁 420。

〔註9〕 《魏書》裴注引《魏略》云：「黃初元年之後，新主乃復，始掃除太學之灰炭，
補舊石碑之缺壞，備博士之員錄，依漢甲乙以考課。申告州郡，有欲學者，
皆遣詣太學。……太學諸生有千數，而諸博士率皆麤疏，無以教弟子。弟子
本亦避役，竟無能習學」。又〈杜恕傳〉裴注引《魏略》：言「太學初立，有
博士十餘人，學多褊狹，又不熟悉，略不親教，備員而已」。《魏書‧高柔傳》
載高柔上疏云：「今博士皆經明行修，一國清選，而使遷除限不過長，懼非所
以崇顯儒術，帥勵怠惰也」。〈劉馥傳〉載劉馥上疏以陳儒訓之本云：「自黃初
以來，崇立太學二十餘年，而寡有成者，蓋由博士選輕，諸生避役，高門子
弟，恥非其倫，故無學者。雖有其名而無其人，雖設其教而無其功」。由上所
引皆可知太學之沒落，及其與官僚系統已失去聯繫。引文分別見於《三國志》，
頁 420、507、686、464。

為骨幹，合儒、名、法、道諸家之論，而且不離政治，此即所謂漢魏「名家」的形名之學（亦作刑名學）。〔註 10〕

漢魏的「名家」與先秦公孫龍子之名學旨趣不同〔註 11〕，其說以檢名定形、循名責實為主。這在魏帝重典制、精刑律，循名責實的法治政策下頗為得勢，《晉書・傅玄傳》載玄〈舉清遠疏〉云：「近者魏武好法術，而天下貴刑名」〔註 12〕；《文心雕龍・論說》亦稱：「魏之初霸，術兼名法，傅嘏、王粲，校練名理」〔註 13〕。然而在魏初的名學討論中，形名說隨著「聖人」議題的討論逐漸暴露其理論上的缺失。本章的主要目的即在於檢討魏初名家的根本理論，及其在面對魏晉時代的中心問題時，所顯出的基本限制，以作為由「名實之辨」到「言意之辨」的一個過渡說明。

第一節　魏初的名學理論

一、魏初名家之雜取儒、名、道、法

魏初名家有雜取儒、名、道、法之傾向，當時普遍要求士人應有平治天下之才能，而不以醇儒為高。王粲的〈儒吏論〉中以為：「執法之吏，不窺先王之典；搢紳之儒，不通律令之要」將不能致功成利，理想之狀況是「吏服訓雅，儒通文法」，如此才能「寬猛相濟，剛柔自克」〔註 14〕。可堪注意的是：王粲用「竹帛之儒」稱儒者，似未給儒者較為尊崇的地位，這可能可以代表當時名家的一般觀點，也說明「雜取」各家的事實。而魏初名家之雜取各家

〔註 10〕「名家」之解參湯用彤先生〈讀人物志〉，《魏晉玄學論稿》，頁 15。

〔註 11〕魏晉名家與先秦名家之別，參見勞思光《中國哲學史》第一冊第八章，「名家與名學」。又牟宗三先生《才性與玄理》一書第七章〈魏晉名理正名〉，以及湯用彤先生〈讀人物志〉一文。

〔註 12〕《晉書》，卷四十七，頁 1317。

〔註 13〕梁・劉勰著，周振甫注：〈論說〉，《文心雕龍注釋》（臺北：里仁書局，1984年），頁 347。

〔註 14〕〈儒吏論〉云：「執法之吏，不窺先王之典；搢紳之儒，不通律令之要。彼刀筆之吏，豈生而察刻哉？起於几案之下，長於官曹之間，無溫裕文雅以自潤，雖欲無察刻，弗能得矣。竹帛之儒，豈生而迂緩也？起於講堂之上，遊於鄉校之中，無嚴猛斷割以自裁，雖欲不迂緩，弗能得矣。先王見其如此也，是以博陳其教，輔和民性，達其所壅，祛其所蔽，吏服訓雅，儒通文法，故能寬猛相濟，剛柔自克也」。見清・嚴可均：《全上古三代秦漢三國六朝文・後漢文》（北京：中華書局，1991年），卷九十一，頁 964-2。文並見於《藝文類聚》卷五十二、《北堂書鈔》卷八十三、《太平御覽》卷六一三。

之說到底有何意義？本文將以徐幹為例做一說明。《隋書‧經籍志》雖列徐幹《中論》為儒家類，然觀《中論》所論，實為形名家之言，以下本節將列舉《中論》雜取各家之事實，並藉由其說與先秦諸家之比較，以說明魏初名家的基本傾向。

《中論‧脩本第三》言：

> 人心莫不有理道，至乎用之，則異矣。或用乎己，或用乎人。用乎己者，謂之務本；用乎人者，謂之追末。君子之理也，先務其本，故德建而怨寡；小人之理也，先追其末，故功廢而讎多。〔註15〕

君子與小人本為儒家學說的區分，然徐幹之要求君子務本，並不是基於德性上的要求，而在於施用的對象上。「用」之必須講求效果，這使「人心之理道」染有他律的色彩。故本末在此不是一德性的擴充與發用，而是一「用於己」或「用於人」的先後問題。在此意義下，徐幹並無先秦儒者有關道德情感、道德根源的探討，而只是以他律的道德意識來規範人心。因為就他律的行為規範立論，所以徐幹在治道上強調「賞罰」，所謂：「政之大綱有二，二者何也？賞罰之謂也，人君明乎賞罰之道，則治不難矣。」〔註16〕而賞罰必須由君主來立法、執行，所以他還強調位、勢，並且以為「位」為「立德之基」，「勢」為「行義之杼」〔註17〕。雖然徐幹以為位、勢只是「立德」、「行義」的必要手段，但他律的行為規範再加上賞、罰、勢、位之說，乃使得他的論點，在儒家的理想中充滿著法家的色彩。但從儒家的觀點而言，其說與荀子這位與法家有關的儒者之說，亦有極大的差別。

荀子雖然「禮」、「法」並論，但基本上仍將「禮」置於「法」之上。〈勸學篇〉言：「禮者，法之大分，類之綱紀也」〔註18〕，即以「禮」是法的綱紀；如此，「法」的制定，自不能與禮相抗衡。又〈彊國篇〉言：「隆禮尊賢而王，重法愛民而霸」〔註19〕，亦顯示「禮」比「法」更重要。況且在荀子的理想中還是希望「以道化民」，最好不用刑罰〔註20〕，因此荀子重刑的目的仍然在

〔註15〕 魏‧徐幹著，蕭登福校注：《中論》（臺北：台灣古籍，2000 年），頁 133。

〔註16〕 見《中論‧賞罰第十九》，頁 571。

〔註17〕 《中論‧爵祿第十》言：「位也者，立德之機也。勢也者，行義之杼也。聖人蹈機握杼，織成天地之化，使萬物順焉，人倫正焉。六合之內，各竟其願。其為大寶，不亦宜乎。」《中論》，頁 328。

〔註18〕 王先謙：《荀子集解》（臺北：華正書局，1993 年），頁 7。

〔註19〕 《荀子集解》，頁 194。

〔註20〕 〈議兵篇〉言：「明道而分鈞之，時使而誠愛之，下之和上也如影嚮，有不由

教化，而不是單純的懲罰。這一重教化輕刑罰的原則，雖爲魏晉名家所接受，但在論及刑賞之時，名家在理論上卻無法說明這一點。

再就法家的立場而言，法家之論賞罰，純自富國強兵上考慮，而全然不涉及道德問題。但是漢魏的學者則不然，他們似乎以爲天子行刑賞，是一推行教化的必要手段〔註 21〕。刑賞之說在形名之學中既有如此重要之地位，這也使得「刑」（形）、「名」成了漢魏名家的理論基礎。而這一理論基礎則得自於先秦法家，《韓非子·二柄第七》云：「人主將欲禁姦，則審合刑名，刑名者，言與事也。」〔註 22〕所謂「審合刑名」之「刑」，即指事形；「名」即指名言。就政治之道而言，刑名爲行賞罰之依據，這使得「名」成了不可不考慮的一個要素。當然「名」的作用也不止於刑賞之用，政治措施上選材及設官分職，亦有賴於辨名之學，有關這方面之討論將在下文繼續論之。

二、魏初名家之「名」在理論中的地位

「名」之成爲一學派的重要觀念，通常與該學派的整體思想有關。中國傳統思想，大都以「道」之概念作爲中心，所以「道」不但是一切學說之重點，亦爲一切學說之根本。如此，「名」的概念也就常與該學派「道」的概念互爲表裏。以下本文將藉由董仲舒、先秦法家之「道」、「形名」的觀念，以說明魏初形名家之「名」有何理論上的地位。

董仲舒的「天」有著宇宙論的濃厚色彩，在陰陽的律則下，有其四時的運行，萬事萬物皆可類合於四時、陰陽，而成爲一個秩序的世界。聖人在這一秩序的世界中所要做的乃在於「則天」、「副天之數」、「行天德」〔註 23〕，

令者然後誅之以刑。」《荀子集解》，頁 188。

〔註 21〕如王粲〈難鍾荀太平論〉云：「聖莫盛於堯，而洪水方割，丹朱淫虐，四族凶佞矣。帝舜因之，而三苗畔戾矣。禹又因之，而防風爲戮矣。此三聖古之所大稱也，繼踵相承，且二百年，而刑罰未嘗一世而乏也。」文見於唐·歐陽詢，汪紹楹校：《藝文類聚》（上海：上海古籍出版社，1999 年），卷十一，頁 202。
鍾荀的論據今未可知，然可推測其主張可能在於行教化而去刑罰。而王粲以爲三聖仍「有所不化」，所以刑罰是教化的必要手段，而且是唯一的方法。由此可知，就一個形名家的立場，他們雖然不放棄儒家的教化理想，但以爲教化仍需依賴刑賞方能推行。

〔註 22〕陳奇猷校注：《韓非子新校注》（上海：上海古籍出版社，2000 年），頁 126。

〔註 23〕〈奉本第三十四〉：「聖人不則天地，不能至王」。〈天容第四十五〉：「聖人視天而行」。〈基義第五十三〉：「聖人之道，同諸天地」。〈四時之副第五十五〉：「聖人副天之所以爲政」。〈威德所生第七十九〉：「行天德者謂之聖人」。引文

其目的在使人爲的世界合於宇宙秩序的世界。「名」在如此的理論下，成了聖人發天意、達天意之重要媒介〔註24〕。因此，就爲政者所掌握到的「名」來說，它基本上有一不可移的天意寄寓其中，董仲舒說：「故號爲天子者，宜視天如父，事天以孝道也。號爲諸侯者，宜謹視所候奉之天子也。號爲大夫者，宜厚其忠信，敦其禮義，使善大於匹夫之義，足以化也。士者事也，民者瞑也。士不及化，可使守事從上而已。」〔註25〕在他的看法中，「名」事實上已經完完全全不可移易的規定了人的性、分，而「性」、「分」的根源是來自於「天」。如此，他在政治措施上的刑德，不再需要有任何「人何以有教化之可能」的根據。在董仲舒的想法中，「名」既作爲「天意」之所出，那麼無疑的，它將可視爲具有分辨行爲價值的功能（暫且不論此一功能是否可以成立），而依此名而作的刑賞活動，則理所當然的具有道德上的意義。董氏理論中的這一道德意義，只要與韓非子的理論一比較即可清楚的分判。

　　如董仲舒一般，韓非子的刑名理論與其「天」或「道」的概念亦互有關聯。《韓非子・主道第五》言「道」的特性云：「道在不可見，用在不可知，虛靜無事，以闇見疵。」〔註26〕由此可知韓非之言刑名，強調「刑名參同」，著重其不可知、不可見、虛靜無事的一面。同理，韓非子論人君的自守之道是：「虛靜以待令，令名自命也；令事自定也」〔註27〕。以爲「虛則知實之情，靜則知動者正」，使「有言者自爲名，有事者自爲形」，如此「形名參同，君乃無事焉」〔註28〕。所謂「刑名參同」是使事、名（實、名）達成一致的狀

<hr>

見漢・董仲舒著，賴炎元注譯：《春秋繁露今注今譯》（臺北：商務印書館，1987年），頁255、300、321、325、434。

〔註24〕〈深察名號〉言：「治天下之端在審大辨。辨大之端，在深察名號。名者，大理之首章也。錄其首章之意，以窺其中之事，則是非可知，逆順自著，其幾通於天地矣。是非之正，取之逆順；逆順之正，取之名號；名號之正，取之天地，天地爲名號之大義也。古之聖人，謞而效天地謂之號，鳴而施命謂之名。名之爲言，鳴與命也，號之爲，言謞而效也。謞而效天地者爲號，鳴而命者爲名，名號異聲而同本，皆鳴號而達天意者也。天不言，使人發其意；弗爲，使人行其中。名則聖人所發天意，不可不深察觀也。」見《春秋繁露今注今譯》，頁261。

〔註25〕〈深察名號〉，《春秋繁露今注今譯》，頁261。

〔註26〕《韓非子新校注》，頁74。

〔註27〕《韓非子新校注》，頁66。

〔註28〕〈揚權第八〉將此一論點說得更清楚：「用一之道，以名爲首，名正物定，名倚物徙。故聖人執一以靜，使名自命，令事自定。不見其采，下故素正。因而任之，使自事之；因而予之，彼將自舉之。正與處之，使皆自定之，上以

況，而完成此一可能，在於爲政者的「執一以正」、「不見其采下」、不先「以名舉之」，而「使名自命」、「使事自定」。相較於董仲舒之說可以發現：韓非子所論之「道」只有一「虛靜」的形上姿態，並無化生及秩序的表現；道既只爲一「虛靜」，則道無法提供任何行爲上的根據，因此在治道上人君之行刑賞，只可說是一種將「人君」類比於「虛靜道體」的活動。韓非子的理論或許不在構建一個天人之間的完整理念，故人君行刑罰只可說是在權智上，對天道啓示的片面擷取。在此思路下，對「形、名」、「事、名」採取無爲無思的態度，以爲只有此一態度才能使「名」符「實」（名正物定），使「名」不因人爲的好惡偏見，而失去其指形指實的功能。

　　由上面的討論可知：在董仲舒的理論中，「道」因其陽善陰惡的規律運行而呈現較強的意志傾向，這一意志傾向表現於他的政治觀念中，使得他的刑賞及形名觀點中亦無可避免此一色彩。同樣的，韓非的「道」爲一「虛靜」之體，因而對形名採取「無爲」的態度。韓非以爲人君在無爲中，自能「使名自命」、「使事自定」；因爲無所偏好之故，使「名」不致因人爲的強調、扭曲而失去與事形相隨的理想狀況。考察董、韓二者理論中「道」與「名」的關係之後，可回到先前所論徐幹的論點中。徐幹雖未明白的指稱其所謂的「道」爲何，但依《中論》所述，他所言之「道」不具形上意涵當可肯定，〈治學第一〉云：

> 大樂之成，非取乎一音；嘉膳之和，非取乎一味；聖人之德，非取乎一道。故曰：學者所以總群道也。群道統乎己心，群言一乎己口，唯所用之。〔註29〕

言「聖人之德非取乎一道」，可見其所謂之道實類似於事事物物之分理，接近於知識的層面。因把道視爲知識來掌握，所以此「道」是可以具體的經由「學」來了解的，而不像道家講求歸根復命的虛靜工夫。他說：

> 非唯賢者學於聖人，聖人亦相因而學也。孔子因於文武，文武因於成湯，成湯因於夏后，夏后因於堯舜。故六籍者，群聖相因之書也。其人雖亡，其道猶存。今之學者勤心以取之，亦足以到昭明而成博達矣。〔註30〕

　　名舉之，不知其名，復循其形，形名參同，用其所生，二者誠信，下乃貢情，謹修所事，待命於天，毋失其要，乃爲聖人。」見《韓非子新校注》，頁145。
〔註29〕　《中論》，頁84。
〔註30〕　《中論・治學第一》，頁94。

將六籍視爲傳承知識的教材，儲存聖人之道的資料庫。依此，聖人之道是可以相因而得的。徐幹對所謂的聖人之道，有偏於知識的理解，所以在聖人之德上，他也就強調「智」高於「德」，其〈智行第九〉言：

> 或問曰：「士或明哲窮理，或志行純篤，二者不可兼，聖人將何取？」
> 對曰：「其明哲乎，夫明哲之爲用也，乃能殷民阜利，使萬物無不盡其極者也。聖人之不可及，非徒空行也，智也。伏犧作八卦，文王增其辭，斯皆窮神知化，豈徒特行善而已乎？」〔註31〕

由於徐幹的此一態度，使得他以爲子貢之所以服顏淵，「非服其行」，而是服其「聞一知十」〔註32〕。本來「聞一知十」並不一定要就知識上解〔註33〕，但徐幹此處純就「權智」立言，將顏淵所以會受到推崇的原因全歸於智識之因素，可見其說有明顯偏向。由此可略推徐幹對名實的主張，大抵採取一理智分析的態度，將「名」視爲在理智上區別事、物的工具。就「名」的根源義言，徐幹所論之「名」，它既不含有「天意」，亦與形上之道體無關，這使得他的名實觀，偏向於「名」與「事、形」如何對應的討論，此一論述在使一具體之「實」對應於一「名」，「名」既用來指「實」，則「名」只具有一工具意義，而無倫理價值上的意義，因此而使得「名」在倫理活動中的重要性剝落，僅被視爲人際間溝通具體事形的重要成素〔註34〕。與徐幹相類的正名思想亦同樣的反映在劉廙的論點中，其說以爲：「王者必正名以督其實，制物以息其非。」〔註35〕明白的將正名的目的定位於「督實」的效用上，可見劉

〔註31〕《中論》，頁 281。

〔註32〕《中論·智行第九》言：「子貢之行，不若顏淵遠矣，然而不服其行，服其聞一知十。由此觀之，盛才所以服人也。……仲尼、孟軻，可謂達於權智之實者也。」《中論》，頁 281～299。

〔註33〕如朱熹《論語集注》以爲顏子聞一知十，是「上知之資，生知之亞也。」又言：「夫子以其自知之明，而又不難於自屈，故既然之，又重許之，此其所以終聞性與天道。不特聞一知二而已。」如就性與天道而言，恐怕不能簡單的將此段文字中，所謂的「知」歸於知識的層面。宋·朱熹：《四書章句集注》（北京：中華書局，1983 年），頁 77。

〔註34〕如《中論·考僞第十一》云：「名者，所以名實也。實立而名從之，非名立而實從之也。故長形立，而名之曰長。短形立，而名之曰短。非短長之名先立，而長短之形從之也。仲尼之所貴者，名實之名也。貴名，乃所以貴實也。夫名之繫於實也，猶物之繫於時也。」又《中論·譴交第十二》云：「名有同而實異者矣，名有異而實同者矣，故君子於是倫也，務於其實，而無識其名。」《中論》，頁 365、381。

〔註35〕劉廙〈正名〉云：「夫名不正，則其事錯矣，物無制則其用淫矣。錯則無以知

廙基本上亦採取一名實對應的觀點，並且這一觀點是站在政治教化的立場發言；以為督實的權力在於當權者之手，為不可假於人的為政之寶。

至此可以做一初步的區分，即徐幹、劉廙的觀點不是如董仲舒一般，他們不將「名」建立在天人的關係上。他們也不是如法家一般，將「名」比附為一虛靜道體對現象界的宰制。劉廙以為正名活動與制物一般，是基於為政者的一種控制，而此一控制非以「權謀」達成，而是以事物之「理」，以為政者之「智」來達成。雖然重「理」重「智」的觀點近似於荀子之說，然「督實」之論與荀子的「辨實」觀實有極大的分野。其中的分野以下略分三點說明之：

（一）就制名的目的言

荀子以為制名的目的在於藉由理智建構的「名」，依其可溝通性，「上以明貴賤，下以辨同異」〔註36〕，在為政者與社會各階層之間造成一致的平治理想，循此一理想達成「志無不喻之患，事無困廢之禍」〔註37〕的積極目標，使「諸個人之主觀精神之求相喻相結，以成一社會的客觀精神」〔註38〕。雖然這一「辨實」的工作仍須靠一政治的力量（王者出）來強制推行。但與徐幹、劉廙等魏晉論者不同的是，荀子強調此一工作的推行，不但是為政者的統治手段，亦為社會各階層的活動，欲達致和諧所必需者，為人理性所要求者。「名」的價值是建立於「禮」的前提之下，而非「以法為治」的單一操縱，因此，「名定而實辨」的工作，方能有「道行而志通」的功能。

其實：淫則無以禁其非，故王者必正名以督其實，制物以息其非。名其何以正之哉？曰：行不美則名不得稱，稱必實所以然，效其所以成，故實無不稱於名，名無不當於實也。曰：物又何以制之哉？曰：物可以養生而不可廢之於民者，富之備之。無益於養生而可以實於世者，則隨尊卑而為之制。使不為此官不得服此服，不得備此飾，故其物甚可欲，民不得服，雖捐之曠野，而民不敢取也，雖簡於禁，而民皆無欲也。是以民一於業，本務而末息，有益之物阜而賤，無益之寶省而貴矣。所謂貴者民願貴之也，匪謂貴貴於市也。故其政惠，其民潔，其法易，其業大，昔人曰：唯器與名，不可以假人，其此之謂與」《全上古三代秦漢三國六朝文‧全三國文》，卷三十四，頁 1244-2。

〔註36〕〈正名〉，《荀子集解》，頁 276。

〔註37〕《荀子‧正名》：「故知者為之分別，制名以指實。上以明貴賤，下以辨同異。貴賤明，同異別，如是則志無不喻之患，事無困廢之禍，此所為有名也。」《荀子集解》，頁 276。

〔註38〕見唐君毅：《中國哲學原論導論篇》第五章，〈原名：荀子正名與先秦名家三宗〉（臺北：學生書局，1986 年），頁 180。

（二）就「名」在社會溝通上的效能而言

語言既出於社會，一社群中政令的施行、意見的交換，自然有賴於語言，一旦政治控制力不足，語言的正確意義受到破壞，社會即行紊亂。因此荀子希望「若有王者起，必將有循於舊名，有作於新名」〔註39〕。所謂「有循於舊名」，是依據既有的語言而釐清其意義；所謂「有作於新名」，是制定新的語言；而荀子的重點尤在前者。這可以由他所舉的「散名」中看出〔註40〕。荀子將「散名」分為「加於萬物者」及「在人者」，他對「散名之在人者」如：「性」、「情」、「慮」、「偽」、「事」、「行」、「知」、「智」、「能」、「病」、「命」等特別提出說明，可見其正名的用心在於「人心」、「教化」的一面。既言教化則必須預設人心有一共通的可能，〈正名篇〉言：「辨說也者，不異實名以喻動靜之道也。期命也者，辨說之用也。辨說也者，心之象道也。心也者，道之工宰也。道也者，治之經理也。心合於道；說合於心，辭合於說，正名而期，質請而喻，辨異而不過，推類而不悖，聽則合文，辨則盡故。以正道而辨姦，猶引繩以持曲直，是故邪說不能亂，百家無所竄。」〔註41〕此即指出心為此社會能平行溝通的基礎。相較之下，徐幹、劉廙所論的「名」大多是基於一智識階層對社會秩序的一種控制，絲毫不涉社會人心的溝通、共識的建立等問題。

（三）就為政者對「名」的態度言

魏晉人士所論，除了作為官長君臣之教外，還有偏向於「譽」方面的，這可能是受到漢魏以來的鄉舉里選的選舉制度影響所致。徐幹《中論・譴交第十二》曾論及選舉之制重名譽所生之病，就士人間的交誼言其病會有「古之交也寡，今之交也眾；古之交也，為求賢，今之交也，為名利而已矣」〔註42〕的現象。就邀譽於朝廷者而言，其病則會產生「知富貴可以從眾為，知名譽可以虛

〔註39〕 〈正名〉，《荀子集解》，頁276。

〔註40〕 〈正名〉云：「散名之加於萬物者，則從諸夏之成俗曲期，遠方異俗之鄉，則因之而為通。散名之在人者：生之所以然者，謂之性。性之和所生，精合感應，不事而自然，謂之性。性之好惡喜怒哀樂，謂之情。情然而心為之擇，謂之慮。心慮而能為之動，謂之偽。慮積焉，能習焉而後成，謂之偽。正利而為，謂之事。正義而為，謂之行。所以知之在人者，謂之知。知有所合，謂之智。智所以能之在人者，謂之能。能有所合，謂之能。性傷謂之病。節遇謂之命，是散名之在人者也，是後王之成名也。」《荀子集解》，頁274～275。

〔註41〕 《荀子集解》，頁281。

〔註42〕 《中論》，頁382。

譁獲」等等反教化的行徑〔註43〕。這些弊病都是誇大「名」在政治活動中的重要性所產生的不良結果。在荀子的立場中，「名」並不被視為政治活動中一個重要的考量，以人君用人取人之道而言，由《荀子・君道》云：「取人之道，參之以禮；用人之法，禁之以等。行義動靜，度之以禮；知慮取舍，稽之以成；日月積久，校之以功。」〔註44〕亦可見荀子不純就督考名實上來取士用人，此與魏晉論者有極大的差別。

藉由以上的說明，至此可略作一小結：

第一、由對徐幹、劉廙的討論中，可以發現魏初的名學理論與先秦儒、法家實有根本上的差異，但由他們皆重刑德的說法中，可以掌握到「政治控制」乃是他們之間一個基本的理論傾向。

第二、形名家的名學理論，仍停留在為政者及智識階層對控制社會秩序的考慮，政治上的思考重於純粹性的思考，因之仍不能算是對「語言」的論述。

第三、形名家的名學理論偏重於對「事形」，而不討論人心、天道等形上或倫理問題，所以在名實觀上，偏重於名、實對應的觀點。由於刑名家所論的「正名」，大多是就「督實」而言，從現有的資料看來，他們似乎未見到督實之說於事形以外的侷限性（譬如名實對應觀無法討論「化性」問題），這是由於督實說未考慮人心的種種活動而致。就人心及人外顯的材質之性而言，它們都具有一動態、隱伏以及時間的連續性質，而非如事形之理，可以予以靜態的把握，在此情形下，以名督實，必然對「實」的內容無法掌握，而容易產生名實難契的情形。

〔註43〕　〈譴交〉云：「知富貴可以從眾爲也，知名譽可以虛譁獲也。乃離其父兄，去其邑里，不脩道藝，不治德行，講偶時之說，結比周之黨。汲汲皇皇，無日以處。更相歎揚，迭爲表裏。橋杌生華，憔悴布衣，以欺人主，惑宰相，竊選舉，盜榮寵者，不可勝數也。既獲者賢己而遂往，羨慕者並驅而追之。悠悠皆是，孰能不然者乎？」見《中論》，頁396。

〔註44〕　《荀子・君道》云：「其取人有道，其用人有法。取人之道，參之以禮；用人之法，禁之以等。行義動靜，度之以禮；知慮取舍，稽之以成；日月積久，校之以功。故卑不得以臨尊；輕不得以縣重；愚不得以謀知，是以萬舉不過也。故校之以禮，而觀其能安敬也；與之舉錯遷移，而觀其能應變也；與之安燕，而觀其能無慆也。接之以聲色、權利、忿怒、患險，而觀其能無離守也。彼誠有之者與誠無之者，若白黑然，可詘邪哉！」見《荀子集解》，頁159。由此可見荀子不純就督考名實上來取士用人。

第二節　魏初有關於選舉制度的爭議及其所反映的問題

　　選舉制度在漢代時即是一重要的政治議題，因為這一問題關係到政府所得之才是否可堪重任，輔弼軍國大事。曹魏時為因應士人流徙後，傳統鄉舉里選無法實行，於黃初元年由陳群奏立九品中正官人法。九品中正制實行後產生了一些弊端，蓋九品中正制度的州中正大多由中央之大臣充任，主選舉者不必身在該州，使得選舉的權力不在地方鄉老，而掌握在中央政府官員手中。如此使「黨利」、「愛憎」、「貨賂」、「居位」等因素介入選舉，造成許多流弊，為了解決這些弊端，魏明帝於景初二年命劉劭作都官考課之法。《通典》卷十五「考績」條云：

> 魏明帝時，以士人毀稱是非，混淆難辨，遂令散騎常侍劉劭作〈都
> 官考課之法〉七十二條，考覈百官。其略欲使州郡考士，必由四科，
> 皆有效，然後察舉。〔註45〕

四科大致承東漢，指儒學、文史、孝悌、從政，但考法則不詳，或許便是使用品目之法，《人物志》或即為此而做，亦未可知。考課之法一出，曾引起熱烈的討論，杜恕、崔林、傅嘏等都曾提出不同的意見。

　　在杜、崔、傅三人的議論中，崔林以為「考課之法存乎其人」，認為考課法能否執行成功，完全在於執法者能否一法而行，強調法令頒行後必須「守一勿失」〔註46〕，其說不對時制及形名家所依之理論進行檢討，較不具反省的色彩。相對的，杜恕及傅嘏則表現著二個不同立場者的議論，杜恕接近儒家的角度〔註47〕，而傅嘏則以刑名家的角度發言。杜恕的主張以為都官考課非政府用人的首要考慮，而須以「用盡其人」為優先，如用不盡其人，「雖才

〔註45〕唐·杜佑著，王文錦等點校：《通典》（北京：中華書局，1988年），頁367。

〔註46〕《魏書·崔林傳》云：「散騎常侍劉劭作〈考課論〉，制下百僚。林議曰：『案《周官》考課，其文備矣，自康王以下，遂以陵遲，此即考課之法存乎其人也。及漢之季，其失豈在乎佐吏之職不密哉？方今軍旅，或猥或卒，備之以科條，申之以內外，增減無常，固難一矣。……太祖隨宜設辟，以遺來今，不患不法古也。以為今之制度，不為疏闊，惟在守一勿失而已。……」見《三國志·魏書·崔林傳》，卷二十四，頁680～681。

〔註47〕杜恕云：「今之學者，師商、韓而上法術，競以儒家為迂闊，不周世用，此最風俗之流弊，創業者之所致慎也。」於此可見其對法術之憎惡，引文見《三國志·魏書·杜恕傳》，卷十六，頁502。

且無益，所存非所務，所務非世要」〔註48〕。然而杜恕雖主張人才以適位爲先，但他並沒有具體的提出如何選才的主張，而只是消極的反對法制式的政治運作，以爲若專任於法，「則唐虞可不須稷契之佐，殷周無貴伊呂之輔」〔註49〕。

　　相較之下，傅嘏之批評則有值得注意之處，據《魏書·傅嘏傳》傅嘏反對考課之法的理由是「制宜經遠，或不切近，法應時務，不足垂後」〔註50〕，即以魏初的「權法並用」、「隨時之宜，以應政機」，來說明「欲尋前代黜陟之文」的考課法可能造成「以古施今，事雜義殊，難得而通」的局面。因此傅嘏以爲解決之道還是要從「立本」上來尋求改革，其言云：

　　夫建官均職，清理民物，所以立本也；循名考實，糾勵成規，所以治末也。本綱未舉而造制末呈〔註51〕，國略不崇而考課是先，懼不足以料賢愚之分，精幽明之理也。〔註52〕

傅嘏以爲「本」是「建官均職，清理民物」，此即所謂的「國略」，概指一國政治運作中相關部門的規劃，及對其所執行之工作的基本要求。在此思想之下，傅嘏曾有「改革官制」的企圖，後因「遇帝室多難，未能革易」〔註53〕。因爲官制之改革不易，傅嘏以爲問題的解決之道，必須回到「名實」問題本身。據《魏書·盧毓傳》所載，明帝所以下詔作考課之事，其原因在於主選舉者「不足以識人」，所以必須有考課之法「以驗其後」，其記載如下：

　　時（盧毓）舉中書郎，（明帝）詔曰：「得其人與否，在盧生耳。選

〔註48〕　《三國志·魏書·杜恕傳》，卷十六，頁500。

〔註49〕　同上註。

〔註50〕　《魏書·傅嘏傳》云：「時散騎常侍劉劭作考課法，事下三府。嘏難劭論曰：『……大魏繼百王之末，承秦、漢之烈，制度之流，靡所脩采。自建安以來，至於青龍，神武撥亂，肇基皇祚，掃除凶逆，芟夷遺寇，旌旗卷舒，日不暇給。及經邦治戎，權法並用，百官群司，軍國通任，隨時之宜，以應政機。以古施今，事雜義殊，難得而通也。所以然者，制宜經遠，或不切近，法應時務，不足垂後。……』」見《三國志·魏書·傅嘏傳》，卷二十一，頁622～623。

〔註51〕　「本綱未舉而造制末呈」，「未舉」點校本誤爲「末舉」。今人易培基《三國志補注》卷二十一，第八十二條云：「未呈」，何本作「末呈」。見《三國志補注》（臺北：藝文印書館，1955年），頁387。

〔註52〕　《三國志·魏書·傅嘏傳》，卷二十一，頁623。

〔註53〕　《魏書·傅嘏傳》載：「嘏常以爲秦始罷侯置守，設官分職，不與古同。漢、魏因循，以至於今。然儒生學士，咸欲錯綜以三代之禮，禮弘致遠，不應時務，事與制違，名實未附，故歷代而不至於治者，蓋由是也。欲大改定官制，依古正本，今遇帝室多難，未能革易。」見《三國志·魏書·傅嘏傳》，卷二十一，頁624。

舉莫取有名，名如畫地作餅，不可啖也。」毓對曰：「名不足以致異人，而可以得常士。常士畏教慕善，然後有名，非所當疾也。愚臣既不足以識異人，又主者正以循名案常為職，但當有以驗其後。故古者敷奏以言，明試以功。今考績之法廢，而以毀譽相進退，故真偽渾雜，虛實相蒙」。帝納其言，即詔作考課法。〔註54〕

由這段記載可知，明帝之所以下詔立考課之法的前提在於「以名取士」不可得「異人」〔註55〕，而「常士」之畏教慕善，當有考績之法以為進退之依據。上文中所謂「名如畫地作餅，不可啖也」，可能是經過一陣選才未具成效後所發的經驗之談。而盧毓所奏：「名不足以致異人，而可以得常士」，基本亦同意這樣的結論，只是盧毓以務實的角度，放棄對得「識異人」的考慮，而專就「常士」來設計，由此而得到明帝的首肯。但是，傅嘏以為問題不在於「以名取士」只能「得常士」；而在於九品中正制度之不切實際，而使得「名實未附」。只要在制度上可以使名實相附，那麼選舉的結果亦可以「得異人」，所以他的論點首在於如何使名能符實〔註56〕。傅嘏著意於名實的觀點，以為所選之才未能名實相符，其癥結在於：選舉專任吏部。位處中央的吏部因不能了解地方的情況，所以所掌握的賢能之名，必與其人有所距離，如此當然難得賢能。傅嘏認為正確的作法，應使名譽得自於鄉里，由最知實際的州閭鄉老來做第一線的評舉，然後再由中央「舉其賢者，出使長之，科其能者，入使治之」，在此名實不離、得其真賢的情形下，考課之法也就不需要了。由此可知：傅嘏以為名實是否相符的關鍵在於主持舉選之人。類此之意見，早在建安年間的徐幹即有所討論，《中論‧審大臣》曾論及人君須有「獨見之明」而不能「專任眾人之譽，不以己察，不事考」〔註57〕。徐幹的這一看法與傅

〔註54〕《三國志‧魏書‧盧毓傳》，卷二十二，頁651～652。

〔註55〕有關「異人」之義，《中論‧審大臣》解大賢之「異乎人」言：「其異乎人者，謂心統乎群理而不繆，智周乎萬物而不過，變故暴至而不惑，真偽叢萃而不迷。」可為參考。見《中論》，頁498。

〔註56〕《魏書‧傅嘏傳》載嘏之論，云：「昔先王之擇才，必本行於州閭，講道於庠序，行具而謂之賢，道脩則謂之能。鄉老獻賢能于王，王拜受之，舉其賢者，出使長之，科其能者，入使治之，此先王收才之義也。方今九州之民，爰及京城，未有六鄉之舉，其選才之職，專任吏部。案品狀則實才未必當，任薄伐則德行未為敘，如此則殿最之課，未盡人才。述綜王度，敷贊國式，體深義廣，難得而詳也。」見《三國志‧魏書‧傅嘏傳》，卷二十一，頁623。

〔註57〕《中論‧審大臣》言：「凡明君之用人也，未有不悟乎己心，而徒因眾譽也。用人而因眾譽焉，斯不欲為治也，將以為名也。然則見之不自知，而以眾譽

嘏之說雖互相出入，各具觀點。然由此二家之說，以及前引《魏書·盧毓傳》明帝詔曰：「得其人與否，在盧生耳」，皆可見主持選舉之人有極大的權力可以左右人才的察舉。傅嘏的意見是基於政治權力的鬥爭，或者純粹基於救弊之用心，已不得而知，但何晏為吏部尚書時，傅嘏與之不睦為一事實，頗值得讀史者注意〔註58〕。總之，依當時之選舉制度，形名學者對「依名舉才」、「循名按實」（正名）等問題大都無異議，所以他們於人物鑒識一事的討論焦點，大都集中在二方面：一為以名為主的選舉制度是否可得「異人大賢」；二為何者有能力可以客觀的鑒識人物。而具體討論這二個問題者則為《人物志》一書。

第三節 《人物志》所反映的名學限制及對玄學之影響

湯用彤先生以為《人物志》一書的重要性，在於它能反映魏初學術由清議清談轉為玄學清談的原因。湯氏以為轉變的原因有二：（一）正始以後之學術承接漢代道家之緒（由嚴遵、揚雄、桓譚、王充、蔡邕以至於王弼），老子之學影響逐漸顯著，《人物志》即已採取道家之旨。（二）談論既久，由具體人物漸及抽象玄理，乃為學問演進必然趨勢〔註59〕。湯氏雖能重視《人物志》之價值，然其評論卻頗有可議之處，其以為《人物志》雜取儒、名、法、道諸家之現象，具有歷史價值〔註60〕。然這一雜取儒、名、法、道的現象（特別是老子的謙下不爭之義），自漢代以來即是如此，並非為《人物志》所獨專。以《人物志》中所採用的道家之說為例，湯氏以為合於道家之旨者有二：一為立身之道；一為人君之德。就此二者而言，在漢魏以來論者的言論之中是司空見慣的，並不能突顯《人物志》有何特出之處。再者，湯氏言玄學之形成是：學問之演進由具

　　為驗也。此所謂效眾譽也，非所謂效得賢能也。苟以眾譽為賢能，則伯鯀無羽山之難，而唐虞無九載之費矣。聖人知眾譽之或是或非，故其用人也，則亦或因或獨，不以一驗為也。況乎舉非四嶽也？世非有唐虞也，大道寢矣，邪說行矣，臣已詐矣，民已惑矣。非有獨見之明，專任眾人之譽，不以己察，不事考，亦何由獲大賢哉？」見《中論》，頁498。

〔註58〕《魏書·傅嘏傳》云：「時曹爽秉政，何晏為吏部尚書，嘏謂爽弟義曰：『何平叔外靜而內銛巧，好利，不念務本。吾恐必先惑子兄弟，仁人將遠，而朝政廢矣。』晏等遂與嘏不平，因微事以免嘏官。」見《三國志·魏書·傅嘏傳》，卷二十一，頁624。

〔註59〕見《魏晉玄學論稿·讀人物志》，頁12～13。

〔註60〕見《魏晉玄學論稿·讀人物志》，頁15。

體到抽象的表現。此說可能符合部分實情，但未能說明此中有何必然的性質，有何明顯的演進之跡可以查詢。所以湯氏之說頗值得再加斟酌。

本文以爲若論《人物志》的地位，不能不注意它的幾個特質：

（一）《人物志》是一本品鑒人物的專著，但它在論聖人，或者理想君德時，卻有以聖人配天的想法，這一趨勢與一般的形名學者之說是十分不同的。上一節中，本文曾論及魏初形名學者的基本理念，在他們的想法中，常將「天」的內容視爲一事形之「理」的綜和，所以他們強調「智」對於「道」、「理」的把握。但劉劭所言的配天之聖有濃厚的形上學意味，這與魏初學者的意見有明顯的差別，而且其聖人之說與玄論之發展又有所關聯。如《論語》皇侃疏，解「子溫而厲，威而不猛，恭而安」引王弼云：

> 若夫溫而能厲，威而不猛，恭而能安，斯不可名之理全矣。故至和之調，五味不形；大成之樂，五聲不分；中和備質，五材無名也。〔註61〕

這與《人物志》云：

> 中和之質，必平淡無味，故能調成五材，變化應節。〔註62〕

文意全同，除此例之同外，湯用彤先生也多所指出，在此不贅〔註63〕。劉劭這一形上思想在形名之論中是難得而見的，其與玄學之關係值得注意。

（二）《人物志》一書對人物之才性或情性作一理論上的論述，因而其說中有一美學的欣趣，但若說它是一美學的觀點〔註64〕，似又違背其最初乃出於政治鑒識之實用立意，況且由其說以品目別類、以名理思索，有意將品鑒的原則客觀化之作法〔註65〕，似也背離了美學的範疇。

（三）人物之材質，其姿態實有一流動、章、微之姿，然若論此一流動之姿，似又令品鑒的活動成爲不可捉摸。況且品鑒者如受限於自身的材質，

〔註61〕 魏・何晏、皇侃：《論語集解義疏》（臺北：廣文書局，1977年），頁258。亦見於《王弼集校釋》，頁625。

〔註62〕 〈九徵〉，《人物志今註今譯》，頁14。

〔註63〕 見《魏晉玄學論稿・讀人物志》，頁19～22。

〔註64〕 牟宗三先生以爲《人物志》一書是一美學的觀點，其言：「全幅人性的學問是可以分兩面進行的：一、是先秦的人性善惡問題：從道德上善惡觀念來論人性。二、是《人物志》所代表的「才性名理」：這是從美學的觀點來對於人之才性或情性的種種姿態作品鑒的論述。」見氏著《才性與玄理》第二章〈人物志之系統的解析〉，頁46。

〔註65〕 參見唐君毅：《中國哲學原論・原性篇》第五章第七節（香港：新亞研究所印行，1978年），頁127～136。

必只能見一偏之象，此無異摧毀品鑒活動之價值，因此在理論上，必須先假設品鑒無失之可能，以肯定此一活動的價值，由此《人物志》乃有體性中庸的聖人可得眾材之說。但是，《人物志》雖論及聖人的中庸之質，但其主要的論點實在於如何救治偏材之士的品鑒之失上，這也使得《人物志》在理論上產生了各自獨立的兩個系統。其主要的系統在於論偏材之品鑒者在品鑒上之不能完足，這可視爲是以名理事形爲說的「名理系統」。「名理系統」的目的在於：將進行品鑒時所可能產生的種種問題「客觀化」，依之而建立人人可把握的原則。除了「名理系統」外，《人物志》亦有專論聖人境界的「形上系統」，這一系統的目的，在於論述中庸之體對一偏之士之可以全然把握上。這二個論述系統在「聖人天成，不可學恕」以及「偏材之性不可移轉」的前提下，是互相獨立的。因其各自獨立，所以「形上系統」事實上是無法賦予「名理系統」在價值上的意義的。除了《人物志》中無法溝通的二個系統之外，亦可看到另一學術發展的焦點，其論述的重點在使完全品鑒成爲可能，也企圖在理論上溝通上述的二個系統。由《人物志》所引發的後續討論對玄學的發展應該有所影響，而且這一論域發展的結果也有超離於人倫識鑒問題的趨勢，它不但可伸入探討「形上」與「形下」、「有形有名」與「無形無名」之間的關聯問題，也可接連漢魏以來的「天人」問題。

一、以名理爲品鑒之方

《人物志・序》言：「夫聖賢之所美，莫美乎聰明。聰明之所貴，莫貴乎知人。知人誠智，則眾材得其序，而庶績之業興矣。」〔註66〕以聰明爲聖賢之最美者，爲能知人之首要條件，而劉劭所論之聰明，其意在一定的程度上是與「智」相關連的，所謂「知人誠智」。又〈八觀〉篇中曾論及「智」與「明」的關係，也指出「智出於明」的概念，因此我們可把「聰明」、「明」、「智」等作爲一組整體的概念來理解，〈八觀〉云：

> 何謂觀其聰明，以知所達？夫仁者德之基也，義者德之節也，禮者德之文也，信者德之固也，智者德之帥也。夫智出於明，明之於人，猶晝之待白日，夜之待燭火。其明益盛者，所見及遠，及遠之明難。是故守業勤學，未必及材；材藝精巧，未必及理；理義辨給，未必及智；智能經事，未必及道；道思玄遠，然後乃周。是謂學不及材，

〔註66〕《人物志今註今譯》，頁1。

材不及理，理不及智，智不及道。道也者，回復變通。是故，別而
論之，各自獨行，則仁爲勝；合而俱用，則明爲將。故以明將仁，
則無不懷；以明將義，則無不勝；以明將理，則無不通。然則，苟
無聰明，無以能遂。……是故，鈞材而好學，明者爲師；比力而爭，
智者爲雄；等德而齊，達者稱聖，聖之爲稱，明智之極明也。是故，
觀其聰明，而所達之材可知也。〔註67〕

這段文字中有二個值得注意的觀點：（一）「智出於明」又「智不及道」，這說
明「明」的層次與「道」的形上特性相近，因此「明」可以將仁、將義、將
理，達成無不懷、無不勝、無不通的境界。（二）言「鈞材而好學，明者爲師；
比力而爭，智者爲雄」，可知「明」是內隱的智性根源，而「智」爲「明」之
外顯表現的一端，故謂「智出於明」，因而在品鑒活動中，〈八觀〉所論的「觀
其聰明」是不能以品鑒者的「智」得之的，而應以「明」爲其依據。

由上可知「聰明」所指實合「智」、「明」二者而言，「智」作爲外顯的一
端，它的可被品鑒性是可以預見的，然而「明」作爲一智性的形上根源，只
能伴隨著智的開展而被得知，因此「觀其聰明」實際上只可能觀其智之高下，
且依其智之高下，而推知明之高下，如此「聰明」、「明」之說，具有一超越
於「智」（超越權智、智謀等智性）的地位，「聰明」成爲能知的最高表現。
此所以《人物志·序》言：「夫聖賢之所美，莫美乎聰明。聰明之所貴，莫貴
乎知人，知人誠智」。

又由於智明有高下之別，高可知下，下不可知上，因之唯有「智明之至
德」的聖人具有全知的可能，而偏材之輩只能依其自身之明智知人。至於如
何依自身之明智以知人，《人物志》所討論到的大致有二端，其一爲據以推理
之「名」，其二爲據以判斷之「理」。〈材能〉言：

或曰：人材有能大而不能小，猶函牛之鼎不可以烹雞。愚以爲此非
名也。夫能之爲言，已定之稱，豈有能大而不能小乎？凡所謂能大
而不能小，其語出於性有寬急。性有寬急；故宜有大小。寬弘之人，
宜爲郡國，使下得施其功，而總成其事；急小之人，宜理百里，使
事辦於己。然則郡之與縣，異體之大小者也；以實理寬急論辯之，
則當言大小異宜，不當言能大不能小也。若夫雞之與牛，亦異體之
小大也，故鼎亦宜有大小；若以烹犢，則豈不能烹雞乎？故能治大

〔註67〕《人物志今註今譯》，頁229。

郡，則亦能治小郡矣。推此論之，人材各有所宜，非獨大小之謂也。
〔註68〕

此段首言「名」與「非名」之別。其中「名」與「非名」，不就語言的意義或者語言所指涉的項目而言，而是就語言的使用法而言。劉劭認爲不恰當的語言使用，會造成溝通推理上的障礙，使得語言喪失了它應有的功能，對於這種現象他稱之爲「非名」。以「大」、「小」之名的使用而言，劉劭說這是「已定之稱」。異體之大、小，如牛與雞、郡與縣，其體已定，不能有較大伸縮的彈性，所以說「能大而不能小」是不恰當的。人之性有寬急，此在才性論的基本立場而言，亦是「已定之稱」，不能移易。故以人材之寬急論治理大郡小縣，應該說「宜不宜」而不是「能不能」。因此，當論者以「能不能」言「大小」時，即形成語言上的誤用，造成推理上的謬誤。

除了語言的使用外，劉劭還注重「理」在判斷時的重要性，〈材理〉篇云「建事立義，莫不須理而定」〔註69〕，可見「理」在品鑒活動中所佔有之地位。大致而言，劉劭將「理」劃爲四部，所謂「天地氣化盈虛損益，道之理也」、「法制正事，事之理也」、「禮教宜適，義之理也」、「人情樞機，情之理也」〔註70〕。劉劭雖未說明此四部之「理」的形式爲何，然這四部之理各有各的適用領域，可知此理非形上之理，即使將之視爲一形式推理的律則，它的限制性質也是十分強烈的，加之再與人物的材質相合，則其在品鑒活動中的拘執性更形明顯，〈材理〉篇言：

> 四理不同，其於才也，須明而章，明待質而行；是故，質於理合，合而有明，明足見理，理足成家。是故，質性平淡，思心玄微，能通自然，道理之家也；質性警徹，權略機捷，能理煩速，事理之家也；質性和平，能論禮教，辯其得失，義禮之家也；質性機解，推情原意，能適其變，情理之家也。〔註71〕

可知在劉劭的理論系統中，以「理」建事立義亦受人物本身材質的影響，因此〈材能〉及〈材理〉二篇雖論及了「非名」所造成的錯誤推理，以及以「理」建事立義所可能形成的限制，然並未於此「名」、「理」的限制之外另立一較高的品鑒標準，在列舉所有名理所可能犯的利害之後，劉劭只能將問題的解

〔註68〕　《人物志今註今譯》，頁129～130。
〔註69〕　《人物志今註今譯》，頁89。
〔註70〕　〈材理〉，《人物志今註今譯》，頁92。
〔註71〕　《人物志今註今譯》，頁94。

決之道歸諸於通材的聖人。然在其理論中，聖人又是不可得的，如此在其內部便形成了二個互相隔絕的理論系統：一為偏材以名理知人的「名理系統」，一為通材以聰明識人的超理智之「形上系統」，而決定此二系統者，為不可變異的天生材質。如此可以清楚的看出：劉劭的理論中展示了一個關鍵的問題，那即是天人之間、偏材與通材之間的互不交通。形成此一互不交通的情形，與劉劭的名理立場有極大的關係，此將在下一小節中析論之。

二、名理之未能達成品鑒無失

〈九徵〉言：「人物之本，出乎情性。情性之理，甚微而玄，非聖人之察，其孰能究之哉？」〔註72〕所謂的「性情」，劉昞《注》認為是稟之於自然的性質，以及由之於習染的情變〔註73〕。這些自然的性質及習染的種種是一「形質」，所以依品鑒論者的基本立場而言，是可以「即而求之」的，人物外顯於形貌的表現，既出乎內隱的情性，則由形貌而得其性情，本是無可疑的，然劉劭說：「情性之理，甚微而玄」，似又說明完全的品鑒並非易事。《人物志》一書中論及其所以不易的原因大致有二：（一）品鑒者受其情性之限制，未能超越其個人材質所限，以致只能得其同體之偏。（二）品鑒者的品鑒活動是依「名」、「理」而行的，由於「理」一般是建立於對事類的區分辨解中，自有其偏向與不全的限制，必將使得全面客觀的品鑒受到約制。

《人物志》中論及完全品鑒之客觀限制者，不出「人材異」與「理多品」二者〔註74〕。「人材異」與「理多品」，事實上可以概括劉劭於其他各章所論的種種限制，「人材異」可包含「品鑒者」與「被品鑒者」二者在材質上的限制〔註75〕。除此之外，《人物志》亦論及一些與品鑒者無關的客觀限制，如〈效

〔註72〕《人物志今註今譯》，頁11。

〔註73〕《人物志注》云：「性質稟之自然，情變由於染習，是以觀人察物，當尋其性質也。」見魏·劉劭撰，西涼·劉昞注：《人物志注》（臺北：世界書局，1958年），頁1。

〔註74〕〈材理〉云：「夫建事立義，莫不須理而定；及其論難，鮮能定之。夫何故哉？蓋理多品而人異也。夫理多品則難通，人材異則情詭；情詭難通，則理失而事違也。」見《人物志今注今譯》，頁89。

〔註75〕如〈體別〉、〈流業〉、〈材能〉、〈利害〉皆就人物之稟材自然必有所章、所失，而言人物的不同姿態。又因人物各異，所以就為政者的立場言，依此不同的人物表現，人主方可以知人物之得失，而依材量任事。故上列數篇皆可歸之於被品鑒者之「人材異」的論述之下。另〈接識〉、〈八觀〉、〈七繆〉、〈效難〉等諸篇，皆站在品鑒者的立場，提出品鑒者觀察識人的要項，並且討論了品

難〉言及「知人之效有二難，有難知之難，有知之而無得效之難」〔註76〕。其中包括「草創信形」、「居止變化」以及「鑒識者有無位勢」等等這些不可掌握的限制，以及品鑒者與被品鑒者之間，遇、合、識、達等條件。由於這些因素在品鑒活動中難以控制，所以只能算是劉劭對識鑒行為的一種感慨，可以存而不論。

相對於「人材異」此一約制者，則為「理多品」，在〈材理〉篇中，劉劭已將理分為四部，這是概括性的分類。在實際應用時，並非可以如此截然劃分的。如作為「法制正事」的「事之理」，未必就與作為「禮教宜適」的「義之理」，或者「人情樞機」的「情之理」無關，此間的種種複雜情況的組合，造成了「理多品」的必然後果。劉劭雖未具體的對此一現象做較為深入而系統的評論，然在〈英雄〉篇中，他似乎清楚的意識到此一困難，〈英雄〉云：

> 夫草之精秀者為英，獸之特群者為雄；故人之文武茂異，取名於此。
> 是故，聰明秀出，謂之英；膽力過人，謂之雄。此其大體之別名也。
> 若校其分數，則牙則須，各以二分，取彼一分，然後乃成。何以論
> 其然？夫聰明者，英之分也，不得雄之膽，則說不行；膽力者，雄
> 之分也，不得英之智，則事不立。是以，英以其聰謀始，以其明見
> 機，待雄之膽行之；雄以其力服眾，以其勇排難，待英之智成之；
> 然後乃能各濟其所長也。〔註77〕

以「英」與「雄」去指稱人類之文武茂異者，與指稱草、獸之精秀特群者，實有不同。就指稱同類之人或同一對象而言，「英」與「雄」只能說是「大體之別名」。因為就「聰明秀出謂之英」或者「膽力過人謂之雄」二者而言，他

鑒者可能失察的原因，這些原因大致可以歸之於：品鑒者自身亦受本身自然材質的限制，而造成用名推理上的謬誤。也即是品鑒者自身「人材異」的問題。此外如〈接識〉論及「以己觀人」，常只能識「同體之善」，而失「異量之美」；又〈七繆〉論及以情鑒察之繆亦可歸入此類。

〔註76〕 〈效難〉言：「蓋知人之效有二難：有難知之難，有知之無由得效之難。何謂難知之難？人物精微，能神而明，其道甚難，固難知之難也。是以眾人之察，不能盡備；故各自立度，以相觀采。……是故必有草創信形之誤，又有居止變化之謬，故其接遇觀人也，隨行信名，失其中情。……何謂無由得效之難？……是以良材識真，萬不一遇也；須識真在位識，百不一有也；以位勢值可薦致之宜，十不一合也。……是故，知與不知，相與分亂於總猥之中；實知者患於不得達效，不知者亦自以為未識。所謂無由得效之難也。故曰：知人之效有二難。」見《人物志今注今譯》，頁280～290。

〔註77〕 《人物志今註今譯》，頁179～181。

們並非截然可別的。英不得雄則無以見其英，雄不得英則無以知其雄，所以名「英」名「雄」只是程度上的偏向，而非本質上有何差異，此即劉劭所謂的「體分不同以多爲目，故英雄異名」。〈八觀〉篇中亦曾論及「一名」有不同體分之說，其言云：

> 何謂觀其至質，以知其名？凡偏材之性，二至以上，則至質相發，而令名生矣。是故，骨直氣清，則休名生焉；氣清力勁，則烈名生焉；勁智精理，則能名生焉；智直彊愨，則任名生焉。集于端質，則令德濟焉；加之學，則文理灼焉。是故，觀其所至之多少，而異名之所生可知也。〔註78〕

劉劭以爲：一至之質無以相發，故難以名之；必待二至以上，至質相發，見其徵向，方可下一評價之名。故一名必含有不同體分之質。在理論上「令名生」，必待「二至以上，至質相發」，實加大了用名推理的困難度。這一困難來自於所定之「實」有多種體分，那麼所命之「名」，其所指之實則趨於混雜。換言之，這會使得「名」是否能符實的問題更受到質疑。〈效難〉篇言及「草創信形之誤」以及「居止變化之謬」，即表明對於定名以及考實二方面的困難。這也說明了人物品鑒這一活動不是一完全循名推理而可達成的，而必須重視人物在時間的流動中所顯示的各種生命的姿態，於「既知其情」之外，仍須「察其變故」。《人物志》這一重視人物生命有一隨時變動以及隱蔽於形質之外的事實，可以說超出了漢魏以來以名理來討論觀人識鑒的侷限。但是就理論而言，卻也遭遇了另外一個基本的困難，那即是「眾人之察不能盡備」此一問題。劉劭對這一問題的解決之道是：假設有一具備所有至質體分的品鑒者存在。〈英雄〉篇言：

> 徒英而不雄，則雄材不服也；徒雄而不英，則智者不歸往也。故雄能得雄，不能得英；英能得英，不能得雄。故一人之身，兼有英雄，乃能役英與雄；能役英與雄，故能成大業也。〔註79〕

所謂「雄能得雄不能得英，英能得英不能得雄」乃指同體能識〔註80〕，異體

〔註78〕《人物志今註今譯》，頁204。
〔註79〕《人物志今註今譯》，頁187。
〔註80〕《人物志·七繆》云：「能明己是，莫過同體；是以偏材之人，交遊進趨之類，皆親愛同體而譽之，憎惡對反而毀之，序異雜而不尚也。推而論之，無他故焉；夫譽同體、毀對反，所以證彼非而著己是也。至於異雜之人，於彼無益，於己無害，則序而不尚。是故同體之人，常患於過譽；及其名敵，則尠能相下。」（《人物志今註今譯》，頁256）此段文字是就利害關係而言同體相譽。劉劭認爲同體之人或有「性同而材傾，則相援而相賴也；性同而勢均，則相

不識。同體之間因有一對應、感應的關係故能識。依此推論，假如兼有各體則能識、能役個別之各體，所以說「一人之身兼有英雄，乃能役英與雄」。這類的意見證諸〈材能〉篇所論亦然，其言：

> 凡偏材之人，皆一味之美；故長於辨一官，而短於爲一國。何者？
>
> 夫一官之任，以一味協五味；一國之政，以無味和五味。〔註81〕

所謂的偏材爲一味之美，即指某一體質的偏向，依其偏向可以辨一官。而「一國之政，以無味和五味」，「無味」所指當爲五味具在，難以名狀的無味之味。因無一偏向，故此「無味」可視爲一隱眾味而不顯、顯一味而不偏，爲表示中和之境的詭辭。此與〈體別〉篇言：「中庸之德，其質無名。故鹹而不鹻，淡而不醲，質而不縵，文而不繢；能威能懷，能辨能訥；變化無方，以達爲節。」〔註82〕的意義是相同的。《人物志》既以能含各種質分之人爲高，故〈九徵〉篇才有如下之言：「凡人之質量，中和最貴矣。中和之質，必平淡無味；故能調成五材，變化應節。是故，觀人察質，必先察其平淡，而後求其聰明。」〔註83〕

由以上所論可得一小結：

（一）《人物志》所論的品鑒理論，其所依據者，仍爲名、理二者。品鑒者仍是依被品鑒者的形貌行爲，以論名析理的方式，認識被品鑒者內在的質量。由於名理的論析重在條貫的掌握，故只能以靜態的形式進行，無法涉及被品鑒者在時間流程中，潛能發揮或種種變化的樣態。在此形式下的品鑒活動，只能依其所依之理做「一對一」對應式的了解，其對人物的品鑒亦只能依各理所察，而有綜合、例舉式的結論，難以得到完全而客觀的品鑒。

（二）基於品鑒者與被品鑒者皆爲一偏之材的情況下，由於二者本身皆爲一被限定的存在，依其所限的質量推理，二者之間最多亦只能達成同體之間一對一的了解。換言之，品鑒者可能只注意到某一靜態的面向，而無法進探人事物的成長流變，及其與環境種種錯綜複雜的關係。

（三）《人物志》一書似乎反省到了名理推論在面對一個活動的生命形態時，有其在方法上不可補救的缺陷。首先在語文應用、名稱的使用上，已有不能盡達其義的困難，更何況據「名」以論之「理」？在此問題之下，劉劭

競而相害也」的同體之變，然同體相譽大皆是基於「性同相識」而產生的結果。

〔註81〕《人物志今註今譯》，頁139。
〔註82〕《人物志今註今譯》，頁41。
〔註83〕《人物志今註今譯》，頁14。

乃提出「既雜多而又整全」的「中和」、「中庸」、「無味」、「平淡」等語詞。然而此一轉變並不能解決根本問題，原因在於《人物志》中的聖人通材說，自成一不具影響性的封閉系統。

（四）在《人物志》聖人「形上系統」中，其超名理的論述方式，與王弼的言意理論頗有接合之處，與整個正始玄學的取向亦有共通，如皇侃《論語義疏》「子溫而厲，威而不猛，恭而安」言：「溫者不厲，厲者不溫；威者心猛，猛者不威；恭者不安，安者不恭，此對反之常名也。若夫溫而能厲，威而不猛，恭而能安，斯不可名之理全矣。故至和之調，五味不形；大成之樂，五聲不分；中和備質，五材無名也。」〔註 84〕即與劉劭《人物志》中所論之超名理系統相合。

第四節　玄論與名理二派對聖人議題的討論

魏初有許多關於聖人的討論，這些討論與《人物志》論及聖人的「形上系統」頗有相合之處。在論據上雖未能說明其來源為何，但皆足以說明人物評論與玄論之發展有一共同的趨勢。

一、荀悅與孔融對聖人之「名」的討論

《魏書・荀攸傳》注曾引《荀氏家傳》云：「（荀）悅與孔融論聖人優劣，並在融集。」〔註 85〕荀、孔之討論由《藝文類聚》卷二十及《初學記》卷十七所引可略得其要：

> 荀悅等以為聖人俱受乾坤之醇靈，稟造化之和氣，該百行之高善，備九德之淑懿，極鴻源之深閎，窮品物之情類，曠蕩出於無外，沉微淪於無內。器不是周，不充聖極。荀以為孔子稱：「大哉，堯之為君也，唯天唯大，唯堯則之。」是為覆蓋眾聖最優之明文也。孔以堯作天子九十餘年，政化洽於民心，雅頌流於眾聽，是以聲德發聞，遂為稱首。則易所謂「聖人久於其道，而天下化成」，百年然後勝殘去殺，必世而後仁者也，故曰「大哉，堯之為君也。」堯之為聖也明，明其聖與諸聖同，但以人見稱為君爾。〔註 86〕

〔註 84〕《論語集解義疏》，頁 258。亦見於《王弼集校釋》，頁 625。
〔註 85〕《三國志・魏書・荀攸傳》，卷十，頁 321。
〔註 86〕《藝文類聚》，卷二十，頁 361。又，《初學記・孔融聖人優劣論》曰：「孔子

在此段文字中，荀、孔二人論辯的重點有二：

（一）依孔融之見，堯是在「作天子九十餘年」後，「以聲德發聞」而稱聖的，所以孔子先言「君」，而後言「聖」。所謂「必世而後仁」，指爲君者之治理天下，必在一段時間後，德教爲人所稱譽，方可稱聖。此意亦即聖人仍需「施教化」，而後天下方可致平。而荀悑之說純就「唯天唯大，唯堯則之」而論，重點在「聖人則天」。

（二）荀悑以爲孔子對堯之稱譽是：「覆蓋眾聖最優之明文」，而孔融以爲堯僅是「與諸聖同」，這顯示二種不同的意見。荀氏一方以爲：眾聖之中，仍有優劣高下之分。而孔氏一方則以爲：聖人皆聖，而無優劣高下。荀、孔二者皆就孔子言：「大哉，堯之爲君也，唯天唯大，唯堯則之。」一語進行論說，這表示他們二人對此句話的詮解有基本的差異；就荀悑而言，不管其言聖人則天，或者說孔子的稱譽是：「覆蓋眾聖最優之明文」，皆純就語詞的意義內涵上言，因之「則天」不但是聖人的內涵，而且是眾聖中最高的稱譽。而孔融則非如此，他說聖人是在「政化洽於民心」後，「德聲發聞，遂爲稱首」，這說明聖人並無一具體的內涵，只要「德聲發聞」即可稱「聖」，因之聖人之名完全取決於「民心」、「眾聽」，「聖」既無具體的內涵，自然也就沒有什麼依據可以判分高下了。由雙方之論點可知孔融在對「聖」的詮釋上，其所重視的是「語詞的使用」問題，而非「意義」問題。換言之，他不重視「聖」這一語詞應有何種「意義內容」，而重視人們應在什麼情況下使用「聖」這一語詞。孔氏的這一傾向，可另見於《太平御覽》所引二條與聖人優劣論有關的資料：

> 馬之駿者，名曰騄驥；犬之駿者，名曰韓盧。犬之有韓盧，馬之有騄驥；人之聖也 [註87]，名號等設。使騄驥與韓盧並走，寧能頭尾相當，八腳如一，無有先後之覺矣？ [註88]

所謂「名號等設」，乃就名號的用法上言，而不論其內涵及外延的具體意義。

稱：大哉堯之爲君，唯天爲大，唯堯則之。是爲覆蓋眾聖最優之明文也。堯作天子，九十餘年，政化洽於人心，雅頌流於眾聽，是以聲德發聞，遂稱爲首。易所謂聖人久於其位而天下化成。百年然後勝殘去殺，必世而後仁者也，故曰大哉堯之爲君。堯之爲聖也，明其與諸聖同，但以人見稱爲君也」。見唐・徐堅等：《初學記》（北京：中華書局，1962 年），頁 409。

〔註87〕「人之聖也」嚴可均輯本作「猶人有聖也」。

〔註88〕宋・李昉：《太平御覽》（臺北：商務印書館，1975 年），卷八九七，頁 4114-2。

因爲如要論其意義是否指涉相同，則應指其是否指涉同一對象。如此會遭遇到：「使騏驥與韓盧並走，寧能頭尾相當，八腳如一，無有先後之覺？」這樣的質問。由此可知，孔氏的用心，有所立異於名家所言「以名責實」之名實問題。

在漢魏名家的觀念中，「名言」是用來指「實」的。所以劉廙《政論・正名》曰：「行不美則言名不得稱，稱必實所以然，效其所以成。故實無不稱於名，名無不當於實。」〔註 89〕荀惲大致代表此一觀點。而孔融所提出的新意見是：語言除具有名實關係的獨立性外，還必須考慮語言必賴使用者之使用，方成爲語言。因此除了考察「名」（語言）之「實」（意義）外，也要注意其用法。就一語言表式而言，語言表式的意義和人們使用該表式的意向，兩者雖然有關，而且經常伴隨，但卻不是同一項目，意義是一事，意向是一回事；有義性是一回事，有意性是另一回事。前者是語意的概念，後者屬於語用的範圍〔註 90〕。荀、孔之論，荀偏於語意的討論，即以「聖」之名，有一確定的指涉意義或指涉對象。而孔則偏於語用，以爲「聖」之名，是基於對某一在教化上有所成就的對象（在此非指一特定對象），所使用的語詞。

荀、孔二者對「聖」之名詞的討論，有了「有意性」及「有義性」兩種不同的區分，這代表孔融能跳脫「循名責實」的僵固觀點。在以下的論述中，我們可以看到這一現象並非孤立的，此一觀點的跳脫是具代表性的。蓋魏晉之論者，極可能在這二種區分中，重新建立了對「聖」及「道」的理解。關於這一點，以下以夏侯玄的〈本玄論〉略做說明。

二、夏侯玄、何晏、王弼等人對聖人之名的看法

「本玄論」的內容雖已不可知〔註 91〕，然《列子・仲尼》張湛注引有一

〔註89〕 《全上古三代秦漢三國六朝文・全三國文》，卷三十四，頁 1244-2。

〔註90〕 有關語言的「有義性」（meaningfulness）及「有意性」（intentionality）之說參何秀煌：《思想方法導論》第三部份〈語言與義意〉（臺北：三民書局，1989年），頁 120～123。

〔註91〕 有關夏侯玄之著作，《文心雕龍・論說》言：「詳觀蘭石之才性，仲宣之《去伐》，叔夜之辨聲，太初之《本玄》……並師心獨見，鋒穎精密，蓋論之英也。」（《文心雕龍注釋》，頁 347～348）而《魏書・夏侯玄傳》注引《魏氏春秋》云：「玄嘗著樂毅、張良及本無、肉刑論，辭旨通遠，咸傳于世。」（《三國志》，卷九，頁 302）部分學者或以爲〈本無〉即〈本玄〉，有主張〈本無〉爲〈本玄〉之誤者，亦有主張〈本玄〉即〈本無〉之誤者。然二種主張皆缺乏直接證據。愚以爲〈本玄〉及〈本無〉二論或可並存。

段夏侯玄的話：

> 天地以自然運，聖人以自然用。自然者，道也。道本無名，故老氏
> 曰：「彊爲之名」。仲尼稱堯：「蕩蕩無能名焉」，下云：「巍巍成功」
> 則彊爲之名，取世所知而稱耳。豈有名而更當云：「無能名」焉者邪？
> 夫唯無名，故可得徧以天下之名名之。然豈其名也哉？惟此足喻而
> 終莫悟，是觀泰山崇崛而謂元氣不浩芒者也。〔註92〕

此段文字雖不能判斷出於夏侯玄之〈本玄論〉或〈本無論〉，卻有助於對夏侯
玄思想的理解。其中可堪注意者有三：

（一）夏侯玄言「聖人以自然用」，這一觀點是十分特別的。以劉劭爲例，
《人物志‧序》開宗即言：「夫聖賢之所美，莫美乎聰明；聰明之所貴，莫貴乎
知人；知人誠智，則眾材得其序，而庶績之業興矣。」〔註93〕說明了聖人之大
業在於「達眾善而成天功」，而聖人之所以能有如此之大業，在於聖人之聰明知
人。這樣的看法在當時並不孤立，徐幹《中論‧智行第九》亦言：「聖人之不可
及，非徒空行也，智也。」、「聰明，惟聖人能盡之；大才通人，有而不能盡也。」
〔註94〕可見夏侯氏「用自然」之說，頗與當時一般論者所言有別。

（二）夏侯氏解釋仲尼稱堯「無能名」的原因有二：其一是「道本無名」；
其二是「夫唯無名，故可得徧以天下之名名之」。此說可就三層義意析言之：
第一，「道本無名」既能成爲堯「無能名」的理由，可見夏侯氏視聖人與道同
體。而若問「聖人與道同體」之「體」爲何？此則又回到先前的預設：道本
「自然無名」，這是第一層意義。第二，何以「道本無名」？這是就第一層意
義的後設立場而言，本來論及「道本無言」，大可引用道家「道常無名」之說
論之，然夏侯氏並不如此。他的立場卻是：「夫唯無名，故可得徧以天下之名
名之。」此一立場，若與《老子》之說相爲對照，可以看出夏侯氏在態度上
的積極面。蓋對「無名」理解雖可無別，然在態度上仍可以有「不知其名」（或
謂「無以名」）以及「天下之名皆可爲其名」二種不同的表現，夏侯氏採取了
後一觀點。可見夏侯氏之說在當時是有所標新的，而此新意又可與前論（一）
相爲呼應。其目的乃在指出「自然」與「無名」之概念，實含有「無不包通」
之意義。第三，若問此二層意義在此一論題上所突顯之意義爲何？此層所涉

〔註92〕　《列子集釋》，頁 121。
〔註93〕　《人物志今註今譯》，頁 1。
〔註94〕　《中論》，頁 281。

不僅只是論題本身，其所積極應對者可能是當時的形名家，而應對時首要的
課題則在於變換聖人則天、用智的天人新內涵。蓋天無名，則無理可則；無
理可則，則無所用智。聖人體同天道，故「無名」。而「無名」的意思在夏侯
玄的思想中並非「不能名」，而是「無能名」。「不能名」，則割裂「道」與「名」
之關係，使「名」無可立於「道」。而「無能名」，仍在「可名」的範圍，「得
徧以天下之名名之」。如此，不但說明了「道」之可名，亦指出「道」與「名」
之間有一涵攝的關聯。這一觀念似爲後來的王弼所承繼，其詳細的論證，可
參見下一章。總而言之，夏侯氏對「名、道」這樣的問題，其意見乃是以「如
何名」的語用觀念，取代「名爲何」的意義觀念，其說與孔融之論頗爲相近。

（三）夏侯氏論述「無能名」，乃採取語用的觀點；對聖人及道「何以名」
之問題做一探討，並因而得出對道的某一認識。蓋天下之名可歸於「道」或
「聖人」，因而在義理上，「聖人」或者「道」可對「名」，或「名」所代表的
萬物，含有一消極的支配義。「名」恃「道」以成，這說明「道」可爲「名」
的形上根據。

將上述夏侯玄的這些意見，與何晏的意見相比對，可以看出二者之間有
極大的相似性，何晏言：

> 爲民所譽，則有名者也；無譽，無名者也。若夫聖人，名無名，譽
> 無譽，謂無名爲道，無譽爲大。則夫無名者，可以言有名矣；無譽
> 者，可以言有譽矣。〔註95〕

雖然何晏在下文中，以陰陽的「異於近而同於遠」來解釋「有名」與「無名」
相從相應的道理，偏重於形上意義的闡發〔註96〕，然何晏所謂的「無名」實
類同於夏侯氏所言的「無能名」；所謂的「無名者，可以言有名矣；無譽者，
可以言有譽矣」實類同夏侯氏所說的「得徧以天下之名名之」。蓋「得徧以天
下之名名之」，則方「可以言有名矣」。然者，何晏、夏侯之說仍有所別，就
二者立言之用意而言，夏侯氏之說仍局限於對孔子之言的語文詮釋，而何晏

〔註95〕見《列子·仲尼》張湛注引何晏〈無名論〉。《列子集釋》，頁121。

〔註96〕其下文曰：「然與夫可譽可名者，豈同用哉？此比於無所有，故皆有所有矣。
而於有所有之中，當與無所有相從，而與夫有所有者不同。同類無遠而相應，
異類無近而不相違。譬如陰中之陽，陽中之陰，各以物類自相求從。……凡
所以至於此者何哉？夫道者，惟無所有者也。自天地已來皆有所有矣；然猶
謂之道者，以其能復用無所有也。故雖處有名之域，而沒其無名之象；由以
在陽之遠體，而忘其自有陰之遠類也。」見《列子集釋》，頁121。

所論,已跳出對仲尼語言詮解的用心,而有意爲萬物立一通則,故有「此比」、「譬如」之言:

> 此比於無所有,故皆有所有矣。而於有所有之中,當與無所有相從,而與夫有所有者不同。同類無遠而相應,異類無近而不相違。譬如陰中之陽,陽中之陰,各以物類自相求從。〔註97〕

其結論亦是形上論據多於語文詮釋:

> 凡所以至於此者何哉?夫道者,惟無所有者也。自天地已來皆有所有矣;然猶謂之道者,以其能復用無所有也。故雖處有名之域,而沒其無名之象;由以在陽之遠體,而忘其自有陰之遠類也。

值得注意的是正始玄學的代表人物王弼,對聖人之名的討論,似是結合了夏侯氏及何晏不同的二種類型。王弼在《論語釋疑》中,對〈泰伯〉所作的注釋云:

> 聖人有則天之德。所以稱唯堯則之者,唯堯於時全則天之道也。蕩蕩,無形無名之稱也。夫名所名者,生於善有所章,而惠有所存。善惡相須,而名分形焉。若夫大愛無私,惠將安在?至美無偏,名將何生?故則天成化,道同自然,不私其子而君其臣。凶者自罰,善者自功,功成而不立其譽;罰加而不任其刑,百姓日用而不知所以然,夫又何可名也。〔註98〕

「夫名所名者,生於善有所章,而惠有所存。善惡相須,而名分形焉。」乃言名所以可名,在於事物有善、惠的形跡可察,這一善惠的形跡乃出於一比較的觀點而得,故以「名」名之必須要有跡可察,必須先有一「善惡相須」的相對觀點,才能使「名」能夠有意義上確定的指涉。但如「大美」、「大愛」,因其無偏、無私、無有形跡,故相對的觀點不易成立。這就使得「名」無可生。「名生不生」,乃就語言可否傳達確定的意義而言。

　　於此王弼區分了可不可名的界線,在「道」、「聖」這一層次,爲「無形」、「無名」的層次,此非「以形爲名」的名實論者所能論。「以形爲名」,只能在有形的現象界方能立言。再者,王弼的「則天」之說亦值得注意,其所謂的「聖人則天」,並不同於漢人(如董仲舒)的天人觀。王弼言:「不私其子

〔註97〕《列子集釋》,頁121。
〔註98〕轉引自皇侃《論語義疏》,見《論語集解義疏》,頁282。亦可參見於《王弼集校釋》,頁626。

而君其臣，凶者自罰，善者自功，功成而不立其譽，罰加而不任其刑，百姓日用而不知所以然。」可知其所謂「聖人則天」之「天」乃「自然無爲」之天，此或是何晏所以稱許「若斯人可與論天人之際矣」〔註99〕的天人新義。在此新義中，天與「道」、「聖」之名一樣，無法有一相對的、明確的觀點可察，而只可原則的掌握其「無爲」、「自化」之義。

總之，在夏侯玄、何晏、王弼等人對「堯」之「名」的相關討論中，可知他們同時對形名家以名實觀點來了解「道」與「聖人」，有了不同的意見。這一趨向，與《人物志》中的聖人觀點相配合，可知這一轉變並不是一種孤立的現象。同時在這一轉變中，亦顯示了他們對「天道」及「聖人」的概念有了不同的理解。

三、聖人論與人倫鑒識

湯用彤先生在〈王弼聖人有情義釋〉一文中指出：由於「聖德法天」之天人合一觀，故自漢以至魏晉，「聖人」與「天道」之概念常不可分，其說以爲：

> 夫自漢初重黃老以來，學人中固頗有主張順自然者。而漢學之中心主義所謂天人感應，亦言聖人則天之德，不過漢人之天道，究不離於有意志之天道，而未專以自然解釋。故漢代雖有順自然與法天道之說，而聖人無情一義，仍未見流行。及至漢魏之間，名家漸行，老莊漸興（名學以形名相檢爲宗，而歸於無形無名之天道。老莊以虛無無爲爲本，行化則法乎自然），當時之顯學均重自然天道。而有意志之天道觀，則經桓譚、王充之斥破而漸失其勢（因此當時名士如何平叔、鍾士季等受當世學說之濡染而推究性情之理，自得聖人無情之結論也）。〔註100〕

由此而論，「聖人象天」本漢代舊義，而純以自然釋天，則爲漢魏間益形著名之新義，合此二義乃推得聖人無情之說。又者，象天與無情亦皆本之聖人生

〔註99〕《世說新語・文學》言：「何平叔注老子始成，詣王輔嗣。見王注精奇，迺神伏曰：『若斯人可與論天人之際矣。』《世說新語・文學》劉孝標引王弼別傳，亦見此條。見南朝宋・劉義慶著，梁・劉孝標注，余嘉錫箋疏：《世說新語箋疏》（上海：上海古籍出版社，1993年），頁198。

〔註100〕《魏晉玄學論稿・王弼聖人有情義釋》，頁76。

知的基本想法，所謂「聖人生知，故難企慕」〔註101〕，由於聖人天生而聖，所以在魏晉時期，名高族貴者最多只能稱「名士」或者「賢」〔註102〕，這一個想法在當時的社會中，是不易被打破的。然而考察當時人物的言論，似有二個現象反映了魏初學者有意鬆動「聖人生知」此一觀點：其一是正始人物自比於聖的態度；其二則是有關於孔、老高下的論辯。而歸結這二個現象，其主要的用意似有「聖人雖生知而聖人境界卻可達致」的想法。下文將論述王弼之聖人論，以說明王弼突破聖人天成這一議題的用心；而促成王弼有此玄論的外緣因素，可能與夏侯玄、何晏等人的自比於聖有關。產生「聖人境界可達而致」之論題及自比於聖的現象，除了有思想演進的理路外，其部分的用意可能在於用此來說明他們具有主持選舉的合法性。關於「孔、老高下」以及「聖境可不可達」等問題，雖有其漢代以來的思想傳統，但將政治的意識形態作為可能的外緣因素來考慮，應該是被允許的。當然，本文所以如此考慮，也企圖說明才性與玄理雖各有領域，但它們未必不可合流，而為一同質的發展。

劉劭《人物志》以為只有聖人方能正確的品題人物，所謂：「情性之理，甚微而玄；非聖人之察，其孰能究之哉？」〔註103〕聖人在此雖可解為理想之君德，這是自先秦法家以來的傳統，將人君比為聖人，即希望人君能達到理論中的聖人之境。但從品鑒人物的角度而論，所謂聖人也可指為主持選舉之人。在漢魏察舉人材的議題之下，主持選舉者的能力十分被看重，尤其是曹魏行九品中正制以後，吏部擁有極大的權力，何人主持察舉就成了輿論的焦點。本文在前節中曾提及：傅嘏之反對劉劭的都官考課之法，其機鋒轉而論九品中正之專任吏部，可能即在反對當時主持選舉之人。由上節之討論可知「聖人」之名具有神聖之地位，非可泛稱，故如被稱為「賢」或「異人」已為極高的榮譽。徐幹《中論・審大臣》論及大賢之異於人云：

其異乎人者，謂心統乎群理而不繆，智周乎萬物而不過，變故暴至

〔註101〕 見《世說新語・言語》注引《孫放別傳》所載孫放語，其言云：「仲尼生而知之，非希企所及；至於莊周，是其次者，故慕耳。」見《世說新語箋疏》，頁110。
〔註102〕 王葆玹先生以為：「大致上說，漢魏之際將『名士』比作『大賢』、『亞聖』的情況居多，這在封建時代已是極於人品了。」見《正始玄學》第二章第一節〈士的分化和名士的產生〉，頁49。又參見第一章第三節〈三玄及其品序問題〉（濟南：齊魯書社，1989年），頁7～17。
〔註103〕 〈九徵〉，《人物志今註今譯》，頁11。

而不惑，真僞叢萃而不迷。故其得志，則邦家治以和，社稷安以固，兆民受其慶，群生賴其澤。八極之內同爲一，斯誠非流俗之所豫知也。〔註104〕

徐幹所論之大賢與聖人，實已難分軒輊。再依《人物志》之說，遇如此大賢、異人，如果品鑒者聰明上不能及之，則根本無從得知而察舉。在此情況下，主持選舉者爲了表示他們有舉才之能力，但在材質上又不敢自稱爲聖，於是產生了二種不同的態度，其一即是致力論說「大賢」的用事之功。

《魏書‧司馬朗傳》載：

（司馬朗）雅好人倫典籍。鄉人李覿等盛得名譽，朗常顯貶下之；後覿等敗，時人服焉。鍾繇、王粲著論云：「非聖人不能致太平。」朗以爲「伊、顏之徒雖非聖人，使得數世相承，太平可致。」〔註105〕

鍾繇其人，《魏書‧鍾繇傳》載其曾書奏曹操，建議恢復肉刑。操稱其：「留心政事，又於刑理深遠」〔註106〕。而王粲，《文心雕龍‧論說》說其「校練名理」〔註107〕，二者可謂形名家之代表人物。而司馬朗〈傳〉云其「雅好人倫典籍」，可見他們以爲「非聖人不能致太平」是十分具有代表性的意見。司馬朗以爲：「伊、顏之徒雖非聖人，使得數世相承，太平可致」，這一意見據〈傳〉注引《魏書》所載，甚得文帝所稱讚，文帝曾命祕書錄其文。此段記載說明了司馬朗「大賢數世太平可致」之說曾受到相當的注意。這個論點到了晉代的孫盛猶有進之，〈司馬朗傳〉注引孫盛之評論云：

孫盛曰：繇既失之，朗亦未爲得也。昔「湯舉伊尹，而不仁者遠矣。」《易》稱「顏氏之子，其殆庶幾乎。有不善未嘗不知，知之未嘗復行。」由此而言，聖人之與大賢，行藏道一，舒卷斯同，御世垂風，理無降異；升泰之美，豈俟積世哉？「善人爲邦百年，亦可以勝殘去殺」。又曰：「不踐跡，亦不入于室。」數世之論，其在斯乎。方之大賢，固有間矣。〔註108〕

司馬朗之說猶且以爲大賢與聖人之事功可同，而孫盛言：「聖人之與大賢，行藏道一，舒卷斯同，御世垂風，理無降異；升泰之美，豈俟積世哉？」實直

〔註104〕《中論》，頁498～499。
〔註105〕《三國志》，卷十五，頁468。
〔註106〕《三國志》，卷十三，頁397。
〔註107〕《文心雕龍注釋》，頁347。
〔註108〕《三國志》，卷十五，頁468。

接肯定賢聖之境界可同。依司馬朗之意，聖人與大賢仍有所別，何能有相同之事功？其中必有一理論的轉折，此一轉折即是前面所說的第二種態度，於賢人之境界上著意，論說聖人之材難得而聖人之境可致，境界可致則其事功可同，且不必數世而致。司馬朗此一態度，或許與玄學之發展有極大的關聯，此說到了晉代的孫盛儼然已成定論。

　　再就現有的文獻看來，魏世自比爲聖之例，大多與人物品鑒有關，如《魏書・何晏傳》注引《魏氏春秋》曾載何晏在司馬景王及夏侯玄之前云：

> 「唯深也，故能通天下之志，夏侯泰初是也；唯幾也，故能成天下之務，司馬子元是也；唯神也，不疾而速，不行而至，吾聞其語，未見其人。」蓋欲以神況諸己也。〔註109〕

首先，何晏、夏侯玄頗有玄論著於當時，而司馬師於談玄論理之事不見史傳，可見此條所言，與玄言關係甚小。而可致意者，三人皆是當政人物，且有相同之事功〔註110〕。何晏、夏侯玄、司馬師皆曾任散騎常侍之職〔註111〕；並皆曾主持選舉，於時頗有令名。再者，「唯深也，故能通天下之志；唯幾也，故能成天下之務；唯神也，故不疾而速，不行而至。」語出《易・繫辭傳》，原文作：

> 夫易，聖人之所以極深而研幾也。唯深也，故能通天下之志；唯幾也，故能成天下之務。唯神也，故不疾而速，不行而至。〔註112〕

極深研幾爲聖人之道，而所以通志成務者，神之所爲也。由此可知何晏以聖人

〔註109〕《三國志》，卷九，頁293。

〔註110〕《魏書・夏侯玄傳》注引《世語》曰：「玄世名知人，爲中護軍，拔用武官，參戟牙門，無非俊傑。多牧州典郡，立法垂教，于今皆爲俊式。」（《三國志》，卷九，頁295）《晉書・景帝紀》載司馬師曾爲選用之法：「景初中，拜散騎常侍，累遷中護軍。爲選用之法，舉不越功，吏無私焉。」（《晉書》，卷二，頁25）。《魏書・曹爽傳》載：「（爽）乃以晏、颺、謐爲尚書，晏典選舉……」（《三國志》，卷九，頁284）而《晉書・傅玄傳》載傅嘏之任（傅玄之子）傅咸曾論何晏任吏部尚書時主管選舉之事云：「正始中，任何晏以選舉，內外之眾職各得其才，粲然之美於斯可觀。」（《晉書》，卷四十七，頁1328）可見夏侯玄、司馬師、何晏皆曾主持選舉之事。

〔註111〕《魏書・夏侯玄傳》載：「正始初，曹爽輔政。玄，爽之姑子也。累遷散騎常侍、中護軍。」（《三國志》，卷九，頁295）又《魏書・曹爽傳》注引《魏略》言何晏：「爽用爲散騎侍郎，遷侍中尚書。」（《三國志》，卷九，頁292）可見夏侯玄及何晏皆曾任散騎侍郎之職。據《晉書・職官志》，魏晉時散騎之職典規諫，騎而散從。（《晉書》，卷二十四，頁733）

〔註112〕《十三經注疏》（臺北：藝文印書館，1965年），卷七，頁151-1。

況諸人，且以己之境界高於前二者。相同的情形見於《魏書‧鍾會傳》注所引何劭〈王弼傳〉，其中載有王弼的〈聖人有情論〉及戲答荀融難大衍義之事：

> 何晏以爲聖人無喜怒哀樂，其論甚精，鍾會等述之。弼與不同，以爲聖人茂於人者神明也，同於人者五情也。神明茂，故能體沖和以通無；五情同，故不能無哀樂以應物。然則，聖人之情，應物而無累於物者也。今以其無累，便謂不復應物，失之多矣。〔註113〕

何晏的〈聖人無哀樂論〉已不詳，湯用彤先生以爲：「推平叔之意，聖人純乎天道，未嘗有情，賢人以情當理，而未嘗無情，至若眾庶固亦有情，然違理而任情，爲喜怒所役使而不能自拔也。」〔註114〕湯氏推何晏之意將人分爲聖人、賢人、眾庶三等，此合於漢魏三品之序的習慣，其說可採。而依此意，賢庶有情，皆有別於聖人之無情。而賢庶之別何在？在於賢者以情當理，眾庶任情違理。就此而論，情、理之實，在賢、庶之中既無根本上的區別，可見「當理」、「違理」之間，純爲應事之法的區別。由此可知，何晏似以先天之情理，與後天之應物，二種標準來區分三品，賢、庶與聖之別在先天之有情與無情；而賢庶之別不在有情無情，而在於情理之用。情理之用何以有別？亦可說爲才性之所致，但相較於有情與無情之對分，它不作爲根本上之有、無的區分。何晏這一說法，何劭〈王弼傳〉說「有鍾會述之」，鍾會的學術立場是接近於形名論的〔註115〕，鍾會既述此說，可見這一意見在王弼理論流行之前，是頗具影響性的。

何劭〈王弼傳〉對何晏「聖人有情論」之評論爲「其論甚精」而已，可見其說在當時的論辯中只是較爲精緻並無新意。而王弼之說則是開新之論，「聖人有情」說的提出，相較於何晏之論有二個特出之處：第一，將區分聖、賢、庶的標準定於一，而摒去先天上有情、無情的考量。第二，「神明茂」這一觀點的提出，點出了所以稱聖的原因在於「神明」。而言「神明」、「茂」不「茂」則表明「神明」爲人人所具，但有「茂」與「不茂」之程度上的不同，聖人茂而常人不茂。如此，聖、庶之別不是先天差異的問題，即使是才性有別，而聖人之境仍可依其身的努力而達成。王弼的論說重點頗值得深深致意，

〔註113〕《三國志》，卷二十八，頁795。
〔註114〕見《魏晉玄學論稿‧王弼聖人有情義釋》，頁77。
〔註115〕《魏書‧鍾會傳》載：「及會死後，于會家得書二十篇，名曰《道論》，而實刑名家也，其文似會。」(《三國志》，卷二十八，頁795)論道之文，猶不脫刑名，可見其立場之明確。

假如將此論與其他有關聖人的觀點相對照，可以看出其理論具有論理的一致性：

> 弼注《易》，潁川人荀融難弼《大衍義》。弼答其意，白書以戲之曰：「夫明足以尋極幽微，而不能去自然之性。顏子之量，孔父之所預在，然遇之不能無樂，喪之不能無哀。又常狹斯人，以爲未能以情從理者也，而今乃知自然之不可革。足下之量，雖已定乎胸懷之內，然而隔踰旬朔，何其相思之多乎。故知尼父之於顏子，可以無大過矣。」〔註116〕

在此王弼將荀融比爲顏子，而自比爲孔子。所謂「顏子之量」、「足下之量」爲識鑒人倫之範圍，可以「智明」或「神明」得之，亦即可以王弼所謂之「理」得之；而哀樂、相思，爲人情之必然，此王弼所謂「自然之情」、「自然不可革」之「情」。有情有理爲人之所同，以情理應物亦人之所同，然情理之遇物卻人人不同；有「以情從理」者（即前論之「以情當理」者），有「任情違理」者，此爲應物之別而非根本之異。孔、顏之比既在於此情理關係之別，可知王弼之比附聖人非就聖人之材上立論，乃就「以情從理」的程度來理解。如此，既可在理論上可牽合於「神明茂」的問題，完成系統上的自足，並且也可由此得出孔、老高下的結論。據《世說新語·文學》載：

> 王輔嗣弱冠詣裴徽，徽問曰：「夫無者，誠萬物之所資，聖人莫肯致言，而老子申之無已，何邪？」弼曰：「聖人體無，無又不可以訓，故言必及有。老、莊未免於有，恒訓其所不足。」〔註117〕

這段話所說的「無」，爲備載萬物之「無」（見〈緒論〉），而非一「寂體」之「無」，所以王弼以「體無」論聖人之境，所謂體無之「體」當作「體現」之體而言，而非與「道體」同體之「無」，蓋道如爲一「寂然的、靜止的」的「無體」，仍可以就此一「無體」說明之，仍在可訓可名之範圍，可以論理說明之。舉例言之，如王弼《老子注》第一章言：

〔註116〕《三國志·魏書·鍾會傳》注引何劭〈王弼傳〉。見卷二十八，頁795～796。
〔註117〕《世說新語箋疏》，頁199。此條又見於《魏書·鍾會傳》注引何劭王弼傳，其文作：「弼幼而察慧，年十餘，好老氏，通辯能言。父業，爲尚書郎。時裴徽爲吏部郎，弼未弱冠，往造焉。徽一見而異之，問弼曰：『夫無者，誠萬物之所資也，然聖人莫肯致言，而老子申之無已者何？』弼曰：『聖人體無，無又不可以訓，故不說也。老子是有者也，故恒言無所不足。』尋亦爲傅嘏所知。」見《三國志》，卷二十八，頁795。

　　凡有皆始於無，故未形無名之時，則爲萬物之始。〔註118〕

此一注文是對「有」、「無」之區別作語文的說明，乃是「靜態」的對事實作理解，故此一注文所說的「無」，仍是在「可以訓」、「可以名」的範圍，非王弼所謂之至道。因之，「無」之概念不能由此注文得知，而必須與其他注文相參看。

　　然而「體現」之「體」不可以訓，蓋「體現」是一動態的活動，「訓」則須事事皆訓。事事皆訓在語言上，不但容易使「無」的整全意義受到分割、意義之焦點模糊，而且因意義上的不能備舉，反而不能突顯所訓說者的特出之意，故言「不可以訓」實指訓之難明。聖人於可訓者「訓之」，不可訓者「體之」，乃是深明語言之用及其限制的表現。依此可知：老子之「言無」乃不知於語言之限制而有之舉措。孔子「體現」而老子「言之」，二者相較，高下立見。

　　再者，「體現」、「不體現」之問題，既在於情之是否從理，表示此問題非本質性的差異所造成，而只能歸之於境界的高下來理解。王弼之聖人有情說提出後，非但得到何晏之讚賞，且爲何晏所接受，《弘明集》卷六載梁・周顒〈重答張長史書〉及《廣弘明集》卷八，道安〈二教論〉皆云何晏、王弼以爲「老不及聖」〔註119〕。所謂的「老不及聖」實可以境界區分；《世說新語・文學》載何晏作道德論之事，劉孝標注引《文章敘錄》說：

　　自儒論以老子非聖人，絕禮棄學。晏說與聖人同，著論行于世也。

〔註120〕

或有據此而論何晏主張「老子爲聖」者，此說證諸上列資料可知其非確。又「與聖人同」與「即是聖人」仍有距離，「同」指其部分行事達於聖境，然非全體朗現，此意與「老不及聖」之說並未矛盾，因而王葆玹先生認爲「老未及聖」是指本性之異，而「與聖人同」是指「行事之同」〔註121〕。王葆玹之說就理論而言較爲迂曲，蓋本性既異，難以解釋何以行事可同。如以「境界」

〔註118〕《王弼集校釋》，頁1。

〔註119〕《弘明集》卷六載梁・周顒〈重答張長史書〉云：「王、何舊說，皆云老不及聖」《廣弘明集》卷八，道安〈二教論〉云：「何晏、王弼咸云：老未及聖」。引文分別見於梁・僧祐輯：《弘明集》、唐・道宣輯《廣弘明集》（上海：上海古籍出版社，1991年），頁41上、144中。

〔註120〕《世說新語箋疏》，頁200。

〔註121〕說見氏著《正始玄學》第一章第二節〈三玄及其品次問題〉，頁9〜12。

一義評斷「與聖人同」一句，不但較爲直接，也可兼顧理論系統上的完整性。

綜論本節所述，正始年間有關於聖人問題的討論，與人倫識鑒並非完全無關。由聖人在人倫品鑒活動中所佔的特殊地位，可觸及了聖人境界可不可及的問題，而聖、庶的界線如非根本上有別，那麼形名論者的天生之說，即受到破壞。再者，這一思考的脈胳亦與反對名家的名實理論有關，即其達成有賴於「放棄『聖人之名』應與『聖人之實』相對應」的這一思考進路，從「名」之未能指一「體現生命之實」之觀點，而重新詮釋了聖人的內涵。由於這些問題的形式化，可觸及了聖人與天、道的關係；儒、道二家的交涉融合等問題，因而隨著討論界域的擴大，乃有所謂「玄學」之產生。

第二章　王弼的言意理論及其在方法上的意義

　　在第一章中，魏晉形名學的中心思維是以形立名，循名責實，因而他們對於「名」的要求大多集中於探討：「名」可否對應「實」這一問題上，此亦即所謂的「正名」思想。因為要求名實對應，所以他們非常注重「名」的意義及指涉，「名」有了穩定的意義，在依名推理時才不至造成論說上的滑動不明。這一思考進路在面對形上問題，或在論述「內容真理」時〔註1〕，有其難以盡達的一面。這一限制不但表現於《人物志》的理論架構中，亦表現於魏初學者對聖人議題的討論上。《人物志》因持形名家的基本立場，所以在面對具有時間連續性質的人物體貌，以及隱蔽不顯的人物體性時，顯現了名理、名實說在論述上的未能盡意。名實論者的這些限制，在魏初對「聖人」及「道」之「名」的討論中，亦明顯的被提出，因此而有「超名言」、「超名理」的「無名」、「無味」、「平淡」、「中庸」、「中和」等概念的提出。

　　再者，《人物志》的理論架構中，存在著「形上」與「名理」二個割裂的系統，造成此一現象的原因，乃基於「聖人生知，非人人可企及」的根本預設。因此，只要「聖人生知」的預設不破，超名理之論只能是一可望不可及的純粹概念。前述之論題亦涉及了聖人之境是否可達，以及道的形上概念如何可得等問題。依此，如何溝通名理與超名理這二個系統，就成了一個在理論上必須面對的重要課題。為溝通這二個系統，首先即要挑戰「聖人難以企

〔註1〕參見〈緒論〉之註5。

慕」的預設。在上章中，本文述及了王弼的聖人論，顯見王弼有以「聖境可達」之說取代「聖人生知」的基本立場。由王弼的這一思想轉折中，可以轉問一個較爲根源性的問題，即是：王弼依何方式達成他的理論，而這一方式是否有系統可尋？本章的論述重點即在追究此一問題。在論述過程中，本文將重點鎖定在王弼的言意理論，因爲言意理論，除了可以指出王弼的思維特質外，一方面可以標示出一個思想史上的轉變，而與形名家的「名實理論」相爲區分。尤其重要的是：言意之說有一形式上的簡潔特性，具有「方法」上的意義。

第一節　魏晉的言意理論及其理論重點

　　王弼得意忘象之說見於其《周易略例・明象》，爲一注《易》的基本原則，而王弼以此一方法論《易》，其目的在於去「僞說之滋漫」，亦即掃落漢代易學之拘於象數、繁雜支離的毛病。所以王弼言意說之提出，實有部分的原因是起於對漢代經說之不滿。漢代自董仲舒以來，於學術界即有一共同的認識，此一共識即在於經書之作爲聖人所出之天意，本身具有不可移易、不可懷疑的神聖性。此一以天意爲中心的天人系統，在東漢時曾遭受到揚雄以下的古文學家之反對。古文學家雖否認了天的主宰性，主張天道無爲，而關切聖人的本意〔註2〕。但是古文學家只是以聖人的神聖性取代了天的主宰性。聖人的神聖地位在他們的心目中是不可取代、無可企及的。因此在面對代表聖人之言的經書，而進行經書的注解詮釋時，他們大都採取名物訓詁的方式，不敢如今文學家一般自立系統之說〔註3〕。名物訓詁在詮釋的策略中，是屬於被動的、非創造性的方式。這一解經的趨勢，到了建安之末被提出來討論。徐幹《中論・治學》言：

　　　鄙儒之博學也，務於物名，詳於器械，矜於詁訓，摘其章句，而不
　　　能統其大義之所極，以獲先王之心。此無異乎女史誦《詩》，内豎傳

〔註2〕　本說採謝大寧先生之意見：「綜括太玄與法言，揚雄所處理的問題固然不少，
　　　　但歸納言之，則大體主要集中在以下二個重點上，一是以聖人爲基準來進行
　　　　歷史人物的道德判斷，二是建立一個『以人占天』的天人系統，亦即一個以
　　　　聖人爲核心而非以天爲核心的天人系統。這大約是揚雄思想中所最爲關切的
　　　　兩個論題。」參見氏著《從災異到玄學》第二章第三節〈揚雄與古文學思想
　　　　的奠基和轉化〉，頁173。
〔註3〕　漢代今古文經學家解經之別，參見唐君毅：《中國哲學原論・原道篇・卷二》
　　　　第六章，論〈漢世今古文易學之演變〉，頁295～301。

令也。〔註4〕

徐幹批評古文之學「不能統其大義」、「無異於女史誦《詩》，內豎傳令」，其措辭嚴厲，可說是揚棄古文訓詁的先聲。由徐幹對所謂「大義」、「先王之心」的要求，也可以反映魏晉學者開始懷疑名物訓詁對經書的大義所能提供的貢獻，這是對解經方式的質疑。除了對訓詁解經方式的批評外，《魏書・荀彧傳》注引何邵〈荀粲傳〉有一段關於荀粲的意見，荀粲於此對經書所提供的訊息是否充足？詮解者對於經書所採取的詮解態度、詮釋策略為何等問題提出不同的意見。〈荀粲傳〉的記載如下：

> 粲字奉倩。粲諸兄並以儒術論議，而粲獨好言道，常以為子貢稱夫子之言性與天道，不可得聞，然則六籍雖存，固聖人之糠秕。粲兄俁難曰：「《易》亦云聖人立象以盡意，繫辭焉以盡言，則微言胡為不可得而聞見哉？」粲答曰：「蓋理之微者，非物象之所舉也。今稱立象以盡意，此非通於意外者也，繫辭焉以盡言，此非言乎繫表者也；斯則象外之意，繫表之言，固蘊而不出矣。」及當時能言者不能屈也。〔註5〕

這段文字中，雙方所探討的重心在於聖人所理解的「性與天道」。在說明「性與天道」之前，首先值得注意的是：這段記載中將對立的二方做「儒術」與「言道」之區分。荀粲言及「子貢稱夫子言性與天道不可得而聞」，其意在於質疑經書本身所能提供的訊息，以為經書對於「性與天道」這一議題，所提供的訊息是有限的，而且可能是不足的。「儒術」一派於此是不能多言的，因為這句話為《論語》所載，出於經書本身，而且子貢為孔子高弟，子貢所言當離事實不遠。但是儒術一派在此情況下仍援用《易・繫辭傳》「聖人立象以盡意，繫辭焉以盡言」之說以對抗之，其意以為聖人有「隱微不顯之言」或「不可書見之語」，其微言大義已寓於立象、繫辭之中，只要仔細尋繹仍是可得的。荀粲的反駁以為：像「性與天道」這一類的道理是甚為微妙的，是物象所無法表詮的；所以荀俁所稱的「立象」、「繫辭」仍在有象的範圍，並不能表達象、辭之外的意思。換言之，荀粲先就「象、辭可盡之意」及「象、辭不可盡之意（象外之意、繫表之言）」加以分判，以顯示出「性與天道」非物象、言辭所能表述列舉，而所謂的「蘊而不出」亦說明此「理之微」難以表詮或不能表詮的意思。

〔註4〕《中論》，頁94～95。
〔註5〕《三國志》，卷十，裴注引《晉陽秋》，頁319。

　　上述的對話，可提示出雙方相同及相左的意見。首先，雙方相同的立足點在於：（一）他們都同意問題的重點在於聖人所言之「性與天道」，而且「性與天道」不多見於經書的記載之中。（二）以「聖人立象以盡意，繫辭焉以盡言」爲論辯的起點，也說明雙方都同意聖人表述「性與天道」的方式是「立象」、「繫辭」。如此雙方意見的歧異之點只在於「立象」、「繫辭」是否可以完全達成聖人對「性與天道」這一問題的表述，而與此一問題直接關係者，則是雙方對言、意的不同看法。

　　荀粲所堅持的「性與天道」，必須是通於意外的「象外之意」，所以他以爲夫子所以罕言「性與天道」的根本原因，是由於「象外之意」與「繫表之言」是「蘊而不出」的。「蘊而不出」所指的意思可能接近於「默會之知」，它只能由實踐中得知，而無法教導。即使經由語言的傳習，亦不能取得眞正的解悟，而需由實踐及身心上的體會，默然得知。舉例而言，簡單的技能學習亦屬於默會之知，如使用打字機打字，此一技能的習得，即不是靠語言的了解及邏輯的推理而可取得，必須在不斷的練習中，熟悉每一個動作及感覺，最後達到心想指運、不假思慮的境界。而一旦習得此一技能，亦不可能以文字或口授的方式轉移於他人，必須要學習者自身不停的操演，方能習得。荀粲的意見完全否決了名物訓詁及立象繫言的可行性，所以他的「六經糠秕」說常被歸於「言不盡意論」中。而荀俁的說法則接近於「言盡意論」。在魏晉時期，除了前言的「儒術」與「言道」二派之外，似有另一重要的意見崛起，那即是王弼所代表的忘言忘象得意論。爲了在說明上能突顯這三派論述的特出之處，不妨先放大視野，對魏晉有關言意問題的討論做一番檢視。

　　關於言意問題目前可察的有關文獻約有以下八類：

魏・荀粲〈言象不盡意論〉，見《魏書・荀彧傳》注引何劭〈荀粲傳〉。

魏・王弼〈忘言忘象得意論〉，見王弼《周易略例・明象》。

魏・嵇康〈周易言不盡意論〉，見王應麟《玉海》卷三十六著錄。

西晉・歐陽建〈言盡意論〉，見《藝文類聚》卷十九引文。

西晉・張韓〈不用舌論〉〔註6〕，見《藝文類聚》卷十七引文。

東晉・王導〈言盡意論〉，見《世說新語・文學》第二十一條。

東晉・庾闡〈蓍龜論〉，見《藝文類聚》卷七十五引文。

東晉・殷融〈象不盡意論〉，見《世說新語・文學》七十四條注引《中興

〔註6〕魏晉史籍未有「張韓」氏者，嚴可均疑「韓」爲「翰」之誤。

書》。

這八種文獻中，嵇康的「周易言不盡意論」只見於王應麟《玉海》卷三十六
著錄，王導的「言盡意論」在《世說新語・文學》第二十一條只簡單一提，
且其所論者爲「言盡意論」或爲「言不盡意論」目前仍有不同的意見〔註7〕。
殷融的「象不盡意論」亦只於《世說新語・文學》七十四條注引《中興書》
云：「（殷融）著〈象不盡意〉、〈大賢須易論〉，理義精微，談者稱焉。」〔註8〕
其論據爲何，已不復追究。故可資具體討論者僅荀粲、王弼、歐陽建、張韓
（翰）、庾闡等人之主張，其餘所論只能據篇名而推論之。值得注意的是，據
現有材料，這八種文獻，如果就其基本理論模式，而不細論其枝節之異，恰
恰可以分爲前述的三類不同意見，那即是：（一）言象不盡意論，可以荀粲、
嵇康、張韓（翰）、殷融爲代表。（二）忘言忘象得意論，可以王弼、庾闡爲
代表。（三）言盡意論，可以歐陽建、王導爲代表。值得一提的是，與荀粲同
屬「言象不盡意論」的張韓（翰），在其「不用舌論」中同時提及了「性與天
道」的問題，以爲「是謂至精，愈不可聞」。這一點可以間接的堅定先前的假
設：對言、意的不同理解，可能對「性與天道」這一論點，有決定性的影響。

　　大致而言，持「言盡意論」者，如前述的荀俁及歐陽建等人，將「言」
視爲「名」，而其所對應的「意」，則與「物之實」、「理」無別。這在歐陽建
的論點中是十分明顯的：

　　　　夫天不言而四時行焉，聖人不言而鑒識存焉。形不待名而方圓已著；
　　　　色不俟稱，而黑白已彰。然則名之於物，無施者也；言之於理，無爲
　　　　者也。而古今務於正名，聖賢不能去言，其故何也？誠以理得於心，
　　　　非言不暢；物定於彼，非言不辨。言不暢志，則無以相接；名不辨物，

〔註7〕　如湯一介先生曾查影印宋紹興八年，廣川董氏據晏殊校定本，其中附有宋・
　　　　汪藻〈世說敘錄〉，並有〈考異〉一卷，其文中重出〈王丞相過江左〉條，文
　　　　爲：「舊云：王丞相過江左，止道聲無哀樂、養生、言不盡意三理而已，然宛
　　　　轉關生，常無所不入。」此段重出之文，文末並有宋・齊時人敬胤之注說：「聲
　　　　無哀樂、養生二論，并嵇康作」。敬胤其人，據汪藻《敘錄》說：「其注以宋、
　　　　齊人爲今人，則敬胤者，孝標以前人也。」湯氏據此以爲：王應麟《玉海》
　　　　卷三十六，于「晉易象論」條中載有嵇康作「言不盡意論」，且嵇康的「聲無
　　　　哀樂論」已透露言不盡意的思想，故王丞相所論三理極可能爲「聲無哀樂」、
　　　　「養生」及「言不盡意論」，而非「言盡意論」。見氏著〈讀世說新語札記〉，
　　　　《中國傳統文化中的儒道釋》（北京：北京中國和平出版社，1988年）。
〔註8〕　《世說新語箋疏》，頁255。

則鑒識不顯。鑒識顯而名品殊，言稱接而情志暢。原其所以，本其所由，非物有自然之名，理有必定之稱也。欲辨其實，則殊其名；欲宣其志，則立其稱。名逐物而遷，言因理而變。此猶聲發響應，形存影附，不得相與爲二。苟其不二，則言無不盡，吾故以爲盡矣。〔註9〕

在此看法之下，「名」的直接功能是「殊名品，顯識鑒」，在於品別人、物，察識人、物之特出之處，這是偏於對「物」有形可察的一面而說的。對於「理」的一面而言，「言」的功能則是「暢神志，接名稱」，在使意之所指得以明白表達，用以宣暢心志。在此，「名」相對於「物之形」；而「言」相對於「心之理」。因其對應如此，所以「名逐物而遷，言因理而變」，猶如聲發響應，形存影附，不得視之爲二〔註10〕。歐陽建的這一主張，明顯將言意的問題定位於日常言行的社會溝通上，且其立場與形名學者的「名實」觀點並無差異。

持「言象不盡意論」者則強調「性與天道，不可得而聞」，將「意」的層次提高到形上的「天道」與人所受於天的「性分」上。依何晏《論語集解》，所謂「性」是指「人之所受以生者」，而「天道」是指「元亨日新之道」〔註11〕，不管是變動日新的天道或者是受之於天的人性，在意義內容上都有一變動的日新之姿，都是難以掌握指實的，因此要求天道、性與日常溝通的語言（即用以指物、名品、別理的語言）有所期會對應是不可能的。由此可知「言象不盡意」論者與「言盡意」論者，他們對「言」或者「名」的意見雖然相同，但對於所謂的「意」卻有內容及層次上的差異。換言之，「言盡意論」者在「現象的事實」上，肯定「名言」；而「言象不盡意論」者則在「形上」的層次，否定名言，以爲名言在達「意」上沒有任何的助益。

「言盡意論」與「言不盡意論」二者各有論域，本不相衝突。但因對所論領域的混淆，故相持不下。於是在二說之外有「忘言忘象得意論」之說以爲調和，不管是王弼的《周易略例・明象》，或者庾闡的〈蓍龜論〉，即使他們所言的「意」爲「形上之意」，他們的論點中都不放棄據以求神求妙的語言、蓍龜或者其他憑藉，並且視之爲不可缺少的溝通工具。〈蓍龜論〉說：

夫物生而後有象，有象而後有數，有數而後吉凶存焉。蓍者尋數之主，非神明之所存；龜者啓兆之質，非靈照之所生。……且殊方之

〔註9〕《藝文類聚》，卷十九，頁348。

〔註10〕牟宗三先生以爲：「名言與物理有期會對應之關係。既有期會對應之關係，則名自能盡物，言自能盡理。」見《才性與玄理》，第七章第三節，頁246。

〔註11〕《論語集解義疏》，頁157。

卜，或責象草木，或取類瓦石；而吉凶之應，不異著龜。此爲神通
之主，自有妙會，不由形器；尋理之器，或因他方，不繫著龜。……
亦猶筌雖得魚，筌非魚也；蹄雖得兔，蹄非兔也。是以象以求妙，
妙得則象忘；著以求神，神窮則著廢。〔註12〕

庾闡所言，在理論上雖遠不及王弼精緻，但與王弼所說的：「意以象盡，象以
言著。故言者所以明象，得象而忘言；象者所以存意，得意而忘象。猶蹄者
所以在兔，得兔而忘蹄；筌者所以在魚，得魚而忘筌也」〔註13〕，是十分一
致的。

就「言」的層面而言，王弼之說既肯定「言」爲得「意」時的必要憑藉，
所以其說與名理派的基本立場並不相抗。就「意」的層面而言，其所言之「意」
可爲「形上之意」，亦可爲「形下之意」，這就打破了形上與形下之間的絕對
區分。形上、形下得以相通的原因，在於王弼提出了「象」的概念，以「象」
作爲溝通「言」與「意」的中介意象，所以「象」的提出，在王弼的言意理
論中佔有相當重要的地位。

由於王弼所言之「象」，具有介於形上與形下的特質，所以它與「言盡意
論」或者「言不盡意論」者所稱的「象」，是有所不同的。以荀粲爲例，荀粲
所言之「象」謂之「物象」，是一有形有象的「物器」。在荀粲的觀念中，《易‧
繫辭》所說的「立象」，是以卦爻符號來啓示事理；《易‧繫辭》所言之「繫
辭」，乃指以「言」來說明事理；都是在「可說」的範圍內，並不能表詮不可
說的「性與天道」，以及對「性與天道」的默會之知。王弼所論之「象」，顯
然不同於荀粲，《周易略例》說：「言生於象」、「象生於意」，「象」既可「生」
「言」，而且與「言」在層次上有所差別，可見其所謂之「象」非僅止於物象
之象，而是超乎形器、言語之上而可指示出「意」的意象。關於王弼對「象」
的意見，在下一節中當詳細論之。

本節由歸納魏晉的言意理論可知：魏初的學術趨勢，雖一改漢代以「天」
爲重心，轉而以「人」爲重心，以「聖人之意」爲依歸。但在以何種方式來
詮解「聖人之意」的這一點上，似仍未有一共同的看法。這些爭議，反映出
魏晉學者，對「性與天道」這一天人問題的重視，同時也表現出對「聖人之
意」或者「性與天道」此類問題可否以語言、文獻予以掌握與詮解的懷疑。

〔註12〕　《藝文類聚》，卷七十五，頁 1285～1286。
〔註13〕　《王弼集校釋》，頁 609。

針對此一問題而形成的討論，在魏晉時期約可略分為三大類意見，這三大類意見一直到了東晉，仍有各自堅持的學者存在。本文的結論以為：在這三大類意見中，主張「言盡意」者，較不能正視「性與天道」或者「聖人之微言」有其不可以形象化、別理化等方式表詮的一面。換言之，「言盡意」論者對「言意」的論述，仍停留在：以為言語可以傳達說話者本身之行為、意志上，而忽略了人對天道的體悟，其實是一種內斂的、個人化的實踐行為。而主張「言不盡意」者，雖能明白「性與天道」不能予以明示，卻主張放棄言說的努力。企圖調和互相抗斥的二種理論而加以溝通者，則有「忘象忘言得意論」的說法，「忘象得意論」之諸種說法中，尤以王弼之說最為精彩，影響也最為深遠。

第二節　王弼言象意說的理論特質

王弼對言意的看法，主要的意見多集中於《周易略例・明象》，為討論之方便，茲錄其文於下：

> 夫象者，出意者也。言者，明象者也。盡意莫若象，盡象莫若言。言生於象，故可尋言以觀象；象生於意，故可尋象以觀意。意以象盡，象以言著。故言者所以明象，得象而忘言；象者所以存意，得意而忘象。猶蹄者所以在兔，得兔而忘蹄；筌者所以在魚，得魚而忘筌也。然則，言者，象之蹄也；象者，意之筌也。是故，存言者，非得象者也；存象者，非得意者也。象生於意而存象焉，則所存者乃非其象也；言生於象而存言焉，則所存者乃非其言也。然則，忘象者，乃得意者也；忘言者，乃得象者也。得意在忘象，得象在忘言。故立象以盡意，而象可忘也；重畫以盡情，而畫可忘也。
>
> 是故觸類可為其象，合義可為其徵。義苟在健，何必馬乎？類苟在順，何必牛乎？爻苟合順，何必坤乃為牛？義苟應健，何必乾乃為馬？而或者定馬於乾，案文責卦，有馬無乾，則偽說滋漫，難可紀矣。互體不足，遂及卦變；變又不足，推致五行。一失其原，巧愈彌甚。從復或值，而義無所取。蓋存象忘意之由也。忘象以求其意，義斯見矣。〔註14〕

在這短短的三百餘字中，王弼討論及了「意」自身、「言」、「象」自身，以及

〔註14〕《王弼集校釋》，頁609。

「意對言象」、「言象對意」等重要的觀念。而這些觀念的提出，與魏晉的名理論者或先秦諸子所論者有極大的不同，它不但說明了魏晉「言意」問題的特殊性質，並且確立了正始玄學的基本格局。對於這些「言意」的特殊性質，下文將分三點說明之：

一、「意」的呈現與隱蔽

在〈明象〉篇中，王弼並未具體說明所謂的「意」所指為何，但由於此篇的目的在說明注釋《周易》一書的基本法則，故其脈絡大約不出〈繫辭傳〉所言：

> 子曰：「書不盡言，言不盡意」，然則聖人之意，其不可見乎？子曰：「聖人立象以盡意，設卦以盡情偽，繫辭焉以盡其言，變而通之以盡利，鼓之舞之以盡神。」〔註15〕

這段話所揭示的問題，在於「聖人之意，其不可見乎？」故以下的回答，雖列有「聖人立象以盡意，設卦以盡情偽，繫辭焉以盡其言，變而通之以盡利，鼓之舞之以盡神」諸語，卻需將「聖人立象以盡意」一語視為具有次序上的優先。再者其下文言：

> 是故夫象，聖人有以見天下之賾，而擬諸其形容，象其物宜，是故謂之象。聖人有以見天下之動，而觀其會通，以行其典禮。繫辭焉以斷其吉凶，是故謂之爻。極天下之賾者存乎卦，鼓天下之動者存乎辭，化而裁之存乎變，推而行之存乎通；神而明之存乎其人；默而成之，不言而信，存乎德行。〔註16〕

由上可知「意」所指當為聖人所察的「天下之賾」、「天下之動」，這應屬乎「天道」的範圍。「意」就其得之於「天下之賾」、「天下之動」而言，有二層意義可說：第一，「動」為一天道之自然呈現，這一呈現有一動態之貌，使人可以體察道對萬物的生化情形。第二，「賾」則又說明這一呈現有其幽微、隱蔽的性質，而使道雖呈現萬物而又隱蔽其自身。《易・繫辭》中所以用「賾」、「動」二字，或許正說明天道隱微於一「動的過程」之中，而非天道存有一幽隱的意義內容。換言之，「意」非指一「意義內容」，聖人不是要人找出「天」的意義內容，而依此意義內容所含之「理」而行事。在此脈絡下，天道是一「生化的歷程」，而

〔註15〕 《十三經注疏》，卷七，頁 157-2～158-1。
〔註16〕 《十三經注疏》，卷七，頁 158-2～159-1。。

非虛懸在上的「形上實體」。所以當標示出「道」之名時，所要說的是一種「變化無方的天地運化」，而不是在指涉一個稱作「道」的「對象」。

對於「道」之「名」非爲一「對象」之「名」這一問題的理解，以語言的使用爲例，我們可以做如下的說明：假如以「花」來作爲比喻，當我們說「花」時，有時我們所指的是一指涉對象或意義，如花這樣的「物」；但有時我們的意思並不在於「花」之爲「物」，而是指一意向。如果是一意向，我們所想說的意思常是：盛放的花；或是在盛放的過程中，也即是在某一個時間過程上所看到的花。這說明花有一生命的姿態，「盛放」所代表的是一過程。過程是變動的，非靜止的，故不能將之視爲一靜止的實體來描述（如描述花的大小、顏色等等），即使再詳盡之描述，也皆有不盡於花之變動姿貌的地方。

由於天道之動賾非指一「靜態的對象」，因此對天道呈現的掌握並非人人可達，必須經由聖人以立象、設卦、繫辭等「非明示」的方式表述之。聖人不能用明示的方式表述天道，乃由於天道的隱蔽性質（賾）。天道隱蔽的性質來自於天道的運行變化無窮；因其無窮，所以當天道呈現某一部分時，也隱蔽了其他的部份。一切的「言不盡意」說，也都來自於天道之不能盡其全體的「隱蔽」性質。

王弼對天道呈現自身及隱蔽自身的雙重性質是有所體悟的，其云：「言生於象」、「象生於意」，所謂的「生」並不指道能創生、產生、製造、推動，依王弼《老子注》第十章解「生之」、「畜之」爲「不塞其原」、「不禁其性」〔註17〕，可見此「生」爲「不生之生」，可視爲「呈現」。故「意生象」，即表示「意」藉由「象」而呈現「意」本身，這是就「意」能呈現的性質而說的。另一方面，〈明象〉又言：「存言者，非得象者也；存象者，非得意者也。象生於意而存象焉，則所存者乃非其象也；言生於象而存言焉，則所存者乃非其言也。」則說明就一個別的「言」、「象」而言，此一呈現非「意」的全體，故拘執於言象則不能得意。總之，「意」之作爲天道變化的過程，本身有其在呈現之外的隱蔽性質，即使是發爲聖人之「言」、「象」，亦是如此。

二、「言」、「象」的區別——殊類與像似

在「言生於象，象生於意」的前提下，「言」、「象」爲天道之「意」的呈現，可說是在雜多呈現的現象中把天道的「動」、「賾」說出來。然而依「象

〔註17〕《王弼集校釋》，頁24。

生於意，言生於象」之說，「言」、「象」在層次上實有所別，所以進一步的細論，則不得不先區分「言」與「象」在意義上的不同。王弼的「言象意說」中雖未對「言」有詳盡的說明，然由《老子指略》云：「言之者失其常，名之者離其眞」〔註18〕，可知其對「名」、「言」的立場相當接近，因此爲了討論上的方便，或許可以先將「名」視爲「名物之名」，把「言」視爲「以名爲說的語言」，如此不論在討論「名」或者「言」時，都離不開「名」此一語言的基本成素。

在《老子指略》一文中，由於王弼對形名論者採取一批判態度，入室操戈的結果，其論述中即以名理派的名言之說作爲起點，其言云：「凡名生於形，未有形生於名者也。故有此名必有此形，有此形必有其分」〔註19〕，由此可知王弼所論之「名」並未超出名理派或者言盡意論者的說解〔註20〕，將名視爲一指形立說的基礎。但就「名」與「天道」的關聯而言，言盡意論者極少措意，言盡意論者大多偏於人對「言」之使用來說明他們的想法。相對而言，王弼對於「言」、「名」與「道」的關係則有確定的意見，《老子注》二十八章解「樸散則爲器，聖人用之則爲官長」云：

> 樸，眞也。眞散則百行出，殊類生，若器也。聖人因其分散，故爲
> 之立官長。〔註21〕

三十二章注又云：

> 始制，謂樸散始爲官長之時也。始制官長，不可不立名分以定尊卑，
> 故始制有名。過此以往，將爭錐刀之末，故曰：「名亦既有，夫亦將
> 知止」也。〔註22〕

王弼《老子注》中，「眞」常作爲「道」之別名，故二十一章言：「至眞之極，不可得名。無名，則是其名也」〔註23〕；而「眞散」之「散」則有不加干涉的「生」之意。萬物的分殊之象既由於天之「眞散」，而名又是在各種的事物、眾多的品行呈現之後，便於官長之治理而設的，可知「名」、「言」產生的最

〔註18〕《王弼集校釋》，頁 196。
〔註19〕《王弼集校釋》，頁 199。
〔註20〕歐陽建〈言盡意論〉說：「形不待名，而方圓已著，色不俟稱，而黑白已彰。然則名之於物，無施者也，言之於理，無爲者也。」即表明名形相隨，而形爲名本之看法。見《藝文類聚》，卷十九，頁 348。
〔註21〕《王弼集校釋》，頁 75。
〔註22〕《王弼集校釋》，頁 82。
〔註23〕《王弼集校釋》，頁 53。

根本原因在於「道」，「名」、「言」在於指涉道所呈現的萬物，有殊別之德行、樣態。由此可說：就「道」的立場言，「名」、「言」主要功能在呈顯「萬物有別」這一事實；而就「人」的層面言，「名」、「言」經過定義、定分，而成爲一「社會溝通」的工具。因此「名」、「言」不論就任何角度而言，它的基本功能都在於「殊類」。

「象」介於「意」、「言」之中，相對於「言」而言，是與「道」較爲逼近的。在《易·繫辭傳》中，「象」常被作爲具體的「天象」，或被視爲一非具體的「徵象」、「兆象」、「象徵」。作爲天象解者如：「在天成象，在地成形」〔註24〕、「法象莫大乎天地……懸象著明莫大乎日月……天垂象見吉凶，聖人象之」〔註25〕、「仰則觀象於天，俯則觀法於地」〔註26〕等等。又荀爽解《繫辭·第十一章》「見乃謂之象，形乃謂之器」，言乾坤之開闔變化，云：「謂日月星辰，光見在天而成象也；萬物生長，在地成形，可以爲器者也」，亦將乾坤之象視爲天象。

「象」除了作爲具體的「物象」、「事象」、「天象」外，作爲非具體之「象」者，其義大約不出「兆象、徵象」及「象徵」二者。一般而言，作爲「兆象、徵象」解時，大多指占驗吉凶時所產生的卦象、爻象；所謂「八卦成列，象在其中矣；因而重之，爻在其中矣。」〔註27〕即指此卦爻之象。而作爲「象徵」解時，則大多就聖人製作八卦，乃至於製作六十四卦的法則而言，即所謂「象者像也」。象之所以有「象徵」之意，是由於：「象」與「物」之間仍存著某一定程度的類似性，這一類似性使得象可爲物的「象徵」。〔註28〕

《易》的「象徵」之象，是以一種符號（如爻），代表一意象（如爻象），該意象與被代表物之間的關係，不完全是任意約定的結果，而是具有某種形象、功能或含意的相似性做基礎。象徵一般可分爲「慣常象徵」與「創造象徵」兩種，《易》之「象徵」爲「創造象徵」，而非「慣常象徵」。「慣常象徵」之建立及使用，皆隨俗而定，如以「國旗」象徵「國家」，其意義比較直接明確。而「創造象徵」之成立，則有賴於立象繫辭之聖人的創造，含意比較間

〔註24〕《十三經注疏》，頁 143-2。
〔註25〕《十三經注疏》，頁 157-1。
〔註26〕《十三經注疏》，頁 166-2。
〔註27〕《易·繫辭》，《十三經注疏》，頁 165-1。
〔註28〕本文有關「象徵」的定義，參見劉昌元：《西方美學導論》第四部，第十五章，〈藝術中的象徵〉（臺北：聯經出版社，1987 年修訂版），頁 233～246。

接曖昧，需要由其存在脈絡（如卦爻結構，卦爻辭義）來推敲。由於「創造象徵」也有「暗中比喻」的性質，所以「創造象徵」有時容易與「隱喻」混淆在一起。但「隱喻」只是說一物（如柔荑）與另一物（如手）有某種相似性（嫩白細長），而「象徵」是用一物（如馬）來代表另一物（如乾德）。「隱喻」基本上是種修辭技巧，它可說是把「喻辭」（如「像」、「似」等）省略掉了的「比喻」。雖然「隱喻」也是種間接含蓄的傳達方式，但它基本上只存於文句之中，而不及於其他「非文字」的表現〔註29〕。《易》卦爻的形式非一文句的表現，亦非一修辭，所以是「象徵」而非「隱喻」。

〈繫辭傳〉言：「聖人有以見天下之賾，而擬諸其形容，象其物宜，是故謂之象」。「擬諸其形容」、「象其物宜」即說明卦爻的結構與「天下之賾」（「極天下之賾者存乎卦」）、「天下之動」間，有一可資類比的可能。關於這點，朱子在解釋「聖人設卦觀象，繫辭焉而明吉凶，剛柔相推而生變化」時說：「象者，物之似也」〔註30〕，可說是更為直接的指出，「象」以一「相似」的性質而成立。而這一「相似性」，不但使得「象」向下可以類比於現象之物，而且向上可以類比於「道」。「象」之所以可類比於「道」，在於「象」與「道」之「相似」；也因其與「物」之「相似」，使「象」可類比於事物的種種。

綜合上述的說明可知：卦爻就其體、用而有「徵象」及「象徵」之別，「徵象」是天道在天體（天象）及卦爻上的呈現。尤其是「天象」，可說是「天道」最直接而抽象的展現，其他之「事象」、「物象」則可經由「近取諸身，遠取諸物」的方式加以取象。「象徵」則是聖人掌握及說明「天之意向」的憑藉。在逆覺天意上，玩《易》者可藉由事物之間的「相似」（象），而對事物之雜多取得一直覺似的統攝意向，卦爻之御繁於簡，於簡喻繁，皆有賴於「象徵」之指引，方能達成。而對於現象界言，「象」之於物又可有一形式統攝的意涵，可將物與物之間的共同特性，給予一形式的統合。

〔註29〕「隱喻」與「象徵」之別在於：「隱喻」主要涉及一句話的語意，即由「初義」的間接矛盾中透露「次義」，並不會涉及整個作品之主題。而「象徵」則常與主題有關。如「唯恐雙溪舴艋舟，載不動許多愁」，這是一組「隱喻」，「載」是「隱喻」之字。就語辭的「初義」或「本義」而言，「愁」不是「實物」，「用舟來載」是間接的矛盾，語意矛盾的主要目的在逼出「次義」，即在於形容「愁的沉重」。而「夸父追日」這一故事卻為一「象徵」，「追日」並無間接的矛盾，也無所謂的「初義」或「次義」，它直接涉及了一個主題：人的荒謬意識。在「夸父之追日」這一「象徵」中，一方面是主體的無止熱情，另一方面是客觀上永不挽回的事實及其反叛的方式。參見劉昌元：《西方美學導論》。

〔註30〕宋朱熹：《周易本義》（北京：北京大學出版社，1992年），頁138。

以上的說明雖偏於易卦之「象」，然而卻有助於對「言」、「象」做一區分。首先，「象」不管作為物象、兆象或者象徵，它們都必須基於一「像、似」的原則，因此相對於「言」或者「名」所代表的殊別意義而言，「象」與「言」的根本差異在於：「象」之以「相似」而立，與「言」之以「殊別」而立。其次「象」與「物」之間要有某種程度的「相似」而非「相同」，這說明它不能完全脫離品、德上有形、有分的殊別性質。因此，「像似」與「殊別」只是相對而有的概念，假如失去了物的殊別性質，那麼根本無從指出二者之間有何「像似」。就語言的形式而言，上述的說明亦是成立的。一般的情況下，人們使用日常語言乃是這樣的：因某物存在，然後以語言符號代表某物，繼而再藉著此一符號去認識此物及他物。在此一使用中，常要求著「語言符號」與「符號之所指」二者間需存在著一對應的關係。即使是將語言作為抒發心志意向的工具，亦要求符號與符號的所指間存在著一種契約似的對應，如此而有著「言與志」、「言與行」合一的要求〔註31〕，這也是「名」、「言」須具有明確殊別意義的原因。相對而言，「象」之作為一特殊的語言形式，雖不在殊別，但它仍在語言的範圍，必須立基於「名」、「言」的意義內容上。「象」雖不是一溝通的工具，不能被用來作為日常語言；但由於它能指出一形式上的意向，所以在溝通上，它仍存有著一定的意義。

在前述《易》的討論之中，「象」常是被視為可以類比於人事種種，及類比於天道的啟示；換言之，天道與人道之間藉「象」而接合。在《易》之中連繫天道與人道的關係是基於「相似」、「類比」的思考，所以基本上要由「象」得「意」，必須讓類比的活動不受到約制，如此就須把「象」的「殊類」性質減至最低的程度，因為只要殊類的性質一介入其中，那麼類比的思考將無法進行，想由卦爻之中得到啟示也將不可能。這一殊別意義的泯沒也即是「忘」，忘是無所住於意義，同時也是意義的開放，「象」因為有意義開放的性質，才使得「象」可指示各種事物而與備載萬物、呈現萬象的「意」相似而可類比。如果離開卦爻結構，將「意」視為道的展開，那麼「象」是

〔註31〕如《左傳‧昭公九年》：「味以行氣，氣以實志，志以定言，言以出令」、〈襄公二十七年〉：「志以發言，言以出信，信以立志，參以定之」、〈襄公二十五年〉：「志有之，言以足志，文以足言。不言誰知其志。言之無文，行而不遠。……非文辭，不為功，慎辭也。」又《禮記‧表記》：「事君先資其言，拜自獻其身，以成其信。是故，君有責於其臣，臣有死於其言。」分別見於《十三經注疏》，頁 178-2、645-2、623-2、917-1。皆表現為要求言志對應；志行對應的想法。在此，語言是作為代表心中意向心念的符號工具。

放棄（忘）語言的殊類性，此一殊類的性質一經解除，自能達成象在意義上的開顯。然而我們不能忘了「言」之作爲一溝通的語言，有穩定的意義內容；而「象」作爲一特殊的語言，原是「意」所開顯的內容，故不是一團混沌。依此，「忘言」並不可能完全泯除「言」原具有的意義，所以忘言得意，只能是由「言的意義性」轉爲「象的意向性」的過程。比如我們說「白馬」，那麼「白色的馬」在語言的陳述中是一個對象；在語言的操作之中，它是由顏色及物類這二個概念所組成的一個實體概念，這一個實體概念，即是「白馬」的意義，也就是本文所指稱的「言」的意義性。然而我們對「白馬」此一語言也可以有一開放的態度。假如我們認識到了我們之所以能有「白馬」的概念，是由於在某一特定的時間點，擁有關於「白馬」的經驗，那麼對於「白馬」的認識，可以有另一開放的途徑，即在開放的時間系統中重新認識「白馬」。如此白馬成了一發展性的意義內容，而非一穩定的意義內容。在一系列的「時間發展」中，原來作爲一「靜止時間點」的「白馬」，其意義的殊別性及穩定性被破壞了（如它的「白」可以在不同的時間中有不同的彩度）。雖然如此，在由「意義」到「意向」的同時，思考並未跳脫「白馬」此一範圍。因此由「言」到「象」，或者由「意義」到「意向」，它是一連續的系列，亦未超脫「語言」、「物」、「有」這一討論的規範之外。

（三）類比的跳躍

「忘言得象」，未離語言的範圍；而「忘象得意」，則是超越了語言及名物之自身，在事物與事物之間形成一種關聯。在前段之中，本文論述了「忘言得象」是在語言的意義基礎上，對意義內容的開放，這是就「言」、「象」所指的同一意義與意向而言，而本節將進一步說明「忘象得意」可以越出同一意義與意向，而在不同的意向之間形成一「隱喻」的關係。換言之，就「象徵」的意義而言，它基本上仍扣緊一個意向的主題，仍是有所言說的，但「忘象」是將諸多象徵的進一步類化，所謂類化即是一比喻性的開展，它是「忘象得意」的重要關鍵。經由「隱喻」的作用，「忘象得意」超越了語言的規範，由相似的近區延伸至陌生的遠處，發現兩者間有未曾想到的相似，從而認同了道所呈顯的種種現象之間有一統攝之理，貫穿於時間的前行之中。簡言之，「由言到象」是對語言意義穩定性的破壞，所謂破壞不是顛覆，而是開放了時間過程、擴大了意義的內涵；而「由象到意」是一對語言所指出的各個意向進一步類比，讓語言所代表的意向成爲一普遍的形式，而近於道「無生之

生」的生化過程。

「忘象」時的類比活動是一種思考上的跳躍，某一個存在 A 與其特點 a 的關係，藉由興發感慨，發現其與另一個存在 B 與其特點 b 的關係是相似的，因而成了一種認同的經驗。這一 a 與 b 相等的關係是跳躍的，不能以定義、公式、公理、原則、或邏輯來特定化它們的關係，只能以一無所關心的興發方能達成此一跳躍的過程。這一「無心」的興發即是所謂的「忘象」。如我們說「海的澎湃如同人的憤怒一般」，在這裏「人的憤怒」與「海的澎湃」，因同具有暴動、不安的性質，所以二者可以達成溝通。上例是文字創作上的比喻，它可能出於創作者刻意的聯想，也可能是基於一靈感。但不管如何，它必須跳出「海」才能溝通（發現）它與「人」之間的相似性。而「忘象得意」的過程與此相當類似，只是因為它不具任何的目的性，所以它不經由刻意的思索活動，而只憑藉無關心、無利害的聯想，或者直觀的掌握。由於「忘象」不是一目的性及思索性的行為，所以它不像文學的比喻一般，在達成溝通二者的相似性之後即停頓，它是一不斷的活動。在這不斷的活動中，一方面由於類比的進行不排斥任何的對象及現象，所以類比可以被無限度的擴張，當變成沒有相對的通性時，即消解了一切的矛盾，使物的真實性無隱蔽地呈顯。如我們可以說「上善若水，處眾人之所惡」，也可以說「不擇善，如墨之染缸」，同樣以水來類比於人心，水卻有善不善之別，但這二句對水的對立比喻也可形成另一隱喻，而使人穎悟水與人心的真實，使水及人心脫離了善不善的對分之中，指向清澈透明之共性。另一方面由於類比的擴延，使得物、事之間可以因其相似而互相呼應，這似又顯出它們具有一共同的歸往，一個根源性的宗主。〈明象篇〉言：「觸類可為其象，合義可為其徵」，所謂的「觸類」即是一類比的跳躍，而「合義」則是事事物物在類比下的一個互為徵驗的呼應。由於此一呼應，所以就使「忘象」的活動，向著一個「宗主之道」的無限整全逼近。

第三節　王弼的言意理論在方法上的意義
——從與莊子的比較談起

在前一節中，論述了「言」、「象」、「意」之間運作的依據，現在則要進一步說明「言意問題」的特殊性質。首先要追問的是：王弼的「言象意說」是否可以當作哲學論述的方法問題？在前文的敘述中，本文不斷提出正始玄

學的取向與形名論者的異同所在，並提出雙方不同的理論內涵與思考方式，企圖論證二者對知識建立的過程有了不同的進路，且這不同的進路可能表現於二者在論述之時不同的論述文法。雖然不管是名理論或者言意論者，其論述的方式皆有別於西方之「抽象的、分析的、規律主控的、以一致的應用為目標的」方式〔註39〕。但形名論者的立場，與實證的推理方式是頗為相近的，這使得形名論者在進入所謂的「性與天道」這一形上領域時，遭受到不同的質疑及問難。相較之下，言意論者如王弼的「玄學」體系，則講求歷史情境之直觀的掌握，以為形上知識的取得雖必須依賴語言，但不能完全以語言的推論來達成。由於王弼的言象意說，已具有固有規律及發展步驟的理路，而有形式方法的條件，所以它應該可以算是一種哲學論述的方法。所謂「論述方法」之意義，即在於依此方法可達到某種意義的形上知識。以王弼的注《老子》而言，經由他的言意方法，所得致的形上之學必與《老子》原義有別。這一分別，一方面顯出了言意論述在方法上的特殊地位，一方面則說明依此方法可獲得不同於過去詮解《老子》的形上知識。

　　在王弼之前，《莊子‧外物》首先提出「得魚忘筌，得兔忘蹄，得意忘言」的觀點。從王弼現存的著作看來，王弼與莊子在立論主旨上並非毫無轉承的關係。明顯的例子如《老子注》四十二章解「道生一，一生二，三生萬物」，王弼注文所本正是《莊子‧齊物論》之說〔註40〕，而莊子所持的超語言立場，似乎也是王弼「得意忘象」說所追隨的。所以在討論土弼的言意理論有何特殊性之前，或許可以先對莊子的言意觀點做一簡單的回顧。從比較的角度考察《莊子》與王弼在言意觀點上的不同，或可由二者在理論上的關鍵差異，而得出王弼在魏晉言意論點上的特殊成就。

〔註39〕 對於西方哲學的論述文法，本文的論說參考吳光明：〈中國哲學中的共相問題〉，《國立台灣大學哲學論評》第十四期（1991年1月），頁1～23。

〔註40〕 王弼注文言：「萬物萬形，其歸一也。何由致一？由於無也。由無乃一，一可謂無？已謂之一，豈得無言乎？有言有一，非二如何？有一有二，遂生乎三。從無之有，數盡乎斯，過此以往，非道之流。」（《王弼集校釋》，頁117）而《莊子‧齊物論》云：「天地與我並生，而萬物與我為一。既已為一矣，且得有言乎。既已謂之一矣，且得無言乎。一與言為二，二與一為三。自此以往，巧曆不能得，而況其凡乎？故自無適有，以至於三，而況自有適有乎？」王弼雖無「萬物與我為一」的主體觀念，但其基本的思想及語文的結構都十分相近。《莊子‧齊物論》引文見郭慶藩：《莊子集釋》（王孝魚點校，北京：中華書局，1961年），頁79。

一、莊子的言意觀

關於《莊子》對語言的看法，由於前輩學者已有詳盡的論說〔註41〕，本文於此不再贅述；但為了便於說明，本文嘗試用《莊子》書中的三則小故事，扼要的提示莊子對言、意二者，及二者之間關聯的相關意見。首先是關於「言」的問題，〈天道〉中有一小段故事：

> 桓公讀書於堂上，輪扁斷輪於堂下。釋椎鑿而上，問桓公曰：「敢問
> 公之所讀者何言邪？」公曰：「聖人之言也。」曰：「聖人在乎？」公
> 曰：「已死矣。」曰：「然則君之所者，古人之糟魄已夫。」桓公曰：
> 「寡人讀書，輪人安得議乎？有說則可，無說則死。」輪扁曰：「臣
> 也，以臣之事觀之。斷輪，徐則甘而不固，疾則苦而不入。不徐不疾，
> 得之於手而應於心。口不能言，有數存焉於其間。臣不能以喻臣之子，
> 臣之子亦不能受之於臣。是以行年七十而老斷輪。古之人，與其不可
> 傳也死矣。然則君之所讀者，古人之糟魄已夫。」〔註42〕

此段故事可能是荀粲「六經糠秕」說之所自出，故事中有二個主要的意見：第一，輪扁質疑語言文字可以傳遞聖人之道，其旨在說明個人的知識只能自覺、自證，而不能靠客觀法式的傳授。輪扁認為：如果要藉語言來達成，就如觀看某一死物一般，不能見其精神的活動。第二，輪扁之言在於表示對某一活動的語文「詮譯」皆無法完善達意，唯有在長時期的實踐活動中，方能體悟活動之意義。此可見莊子對語言，乃至於語言的詮釋，完全抱著離棄的態度。他強調個人化的經驗之知，在詮釋行動中是不能悉數給予客體化的，也體認到語言在表達主體心境時的不足處。

莊子對語言的基本態度既是「離棄」，那麼他對聖人所遺留的經典與聖人之意之間的問題，又有何種看法？這一點不妨看他在〈天運〉中所述的孔、老對話：

> 孔子謂老聃曰：「丘治《詩》、《書》、《禮》、《樂》、《易》、《春秋》六
> 經，自以為久矣，孰知其故矣；以奸者七十二君，論先王之道，而
> 明周、召之跡，一君無所鉤用。甚矣夫！人之難說也，道之難明邪？」
> 老子曰：「幸矣，子之不遇治世之君也，夫六經，先王之陳迹也，豈

〔註41〕 如張亨：〈先秦思想中兩種對語言的省察〉即有詳盡的剖析。見《思與言》第八卷，第三期（1971年3月），頁286～292。

〔註42〕 《莊子集釋》，頁490～491。

其所以迹哉？今子之所言，猶迹也。夫迹，履之所出，而迹豈履哉？
夫白鶂之相視，眸子不運而風化；蟲，雄鳴於上風，雌應於下風而
風化。類自爲雄雌，故風化。性不可易，命不可變，時不可止，道
不可壅。苟得其道，無自而不可；失焉者，無自而可。」〔註43〕

依上段引文，若謂孔子能承認「人之難說也，道之難明也」，也就等於接受了
一個詮釋情況的先決條件。然而經由語文的詮釋並不能得致良好的結果，這
又使得孔子心生疑惑。老子對於孔子的疑問，完全持否定的立場，他以爲「性
不可易，命不可變，時不可止，道不可壅」，性、命、時、道本身有一形上的
不易的性質，隱伏於生命的流行之中，因此都不是「說不說」、「明不明」的
事。因爲一旦進入說解，即入於分別義之中，即是「壅而不通」；而且「苟得
於道，自無不可」，得不得道並不可依行爲的結果來加以驗證。所以「道」與
「迹」之間並不是一語言詮釋的關係，也沒有任何的因果性質。這有如迹爲
履之所出，但履非迹；迹、履既然爲二，所以並不能以迹來說明履。如此，「迹」
與「所以迹」之間的關係不是「符合不符合」的關係，而是「風化」的關係。
所謂「風化」，依郭象注之意大約是指「相感」、「相應」。換言之，「迹」與「所
以迹」之間的關係是一種有機性的「感」與「受」。在此一對話中，老子所反
對的是對六經「孰知其故」的訓詁方式，而主張跳脫文字，掙脫語言的世界，
投身進入語言世界背後所展現的可能世界之中，與現象的種種面貌中，形成
相視相誘的閱讀關係。

　　莊子這種「風化」、「應」、「感」的想法，一則並不依賴主體性的往內自
省，二則亦不冀望獲取某種從未被發現的眞理，所以在「迹」與「所以迹」
之間，乃能發放出存有領域無窮無盡的可能性。在此「言」、「名」、「迹」的
功用，並不再在於它們能提供任何的意義，而是作爲一種引導，是誘使讀者
進入聖人言說的可能情境中，使讀者在這些情境中「風化」、「應」、「感」進
而體察聖人的用意。所以在這段故事中，即使莊子不主張離棄經典文字的話，
其立場亦以爲在閱讀語文之時，首先要放棄的即是「探求意義」的閱讀態度。
依此用心，可以理解何以《莊子》的敘述語言常常出現「喻」與「寓」等不
確定的語言模式，其目的無非是想使讀者放棄意義的追索，而投身進入存在
情境的風化、感、應之中。

　　最後關於「象」的部分，《莊子》書中言及「象」者大都作爲「形象」之

〔註43〕　《莊子集釋》，頁 531～532。

象、「仿象」之象或者「象喻」之象解〔註44〕，比較特殊者見於〈天地〉篇中所提到的「象罔」：

> 黃帝遊乎赤水之北，登乎崑崙之丘而南望，還歸，遺其玄珠；使知索之而不得，使離朱索之而不得。使喫詬索之而不得也。乃使象罔，象罔得之。黃帝曰：「異哉！象罔乃可以得之乎！」〔註45〕

黃帝遺其玄珠，「知」（智慧）、「離朱」（眼睛）和「喫詬」（言辯）皆不能得之，而最後「象罔」卻不辱使命，尋獲遺珠。「象罔」之意，呂惠卿《莊子義》注言：「象則非無，罔則非有。非有則不曒，非無則不昧。不曒不昧，此玄珠所以得也。」〔註46〕其意乃不失郭象「無心」之解。而呂氏之「非有非無」，一則在態度上表示「虛懷」之義，二則雖貶低外在跡象（如語言文字）在獲取玄理上的作用，但也間接提示「非無」之「象」並不須全然離棄。《莊子·則陽》言：「道不可有，有不可無，道之為名，所假而行」〔註47〕，在《莊子》中「所假而行」的「假」，可以是「寓言」之「寓」，也可以是「寄之狂言」的「寄」。但不管如何，它們作為「非無」的表現形成，乃能不落入「有」的局限中。「狂言」之「狂」，與〈在宥〉的「猖狂不知所往」〔註48〕的「狂」，同具有以反面來表達正面之極致的作用。「狂」在字義上所含的反面性，在某一程度上促使閱讀者的焦點集中在一強力而具負性的語意上，令讀者經由語意的撞擊震撼而有所體悟。緣此，「狂言」之狂，便披露一個開放無窮，不落於「有」（正面的），又不落於「無」的（反面的）意蘊。同理，「寓言」之「寓」，亦在表面意義的被剝奪下（即處於一非現實的語言情境中），先接受不可企及的意義條件，而後才能臻致圓滿的體悟。

〔註44〕 象當「形象」之象者如：〈刻意〉篇謂：「精神四達並流，無所不極，上際於天，下蟠於地，化育萬物，不可為象。」、〈至樂〉篇謂：「芒乎芴乎，而無從出乎；芴乎芒乎，而無有象乎。」、〈達生〉篇謂：「凡有貌象聲色者，皆物也。」分別見於《莊子集釋》，頁 544、612、630。作為仿象之象者如：〈天道〉篇謂：「尊卑先後，天地之行也，故聖人取象焉。」〈盜跖〉篇謂：「心不待學而樂之；體不待象而安之。」〈庚桑楚〉篇謂：「以有形者象無形者而定矣。」分別見於《莊子集釋》，頁 469、1010、798。解為象喻之象者如：〈刻意〉篇謂：「水之性不雜則清，莫動則平，鬱閉而不流，亦不能清，天德之象也。」見於《莊子集釋》，頁 544。

〔註45〕 《莊子集釋》，頁 414。

〔註46〕 呂惠卿：《莊子義》（臺北：藝文印書館，1992 年，《無求備齋莊子集成初編》），第五冊，頁 121。

〔註47〕 《莊子集釋》，頁 917。

〔註48〕 《莊子集釋》，頁 388。

二、莊子與王弼言意說的區別

（一）語言的根源問題

由上一小節的論述可知，莊子對語言的態度是不信任的，他懷疑語言具有表現絕對真理的功能，所以他的「得意忘言」說，並不如王弼之說將語言視為不可不憑藉的工具，而是在根本上認為此一工具對把握絕對的實在是無能為力的。但是另一方面，莊子之「語言無助於道」的思想，又必須依靠語言的傳達方能令人明白，所以莊子之語言使用，大都採取一種後設語言的立場，藉後設的語言來討論語言的局限。除了後設語言之使用外，凡論及有關於行為活動之事，他大都採取所謂「巵言」、「寓言」、「重言」、「狂言」的方式來表現。以「謬悠之說，荒唐之言，無端崖之辭」〔註49〕的詭辭，來展現他的思想。莊子以這二個語用的觀點，在其書中交織成具有豐富文學意涵的語言，用以橫跨「現實的想像」及「形上的論述」二界。

相對於莊子，王弼正面肯定語言的功用，認為不管在論及形上或形下二界時，語言都是必要的。莊子與王弼所以有如此相異的看法，其癥結可能在於對「語言之根源」有不同之看法。前節中，本文已說明王弼將語言視為道之呈顯，所以他認為語言之根源乃在於「道」。而莊子似從未有將語言視為道之所出的傾向，莊子視語言為「人的建構」，其態度在《莊子》書中是非常一致的。由於語言源於人的建構、使用，所以相對於「道」而言，「言者有言，其所言者特未定」〔註50〕，人之言如鳥之啼鳴一般，與道不能有任何的相應。由於莊子對語言的態度如此，連帶的他也貶抑了與語言性質相近的知識。《莊子》一書中常將語言與知識二者認同為一，以為「言」與「知」都是人的片面建構，所以都無助於「得道」。莊子的立場與王弼形成鮮明的對比。

王弼以為「根於道之語言」，是可以允許有「天理」寓存的，所以他主張「言」是不可廢的。他所反對的是執於「名言之末」，而不是「名言」本身。在《老子注》一書中，可以看到王弼經由對「言」的肯定，進而以為知識與政治制度為一社會群體所必要的想法〔註51〕，而他所反對的只是過份拘執於

〔註49〕〈天下〉，《莊子集釋》，頁1098。
〔註50〕〈齊物論〉，《莊子集釋》，頁63。
〔註51〕《老子注》三十二章云：「始制，謂樸散始為官長之時也。始制官長，不可不立名分以定尊卑，故始制有名也。過此以往，將爭錐刀之末，故曰：『名亦既有，夫亦將知止』也。」（《王弼集校釋》，頁82）由此可知王弼並不反對政治制度，而是反對「任名以號物」過分強調政治制度及名教的政治措施。

「名」，而致遠離道本；因此王弼同時有「崇本以息末」及「崇本以舉末」二說。三十八章注言：「守母以存其子，崇本以舉其末，則形名俱有而邪不生，大美配天而華不作。故母不可遠，本不可失。」〔註52〕即是此一思想的反映。

莊子視語言爲人爲的建構，故以語言如鳥鳴風號，以爲語言並不能對大道有何意義上的指陳，因此莊子以語言論「道」時採取了特殊的策略，乃以詭辭反覆論述語言之不可靠、知識之不可信，藉之使人放棄對語言意義的追索，而投身入天地運化的感應之中，獲致道的無窮意涵。王弼由於肯定語言的根源在「道」非在「人」，所以在理論及實際的使用上，他努力的使語言的性質與道的形上特性相符合。王弼認爲日常語言本身已有一僵固的形式，所以要達成道之言說，就不得不待之於「象」。因此，如果說莊子的言意重點在於所謂的「寓言」、「卮言」、「重言」、「狂言」上，那麼王弼的重點則在於「象」之觀念的提出。

歸結上述的論點，「象」的提出，在王弼的「言象意說」中具有二點意義：（一）象的提出，即是對語言應用的進一步改造，打破語言在使用上，名實之間一一對應的穩定性，從而使語言的特性與道的形上特性有符合的可能。（二）象的提出是由日常語言過渡到道的語言（無稱之名）的一個中介語言。因日常語言之穩定意義既不易破除，故「象」在意義上的可變幻、可跳躍性，來貼近於道的廣延性與活動性。故以這二點意義說明王弼的「象」爲一特殊的語言形式，其所以特殊之處在於：它在「名」與「不名」之間，而可符合道的形上特性。因此，就對如何言說「道」這一企圖而言；莊子的言意論使莊子對語言採取一遊戲的態度，而王弼的言意理論則使他走向嚴肅的、變易語言使用的道路，之所以形成如此結果的原因，則不得不推至他們二者對「語言根源」這一問題在看法上的歧異（當然，這並不排斥王弼基於檢討漢代象數易學，而興發新的易學詮釋法的歷史因緣）。

（二）言意論點的差異與理論型態的差異

由於莊子與王弼在語言的根源問題上的見識不同，使得他們在言意的理論以及語言的使用上，產生了二種不同的途徑，而這二種不同的途徑似又與他們的理論型態形成對應的關係。就言意的理論與對語言看法而言，莊子一

〔註52〕《王弼集校釋》，頁95。

方面在理論上持「離棄語言」的態度；一方面則在使用語言時，利用「弔詭荒唐之語」來顯示語言的不可信、不可執著。如此，使得他的理論明顯的偏向「主體的體悟」一途。莊子的這一理論型態，以下將分二點說明之：

第一，莊子持離棄語言的態度，講求風化感應，這使得「人」與「道」之間的溝通途徑只有「體驗」一路。而所謂的「體驗」是主體在通過經驗歷程後，於主體所留存下來的結果。如此，在求道的過程中，起決定作用的並不是客體的、對象性的條件，而是主體的條件。而且行體驗的主體不僅僅是憑藉先驗的知識能力，而是處於歷史演化中的主體（非先驗主體，而是過程中的主體）。第二，莊子之使用語言，一再的以荒唐的、無端崖的方式，破壞語言在意義上的穩定性質，誘使讀者跳脫出語言對象的世界，及一切世俗的、日用的語言功能；其目的在使讀者拋棄還原文字原意，拋棄尋索文字所從出的世界，而專注於文字所直接地、現時地呈現在人經驗中的意義，這也使得閱讀的對象繫之於經驗主體，而非經驗主體外求於客觀的對象。由上述二點可知：莊子之學必依主體之活動方能達成，而主體之活動必須先捨離一切的言辯、知識，方能得到最大的自由。所以莊子言說的建構，無非是在於：將主體從人為智慮的種種拘絆中，恢復為自由清明之能感、能應的狀態。

王弼的用心不在於「主體的自由」義，王弼所要求的是「使語言符合道的特性」，連帶的也要「人能符合道」的種種。換言之，王弼要求語言、人物等一切的現象皆要回返於「道」，回歸於「本」。所以莊子之說的要旨在於人的「主體」上，而王弼之說則在於天的「道體」上。

由上面的論述可知：莊子與王弼的語言觀，與其理論型態是有所對應的。換言之，二者不同的語言觀，與他們對理論之不同的建構進路實有密切之關聯。因此，回到上述的討論，我們可再提出這樣的詢問：究竟是理論型態導致對語言的不同看法？還是因為對語言的不同意見導致了理論型態的不同？在這樣的質問中可以發現，二者實際上都產生自一個更高的想法，即對「道」的理解。這表示不管是理論型態也好，是語言觀點也好，它們都產生於「道」之意義的確定之後。如此可知「言意」理論不能被視為是認識論下的方法問題，也不在說明普遍的認知法則，此意即：我們不能依「言意理論」而「認識」道，而只能依此方法來「論說」道。因此所謂的言意理論或「忘象得意」之方法，只能說是：如何以一「文法結構」來建構「道」的理論問題。換言之，言意理論只能是：論述者對其所認識之道的「言說方式」。

三、王弼理論型態與其言意說的關係

言意方法既作爲對道的一種言說型態，所以王弼的理論，大致是以此一論述方法來構建的。本節的目的在於說明：王弼如何以其言意論的方式來論述他的理論。爲了使問題的討論不致過於渙散，本節將以王弼《老子注》中的「反本說」作爲討論的對象。

《老子指略》言：

> 《老子》之書，其幾乎可以一言而蔽之。噫！崇本息末而已矣。觀其所由，尋其所歸，言不遠宗，事不失主，文雖五千，貫之者一，義雖廣瞻，眾則同類。〔註53〕

王弼以爲《老子》其書可以用「崇本息末」統貫之。「崇本息末」之意旨前人論述頗爲詳盡，本文不再贅述〔註54〕。本文所關心的是「崇本息末」說在理論上如何達成？如果仔細推敲《老子注》中的說解，可以發現「崇本息末」之說是於「反本」的基礎上立言的，爲了對「反本」有一清楚的了解，以下本文將先論述「反本」之意，然後再探討「反本」說與「言意方法」之關係。

（一）王弼理論中的反本說

在《老子注》中「反本」與「崇本」的意義實有相通之點，但如果「崇本」所指爲主體心境之「無心於爲、無心於欲」，那麼主體心靈之如何駐於「無爲」而能「崇本」，則爲重要的關鍵。王弼「反本」的觀念，可能得自於《老子》第十六章的「各復歸其根。歸根曰靜，是謂復命。」「復歸其根」，是老子思想中的重要觀念，王弼對這句話的注釋是：「各反其所始也」〔註55〕。王弼注文在表面上與《老子》之意頗爲相合，但仔細察考卻可見二者有極大的分別。《老子》的原意已不可知，但一般的注家將「復命」解爲「復歸本性」，如明代的憨山德清《老子道德經解》云：「命，人之自性」〔註56〕；而王弼解「復命」曰：「靜則復命」、「復命則得性命之常」〔註57〕。於此，尚看不出王弼的意思是復歸人之「本性」，或如范應元所說的復歸「虛靜本心」〔註58〕。

〔註53〕《王弼集校釋》，頁198。
〔註54〕如林麗眞先生之《王弼》一書即有詳細的詮解（臺北：東大圖書公司，1988年）。
〔註55〕《王弼集校釋》，頁36。
〔註56〕明·憨山德清：《老子道德經解》（臺北：藝文印書館，1965年），頁15。
〔註57〕《王弼集校釋》，頁36。
〔註58〕范應元言：「歸根者，反本心之虛靜也。」見《老子道德經古本集註》（臺北：藝文印書館，1965年），頁30。

爲了不致誤解王弼的本意，一般都將《老子注》中的「反」，與《周易注》的〈復卦〉注配合參看。〈復卦〉象傳注云：

> 復者，反本之謂也，天地以本爲心者也。凡動息則靜，靜非對動者也；語息則默，默非對語者也。然則天地雖大，富有萬物，雷動風行，運化萬變，寂然至無，是其本矣。故動息地中，乃天地之心見也。若其以有爲心，則異類未獲具存。〔註59〕

今人對此段話的解釋，大多以爲：寂然至無，爲一切運化萬變之「本」。此「無」爲一切物之「動息」處，亦一切物所以「具存」之依據。這些解釋並無問題，然《老子指略》之意以爲：「反此本」便可「舉末」，則似含有價值論上的意義，此又頗令人費解（此一問題在緒論中已有所説明，在此不贅）。將此「本」解爲「境界形態之形上實體」〔註60〕似是合理的解釋，但主觀境界形態之「寂感」之説，如何又能有客觀意義的「至無以妙眾有」？此又令人懷疑「境界形態之形上學」有其不足之處。王弼理論中的「道」爲「常」，而無佛家的「無常」之義，故其反本是反於「常」，而非反於「無常之無體」，其所謂「寂然至無」也非就「有無」之相對義而説。十六章注云：

> 復命則得性命之常，故曰常也。常之爲物，不偏不彰，無皦昧之狀，溫涼之象。故曰：「知常曰明」也。唯此復，乃能包通萬物，無所不容。……無所不包通，則乃至於蕩然公平也。蕩然公平，則乃至於無所不周普也。無所不周普，則乃至於同乎天也。與天合德，體道大通，則乃至於窮極虛無也。窮極虛無，得道之常，則乃至於不窮極也。〔註61〕

王弼雖未説明「常」的意義，但其注文中所極力強調此「常」是「無所不容」、「無所不包通」。因其「無所不包通」，所以是「窮極虛無」。由此可知〈復卦〉注所言的：「寂然至無」，仍應在這一「無所不容」的脈絡中來瞭解，而非遮顯「有」、「無」以明其體之「寂感之無」。二十五章注云：「自然者，無稱之言，窮極之辭也」〔註62〕，二十八章注云：「（無極）不可窮也」〔註63〕，大抵皆是此一「無所不包通」的意思。

　　形上之道之「周徧包通萬象」，本爲形上學的基本概念，但以之爲可以「舉

〔註59〕《王弼集校釋》，頁 336～337。
〔註60〕見《才性與玄理》，頁 143。
〔註61〕《王弼集校釋》，頁 36～37。
〔註62〕《王弼集校釋》，頁 65。
〔註63〕《王弼集校釋》，頁 74。

末」、「存子」的價值根源,則需要有理論上的說明。據十六章注文,「反」或「復」的目的是爲了要「與天合德,體道大通」,七十七章注亦說明了「與天合德」的意義,其言如下:

> 與天地合德,乃能包之如天之道。如人之量,則各有其身,不得相
> 均。如惟無身無私乎?自然,然後乃能與天地合德。〔註64〕

這段注文說「如人之量,則各有其身」,可知「與天合德」是脫離「如人之量」的狀態,也是下文所說的「無身無私」。唯有「無身無私」乃能達到十六章注所言的「蕩然公平」。這「無身無私,蕩然公平」之境,在解釋上雖亦可解爲一「主觀境界」,但問題在於這「主觀境界」依何途徑而達成?又這一途徑是否眞能具有價值上的意義?歸結這些問題,則不能不引起我們注意「反本」之「反」到底爲何意義?

四十章注言:

> 高以下爲基,貴以賤爲本,有以無爲用,此其反也。物皆知其所無,
> 則物通矣。故曰:「反者,道之動」也。
>
> 天下之物,皆以有爲生;有之所始,以無爲本;將欲全有,必反於
> 無也。〔註65〕

這段注文以「有以無爲用」、「物皆知其所無,則物通矣」,來說明「反者,道之動」,可知物並非必然「反本」,而須經由一「知」、「用」的歷程。換言之:「反」之爲「道之動」,不是指必然的形上的律則,而是指人爲努力的趨向。「知」可視爲人對道的洞察之見(有之所始,以無爲用),而「用」則是對於這一洞見的實踐。《老子注》中曾多次提到「用無」的這一概念。如:

> 沖而用之,用乃不能窮。……故沖而用之,又復不盈;其爲無窮,
> 亦已極矣。(第四章注)〔註66〕
>
> 有之所以爲利,皆賴無以爲用也。(十一章注)〔註67〕
>
> 是以上德之人,唯道是用。不德其德,無執無用,故能有德而無不
> 爲。(三十八章注)〔註68〕

〔註64〕《王弼集校釋》,頁186。
〔註65〕《王弼集校釋》,頁109~110。
〔註66〕《王弼集校釋》,頁11。
〔註67〕《王弼集校釋》,頁27。
〔註68〕《王弼集校釋》,頁93。

以無爲用，則莫不載也。故物無焉，則無物不經；有焉，則不足以免其生。（三十八章注）〔註69〕

萬物雖貴，以無爲用，不能捨無以爲體也，捨無以爲體，則失其大矣。（三十八章注）〔註70〕

以無爲用，則得其母；故能己不勞焉，而物無不理。（三十八章注）〔註71〕

用夫無名，故名以篤焉；用夫無形，故形以成焉。（三十八章注）〔註72〕

這一「用無」的想法，在正始時期是有其傳統的。《列子‧仲尼》注引何晏〈無名論〉云：

夫道者，惟無所有者也。自天地以來，皆有所有矣；然猶謂之道者，以其能復用無所有也。〔註73〕

又引夏侯玄的話，云：

天地以自然運，聖人以自然用。自然者，道也。道本無名，故老氏曰：彊爲之名。〔註74〕

在何、夏侯二家之說中，夏侯玄的話可以令我們了解這一「用無」、「用自然」、「以無爲用」、「以自然爲用」的思想由來。他說「天地以自然運，聖人以自然用」，蓋以「聖人用自然」比爲「天地運自然」，此即表示其想法可能是基於「類比」的思維而來，即要求以「人心」類比於「道心」。這一「類比」之活動即是「用」。王弼的想法是不是也是基於這一「類比」的思考？試看三十八章注，其言云：

德者，得也。常得而無喪，利而無害，故以德爲名焉。何以得德？由乎道也。何以盡德？以無爲用。以無爲用，則莫不載也。故物無焉，則無物不經；有焉，則不足以免其生。是以天地雖廣，以無爲心；聖王雖大，以虛爲主。故曰以復而視，則天地之心見；至日而思之，則先王之至睹也。

捨其母而用其子，棄其本而適其末，名則有所分，形則有所止。雖極

〔註69〕《王弼集校釋》，頁93。

〔註70〕《王弼集校釋》，頁93。

〔註71〕《王弼集校釋》，頁93。

〔註72〕《王弼集校釋》，頁93。

〔註73〕《列子集釋》，頁121。

〔註74〕《列子集釋》，頁121。

其大，必有不周；雖盛其美，必有患憂。功在爲之，豈足處也！〔註75〕
在這段注文中王弼言「何以得德？由乎道也」，這是說「萬物」有得之於「道」
之「德」，而這由道之「德」是內在於萬物之中，所以說「德者，得也」。而
「何以盡德？以無爲用」，則又說明，萬物得之於道之「德」，爲內隱不現的，
必須「盡之」方能顯此道之德。由上可知，此「德」非實現原理，也非形上
的律則；因爲如其爲實現原理或形上律則，則無「盡不盡」的問題，因爲在
實現原理及形上律則下的萬物，自然而然的實現其自身，並不需要如此特別
的說明。故此「德」只可視爲主體智悟之下，「道」與「萬物」關係的概念，
這一概念用王弼之說，即是：「天下之物，皆以有爲生；有之所始，以無爲本。
將欲全有，必反於無也。」〔註76〕

　　而對「何以盡德」這一問題，王弼的回答是：「以無爲用」。「以無爲用」，
與「以無爲心」及「以虛爲主」有其意義上的相同，王弼解釋必須「以無爲
心」、「以虛爲主」的理由是：「以無爲用，則莫不載」。「無」之所指爲「周徧」
「包通」、「公平」，這在前論中已有說明，依此可知「以無爲心」可理解爲令
心符合「道備載萬物」的特性。注文又說：「捨其母而用其子，棄其本而適其
末，名則有所分，形則有所止。雖極其大，必有不周」，於此可見王弼反覆說
明「無」與「母」能「周徧」、「無名、無分」之意。再者，《老子指略》言：

　　　夫存者不以存爲存，以其不忘亡也；安者不以安爲安，以其不忘危
　　　也。故保其存者亡，不忘亡者存；安其位者危，不忘危者安。〔註77〕
在這段話中，王弼以爲「安者不以安爲安，以其不忘危也」，這話的意思是：人
心處「安」之時當不忘「危」，如此才不致因「忘危」而導致滅亡。此一思路可
視爲「莫不載」的具體化，它與「無心之心」的意思又有所不同。蓋「無心之
心」必不存「安危之念」，因而能隨時應「安危」而不累於物；而「不忘亡者存」，
並無前述「應物自由」之意義。故王弼之說的合理解釋，只能說是基於將人心
比於道心的想法，在這一想法中，並不需要說明「守母」何以能「存子」，或「崇
本」何以能「舉末」，因爲這些問題是「道」的問題，是不容加以懷疑的。

　　綜上之論，「反本」或「與天合德」，即是將「人心」類比於「道心」，而
人心要時時保持如道一般的「蕩然大公」，則有功夫的意義。這一功夫的意義

<hr>

〔註75〕《王弼集校釋》，頁 95。
〔註76〕《老子注》第四十章注，頁 110。
〔註77〕《王弼集校釋》，頁 197。

說明「反本」不在於從智悟上直接掌握道本，而在於心境上時時保持蕩然大公的專注。依此而觀三十八章之注文，則可通而釋之。三十八章注言：

> 萬物雖貴，以無為用，不能捨無以為體也。捨無以為體，則失其為大矣。所謂失道而後德也。以無為用，則得其母，故能己不勞焉，而物無不理。下此已往，則失用之母。不能無為，而貴博施；不能博施，而貴正直；不能正直，而貴飾敬。所謂失德而後仁，失仁而後義，失義而後禮也。〔註78〕

上文所謂「捨無以為體」，即是不能「以無為用」；不能「得其母」，即是「失用之母」。下此已往，是博施、正直、飾敬層層而下的；這與老子原書中的「失道」、「失德」、「失仁」、「失義」成一對應，可見在「有」的這一層次，有「巧愈思精，偽愈多變」的歷程。二十二章注中，王弼曾以樹之根枝來比喻上述的情形，其言曰：

> 自然之道，亦猶樹也。轉多轉遠其根，轉少轉得其本。多則遠其真，故曰惑也。少則得其本，故曰得也。〔註79〕

「轉多轉遠其根，轉少轉得其本」，不但說明了「損之又損以至於無」的「反本」之道，同時也說明了「反本」是一層轉而上的工夫歷程。因此，「反本」不是指「以體用的關係經由智悟頓啟，直接由現象而掌握到本體」。「反本」意謂「心靈」經過「反」、「復」的功夫歷程而能「與天地合德」。依上述之說明可知，「反本」之說在理論上含有實踐的歷程，但在王弼的《老子注》中卻未多著墨，因而只能說《老子注》中含有工夫的意義，卻無工夫論的說明。

（二）反本說與言象意說的一個「共相」

　　上節中，本文論述了「崇本息末」之說乃建立於人之「反本」上。而「反本」之意乃是在「與天合德」——心靈的「與天合德」，即心靈能反歸於道，而與道一般可包通順化萬物。王弼以為心靈上的「與天合德」，可以使人的活動如道的活動一般：道無為而成濟萬物；人無心（無身無私）也能使事物恰如其份的各得其所，而將人世間的種種紛擾消除。這一想法不涉及主體的自由義，也不言主觀心靈的寂無應物，所以只能是一「人心」對「道心」的類比。因為「人心」之本質與「道心」是有別的，所以由「人心」到「道心」的「反本」歷程，可視為工夫的歷程。「反本」是人心由「有境」反歸「無境」

〔註78〕《王弼集校釋》，頁94。
〔註79〕《王弼集校釋》，頁56。

的活動，「反」的歷程必須先能「知」而後能「用」。先知「有皆始於母」、「天下之物，皆以有為生；有之所始，以無為本。將欲全有，必反於無也」，然後能「用無」、「以無為用」。人心之能知，能「以無為本」，盡力達成包通、公正、無所用心之時，才有所謂的「崇本」、「守母」。「崇本」之「崇」，與「守母」之「守」，說明了「反本」非只是在觀念上駐於無為之境，而是在行為與用心上，必須時時持守，如「道」之有「常」，如此才能與「道」一般，有「止末」及「舉末」的可能。

王弼論述這一「反本」、「崇本」，「舉末」、「止末」的歷程，恰如他的言象意理論一般；由「言」至「象」可以說是一語言的「反本」，也即是語言的道化歷程。由「象」到「意」，是「象」之類比的擴延，這一類比的擴延使「象」得以與「意」逼近。這有如心靈的「崇本」一般，「心靈」透過對「道」的類比，可以擁有「道無為而成濟萬物」的功能，而使事物各得其分不致紛擾。換言之，心靈之駐於無為之境，一方面向上類比於道，一方面向下將人為的事物類比於道之下的現象。最後，肯定了「道」因「無為」而使萬物各得其所；從而肯定了心靈之處於無為，可以止息人為的弊害，使事物得其所正。

就言意理論而言，王弼的「言象意」說肯定「道」為語言的根源，「言」為道的呈顯，這即語言上的「舉末」；而肯定「言」根於「道」，則使語言可脫離人為意義的拘執，脫離一工具的性質，而進入語言自身的真實存在中，使語言不具任何人為的強調和標榜，此即是語言上的「止末」。依上所論，不但發現了反本說與言象意說在形式結構上的關聯，也發現了它們之間在意義上的關聯。這即表示他們之間有一共同的論述文法，有一強烈抽象的形式的質素存在，可以視之為王弼思想中的一個「共相」，視為王弼玄學的思想方法。

第三章　王弼言意理論的方法展現

上一章中，曾論及了莊子與王弼對語言看法的不同，與他們個別的理論型態形成對應的關係，由於這一對應，使得言意理論有可能被作爲言說「道」的論述文法。本章的主要論點即集中於：言象意說如何以方法的面貌，施用於王弼之中。此論題主要的論點有二部分：第一部分是對《老子注》的探討，目的在充分的了解王弼對名、言的使用情形，以說明他的言意理論對其論述方式的影響。第二部分則是對《周易注》的探討，主要的用意在於說明：言意理論如何改變王弼對經典的傳統理解，以顯示言意理論可以改變思維的方式，而具有詮釋方法上的意義。

第一節　《老子注》對「道」的言說方式

《老子》首章言：「道可道，非常道；名可名，非常名。」〔註 1〕明白的指出道與經驗世界中其它可能的對象並不在同一層次，道是不可言說、不可思議的。《莊子》書中亦不斷申述道之不可陳述此一命題；〈大宗師〉言：「有眞人而後有眞知」〔註 2〕，肯定的指出只有與冥契的眞人，才能眞正觸及到道的眞實；憑藉一般思維法則的智識活動，不能產生與道相契的「眞知」。檢視整個道家思想的傳統，對老莊所揭櫫「不可言說性」的認定，幾乎是道家傳統中的共識。然而在這樣的背景下，雖然所有的道家學者都一再強調「道的不可言說」，卻又留下了大量對道的描述。在前一章中，本文略述了莊子對語言的立場，而他對道的陳說可說是反語言或是超語言的表現。莊子本於道家

〔註 1〕《王弼集校釋》，頁 1。
〔註 2〕《莊子集釋》，頁 226。

一貫的立場，以爲道與語言，或者道與語言所指涉的現象界並不在同一層次，因而指出唯有超越個別經驗意義的特殊語言，方能涉及道的內涵。依此，莊子採取非日常溝通的語言，以修辭上的弔詭，及意義上的荒唐、無端崖，來泯沒語言在傳釋溝通上的社會性意義。相對而言，王弼與莊子有如下的差別：王弼以爲這些對道的言說，一方面不但要超越現象經驗的思維語言，涉及了道的內涵；另一方面，爲了達成言說的傳釋目的，又不能不保存這些語言在現象世界的社會性意義，以使傳釋的活動成爲可能。從《老子注》看來，王弼達成上述二個目的，得力於他的言象意理論，在《老子注》中可看到他嚴謹的區分與使用「名」與「稱」，進而將「名、稱」由「有名」的領域推進至「無名」的領域。在結構形式上，《老子注》用「名」→「稱」→「無名」與《周易略例》用「言」→「象」→「意」的方式是相同的。所以王弼對道的言說，可說是他的言象意理論的應用，爲了清楚的表達這一看法，本節將分段爲此論點提供說明。

一、《老子注》中「名」、「稱」、「無名」之使用

（一）「名」與「字、稱、謂」的區別

首先對於「道」，在言說時「如何名之」的問題，《老子・二十五章》言：

> 吾不知其名，字之曰道，強爲之名曰大……。〔註3〕

從經文看來，實不能明白的肯定「字」與「名」這二個意義概念的確實內涵。但依《老子》之文，在使用上，混成的道體既「不知其名」，所以「道」這一符號，只可歸於不知其名中的「強爲之名」的觀念下。換言之：「字之曰道」的「道」，與「強爲之名曰大」的「大」，「道」與「大」這二個文字符號皆不是道的「名」，它們只是勉強使用的「權宜措辭」而已。如此，「道」與「大」並不能直指道的眞實。王弼的注文依《老子》此一脈絡而下，雖未改變其立場，然對於「名」與「字」似有進一步的區分，其注言：

> 名以定形，混成無形，不可得而定……。
>
> 夫名以定形，字以稱可……。
>
> 吾所以字之曰道者，取其可言之稱最大者也。〔註4〕

此段注文值得注意者有三：

〔註3〕 《王弼集校釋》，頁63。
〔註4〕 《王弼集校釋》，頁63～64。

　　1.「名」有「定形」的功能，但道無可定形。因道爲一無限的存有，是一無限的圓滿及整全。對於有形的現象而言，道是一無限的展開，故道無一定的形狀。既爲無形無狀，所以不可用定形之「名」來指陳之。然而不可用「名」去說它，並不表示放棄言說。王弼順著經文以爲可用「字」來勉強指涉那混成的道體。至此可知「名」與「字」在王弼的觀念中，完全有其相互的獨立性。

　　2.「名以定形，字以稱可」。「定形」與「稱可」是一相對的語詞，「名」之所指是一可由感官認知的物，此所謂「定形」。而「字」之所涉，非感官所能知，而是一主觀肯定的意向〔註 5〕。故「字以稱可」，只能說是一種「有言說可能的稱謂」。一爲實指，一爲虛意，二者完全不同。

　　3. 說「字」是「可言之稱最大者」，由此可推「字」與「稱」皆爲相對於「名」的一組概念，皆爲虛意而非實指。而「字」與「稱」之間似有些小的差異：「字」所指述的意向，在意義上的廣延度，似乎又要比「稱」來得大些。除了「名」與「字」、「稱」之外，王弼注中亦將經文第一章中「同謂之玄」的「謂」納入其名埋系統。其注曰：

　　　　而言謂之玄者，取於不可得而謂之然也。不可得而謂之然，則不可
　　　以定乎一玄而已，若定乎一玄，則是名，則失之遠矣。〔註6〕
「謂」既取於不可得而「名」，其非「指實之名」十分明白。故「謂」與「字」、「稱」，實爲同一組概念，它們皆是一意向的虛指，文字符號與意義內容間並不能如「名」一般確切的相應。「名」與「字、稱、謂」之間區分的確立，同時可以參證王弼《老子指略》〔註7〕中的一段文字。在這段文字中，王弼對「名」與「字、稱、謂」這組概念做了明確而系統的說明，其言曰：

　　　　名也者，定彼者也；稱也者，從謂者也，名生乎彼，稱出乎我……
　　　名號生乎形狀，稱謂出乎涉求。名號不虛生，稱謂不虛出。〔註8〕

〔註 5〕 樓宇烈《校釋・二十五章》第八條，以「字以稱可」意爲：「字是對物有所肯定的『稱號』。」（《王弼集校釋》，頁 66）然「稱可」相對於「定形」，故所涉可能非「物」，而爲一「意」。

〔註 6〕 《王弼集校釋》，頁 2。

〔註 7〕 何劭〈王弼傳〉言：「弼注老子，爲之指略，致有理統。」（《三國志》，卷二十八，頁 795）《老子指略》是王弼系統的論證自己哲學體系的著作，原書久未行世，近人王維誠自《雲笈七籤》卷一之〈老君指歸略例〉及《道藏》中的〈老子微旨例略〉輯出。此文經嚴靈峰先生考證爲可信之作。

〔註 8〕 《王弼集校釋》，頁 197～198。

此段文中指出的「名、稱」或「名號、稱謂」之不同，事實上即是「名」與「字、稱、謂」的不同。「名生乎彼」，乃從客觀觀察上言，「名」具有「相互主觀性」〔註9〕，可達成社會之溝通。由「名號生乎形狀」之說，更可證明王弼所謂的「名號」，其所指涉的對象，乃是現象世界中可以見其形、可以狀其樣態的具體事物。再觀第一章注文，其言：「可道之道，可名之名，指事造形，非其常也」〔註10〕，注文以「指事造形」言「可道之道，可名之名」，更可以顯「形狀」的確切意義。進一步言，所謂「指事」意為指陳一具體之物，指述一特定之事；所謂「造形」即尋形、循形之意〔註11〕。因為有形跡可察，方可用語言符號去約定之；方可用量、質、關係、位置等一定之語言去描述。也由於「有形有狀」，才使得「名」與「實」之間有其相當確切的相應，此亦即《老子指略》所言的：「凡名生於形，未有形生於名者。」〔註12〕

言「稱也者，從謂者也」、「稱出乎我」〔註13〕，此可知「稱」乃就主觀意向而非客觀意義而言。又云：「稱謂出乎涉求」〔註14〕，所涉所求者既為一主觀之意向，可知其指非一「對象」。因非一對象，所以「稱」之所指者是無形無狀的（相對於「名號生乎形狀」言），「稱」非實指一物，而係虛指心中之意，因此也就很難以一肯定的語言去描述或約定。基於「稱謂」所指涉之「意義內容」如此，所以稱謂之「符號樣型」也就相對的不固定。《老子注》中曾用「道」、「玄」、「深」、「遠」、「大」、「微」等不同的「字」來說「道」，此點一方面可見王弼所言之「稱謂」不是一「定彼之名」，一方面也顯示由於「非定彼」，所以允許「彼」有不同的語言符號，以達成不斷遞補、說明的目的。由此可知，不但可以從主觀的意向與客觀的實指來區分「稱」、「名」之外，亦可以由「定彼」與「非定彼」的角度來分別二者。

（二）作為傳釋語言的「名」與「稱」

語文符號本身是一組筆劃的綴合，它的主要功能在於裝載意義和傳達意

〔註 9〕 一個表式的意義對於一個人而言都是私有的、主觀的。可是基於由語言表式推衍出來的事項來觀察，彼此瞭解的意義有相當程度共同可懂的基礎，故稱之為「相互主觀性」（Intersubjectivity of meaning）。

〔註10〕 《王弼集校釋》，頁 1。

〔註11〕 此用牟宗三先生之疏解：以造為「造訪」之造，其義為訪也，詢也，問也。引申為，尋也，循也，順也。參《才性與玄理》第五章第一節，頁 129。

〔註12〕 《王弼集校釋》，頁 199。

〔註13〕 《王弼集校釋》，頁 197。

〔註14〕 《王弼集校釋》，頁 198。

義。假如語文符號不能達成其傳遞意義的功能，則只成一錯落的線條，不可視爲具有符號的指意功能。「名」所指稱的事物具有客觀的形狀，所以其實際的意涵，透過約定俗成以及官能的共通，可以達成使用者與接收者的「相互主觀性」，或者獨斷一點說是「意義的客觀性」，故王弼從普遍共知的層次而說「名號不虛生」〔註15〕。因爲如果「名號虛生」的話，則無法憑形狀而共知，如此也就失去其可傳通的基礎。

　　然則「稱謂」所涉求的既爲「無形無狀」，而其使用之符號如上節所論，往往又不能固定，在這種情況下，「稱謂」是否具有「可傳通」的性質呢？王弼似乎不以爲這是相衝突的。《老子指略》言：

　　　　夫道也者，取乎萬物之所由也；玄也者，取乎幽冥之所出也；深也

　　　　者，取乎探賾而不可究也；大也者，取乎彌綸而不可極也；遠也者，

　　　　取乎綿邈而不可及也；微也者，取乎幽微而不可睹也。〔註16〕

「道」，此一語文符號之意義，據《說文》所言爲「所行道也」，道路爲人所共由，故引申有「由」、「從」之意。不論就「道路」或「由」、「從」而言，都是具有具體意義的對象或概念。至於「玄」之指義，第一章注言：「冥默無有也」，其下又云：「不可以定乎一玄而已，若定乎一玄，則是名，則失之遠矣」〔註17〕，可見「玄」在一般的使用上亦爲一定之概念，它是一「名」，並無可疑。再觀「深」、「大」、「遠」、「微」等，它們在日常生活之應用極廣，都有一確定的意義，所以都可視爲是一定之「名」。然而既然它們都是「名」，王弼何可以「稱」言之？深究《指略》及其注文，可知其主要的差別在於作爲「稱」的「名」，在應用上，其意義都被擴延了。

　　「稱」是「名」的擴延，它將「名」有限的、確定的涵義，伸延到無限的境地，而成了與「名」共用一個文字符號的「稱」。如「玄」是定名，「玄之又玄」則是「稱」。「深」的意義是「深遠」時爲「名」，其意是「探賾而不可究時」則是「稱」。故「名」之義擴充至「不可極」、「不可及」、「不可睹」時，它也就由「定名」轉爲不定之「稱」。據此可說「稱謂」的意義基礎是築基於「名號」之上的，而它的可傳通性，可被認識的理論基礎，也由此而建立。

　　再者，「道」、「玄」、「深」、「遠」、「大」、「微」，所指涉的都是一無限整

〔註15〕　《王弼集校釋》，頁198。
〔註16〕　《王弼集校釋》，頁196。
〔註17〕　《王弼集校釋》，頁2。

全的道，所以這些文字符號所建構的每一個意義基礎，都可視爲是一可別異的「觀點」（如「深」相對於「淺」而言；「大」相對於「小」；「微」相對於「巨」；「遠」相對於「近」），這說明了「稱謂」雖不能完全的指涉物的「意義內容」，但經由眾多的觀點或意義的延伸，它至少打破了單一觀點的思維法則而指出一意向，此一意向雖非實指，不能一一對應於某一對象，但至少它具有啓發與暗示的功能。因此我們可以說：「名」實際地指涉並且傳達了一具體可別的意義內容；而「稱」只是虛意的啓發或暗示某一「意義內容」。說是「虛意」的緣故，在於它的「可稱述」，而又不受「稱述」之限；就道而言，此一「意義內容」具有此般可指涉的一切義，而又不爲其義所限。

（三）「稱」與「道」的返化始終

《老子指略》言「道」是：「不溫不涼，不宮不商，聽之不可得而聞，視之不可得而彰，體之不可得而知，味之不可得而嘗，故其爲物也則混成，爲象也則無形，爲音也則希聲，爲味也則無呈。」〔註18〕《老子注》十四章亦言：「無狀無象，無聲無響，故能無所不通，無所不往，不得而知，更以我耳目體不知爲名，故不可致詰，混而爲一也。」〔註19〕同樣的，在其他諸章注中〔註20〕，王弼每提及「道」多以「無形無名」、「無形無體」、「無形無識」、「不見其形」、「寂寥無形體」、「隱而無名」、「深遠不可得見」、「混然不可得而知」、「容象不可得而形名」……等語形容之。依之，要給予道一確定之名是不可能的，因爲名「生乎形狀」，有「定彼」的功能，這與道的「無形無體」是不相容的。

道既是無形無體，然而所謂的無形、無體、無名，在王弼的理論中，其指義到底爲何？《老子注》二十五章中舉出了道有「逝」（周行無所不至）、「遠」（周行無所不窮極，不偏於一逝）、「反」（不隨於所適，其體獨立）〔註21〕的特性，可以說明無形、無名、無體非僅是以「由用見體」的方式，指出形下之器的背後有形上的實體，而是指出道有「返化終始，不失其常」、「周行無所不至而不危殆」，運化於形上、形下二界的存在動貌。因爲道具有這一存在動貌，所以由道而下才可有「道」、「天」、「地」、「人」的系列展現，由人至

〔註18〕 《王弼集校釋》，頁195。
〔註19〕 《王弼集校釋》，頁31。
〔註20〕 又參見《老子注》一、六、八十四、十五、二十二、二十五、三十二、三十五、四十一、四十七、四十九諸章。
〔註21〕 《王弼集校釋》，頁64。

道也才有「人法地，地法天，天法道，道法自然」層轉相法的可能。王弼的注文言：

> 人不違地，乃得全安，法地也。地不違天，乃得全載，法天也。天不違道，乃得全覆，法道也。道不違自然，乃得其性，法自然也。……用智不及無智，而形魄不及精象，精象不及無形，有儀不及無儀，故轉相法也。道法自然，天故資焉。天法於道，地故則焉。地法於天，人故象焉。王所以爲主，其主之者一也。〔註22〕

「用智不及無智，而形魄不及精象，精象不及無形，有儀不及無儀，故轉相法也」，表示爲層轉而上的「反本」歷程，這與語言的由「名」至「稱」的層轉而上是相類似的。第一章注云：

> 不可得而名，故不可言同名曰玄，而言同謂之玄者，取於不可得而謂之然也。不可得而謂之然，則不可以定乎一玄而已，若定乎一玄，則是名，則失之遠矣，故曰：玄之又玄。〔註23〕

道既不可得而「名」，故需翻轉而「謂」之。「稱謂」本身亦是一不得已的措辭，即使是「字之曰道」，亦是出於「不可得其形」的困境，所謂：「名以定形，字以稱可也，言道取於無物而不由也，是混成之中，可言之稱最大也，吾所以字之曰道者，取其可言之稱最大也」（二十五章注）〔註24〕。由此可知王弼對「名」、「稱」的使用乃出於自覺，而這一自覺除了得自於對語言限制的反省之外，亦得自於他所認識的道有一運化終始的存在動貌。所以其《老子注》提及「道之名」的部分，王弼皆技巧性的予以「軟圓」〔註25〕，取消其爲「名」的相對意義及固定意義。這一做法的目的，一方面在使語言脫離其本身在意義上的拘執性，一方面則進一步的與道的運化有一形式上的對應。如二十五章注，解「強爲之名曰大，大曰逝，逝曰遠，遠曰反」之「逝」、「遠」、「反」，爲：

> 逝，行也。不守一大體而已。……周行無所不窮極，不偏於一逝，故曰遠。不隨於所適，其體獨立，故曰反也。〔註26〕

在此，王弼用後一「名」來消解前一「名」之「分」（原章注云：「夫有繫則

〔註22〕《王弼集校釋》，頁65。
〔註23〕《王弼集校釋》，頁2。
〔註24〕《王弼集校釋》，頁63～64。
〔註25〕此用牟宗三先生言，見前引《才性與玄理》第五章第四節，頁151。
〔註26〕《王弼集校釋》，頁64。

必有分，有分則失其極也」。換言之，即消解了「名」之「定彼」的功能，而使「名」成了「非定名之名」的「稱謂」。這一將「名」轉爲「稱」的用法並非一成不變的，在三十四章〔註27〕中，王弼雖不對「可名於小」與「可名於大」另作解釋，但由前文之「小」與後文的「大」互爲矛盾，卻可指涉同一對象的用法，已足以互相消解其爲相對意義下的「大」或「小」，而使「大」或「小」脫離了「定名」的範圍而成爲「稱謂」。由這些例子可知，王弼使用「稱謂」來言說「道」，有其方法上嚴謹的一面，而他藉由「稱謂」創造在意義上具有較大的擴延性和不定性的語言，其主要的用意在於使語言（「稱謂」）的條件，與作爲「無所不通，無所不往」的道相符合。此一相符，主要是指符合道的二個特性：一是道之「逝行」，一是道之「不偏不隨」。這二種特性也即是本文所統稱的：道的存在動貌。

（四）無稱之自然與無名之名

王弼雖使用「稱謂」言道，以爲「稱謂」較能接近道的無限意涵，但他又深明「稱謂」只爲一意向，不能確實相應於流行中的道，本身有其不足之處，故其二十五章注言：「凡物有稱有名，則非其極也……然則道是稱中之大也，不若無稱之大也」〔註28〕。在《老子指略》中，除了有「可道之盛，未足以官天地；有形之極，未足以府萬物」〔註29〕的陳述外，王弼還指出了「名號」與「稱謂」的限制：

> 名必有所分，稱必有所由，有分則有不兼，有由則有不盡，不兼則大殊其眞，不盡則不可以名。〔註30〕

「有所分」之「分」，有「分別」〔註31〕之義。「有所由」之「由」，有「從、遵循」之意，可解爲「有所依據」。可知「分」與「由」都必須依於一形跡，或者單一的概念，由於形跡與概念都是有形有限的，所以它們對於無形無限的道而言，都是不盡的，因此「名號則大失其旨，稱謂則未盡其極」〔註32〕（同樣的意見見於《老子》二十五章注）。而「稱謂」雖不如「名言」之「大

〔註27〕《老子》本文三十四章：「大道氾兮，其可左右，萬物恃之而生。生而不辭，功成不名有，衣養萬物不爲主。常無欲，可名於小；萬物歸焉而不爲主，可名爲大。」

〔註28〕《王弼集校釋》，頁64。

〔註29〕《王弼集校釋》，頁196。

〔註30〕《王弼集校釋》，頁196。

〔註31〕二十章注言：「無所別析，不可爲名也。」見《王弼集校釋》，頁48。

〔註32〕《王弼集校釋》，頁198。

失其旨」，然其意義之伸延及觀點之列舉，亦皆在一有限的立場之內，也有其不能盡「道之極」的地方。所以稱謂之使用，在王弼的眼中也只見權宜的價值。因此他認為對道的言說，在「稱謂」之上需有一進一步的翻轉，這一語言的翻轉，同時也是對道高一層的類化。由「稱謂」而上，王弼名之為「無」、「無稱」、「自然」。所謂：「天下之物皆以有為生，有之所始，以無為本」（見四十章注）〔註33〕。「無」在王弼的概念中不是「虛無」或「邏輯上的否定」，十四章注言：「欲言無邪，而物由以成；欲言有邪，而不見其形，故曰：『無狀之狀，無物之象』也。」可知「無」非空無所有，在某一層面上它的意思當指「無形無名」，亦為「無可形，無可名」。《指略》云：

　　夫物之所以生，功之所以成，必生乎無形，由乎無名；無形無名者，
　　萬物之宗也。〔註34〕

也因為「無」有「無形無名」之意，故王弼於第一章注中開宗明義的以「指事造形」區別「常」與「非常」；以「未形無名」及「有形有名」區別「無」及「有」這兩個層次，而言「道以無形無名始成萬物」。「無」、「有」既作為一區分上的別名，可知以「無」言「道」也只是「虛指」，並無直接指涉的意義。然而這一虛指可以使「無」（此一「無名之名」）具有積極的意義，那即是藉「無」（此一虛指），打破了包括「稱謂」的一切言說。一切的言說因為都具有一共通的具象意義基礎，所以它們與「有」之境都是有所糾纏的，這對道之「無」是不相應的。

　　除了「無」之外，王弼更提出「自然」以言道。二十五章注言：「然則道是稱中之大也，不若無稱之大也」〔註35〕；又言「自然者無稱之言，窮極之辭也。」〔註36〕可見「道」即「自然」。而自然之義，王弼以為是「萬物在其自己」。第五章注言：「天地任自然，無為無造，萬物自相治理，故不仁……無為於萬物而萬物各適其所用，則莫不贍矣。」〔註37〕二十七章注亦言：「順自然而行，不造不施，故物得至，而無轍迹也。」〔註38〕以上諸說皆有「物各付物」、「萬物自相治理」之意。在這「萬物各適其所」之中，似乎使人觀

〔註33〕《王弼集校釋》，頁110。
〔註34〕同樣意見參《王弼集校釋》，一、十四、二十一、二十九、四十一、五十五章注，頁195。
〔註35〕《王弼集校釋》，頁64。
〔註36〕《王弼集校釋》，頁65。
〔註37〕《王弼集校釋》，頁13。
〔註38〕《王弼集校釋》，頁71。

看到了萬物生動的長育之貌。故以「自然」言道，雖亦是虛指，但在「非有之無」外，它打破一切靜態的觀點，使道還原爲一生命的過程，以一動態之姿展現開來。

　　「無」之作爲既無又有的「無名之名」；「自然」之作爲既生成又無爲的「無稱之稱」；在虛指中都已脫離了語言「有所分，有所由」，脫離語言在形象意義及觀點上的限制，但「無」、「自然」仍不能脫離「言」的範圍。依此我們必須考慮它們在使用上會不會造成「不可名」卻又「名之」；「不可稱」而又「稱之」的矛盾，觀王弼在使用它們時似有語言層次上的考慮，如二十一章注言：

　　　　至眞之極，不可得名；無名，則是其名也。〔註39〕

二十五章注言：

　　　　自然者，無稱之言，窮極之辭也。〔註40〕

說明了「無名」之產生是因爲道之「不可得而名」；「自然」之產生是因爲「可稱之不可窮極」。「無名」與「自然」的使用，皆專對語言之限制而言。換言之，「無」及「自然」之作爲道之名，是基於對語言本身的質疑而發的，它作爲一「後設語言」的目的即在對於「名號、稱謂」此一「對象語言」〔註41〕有所陳述。這兩種語言是不同層次的，在理論上必須分開，所以也不必以「對象語言之有分有由」，來指責「後設語言的無分無由」是一種語言上的矛盾。再者，由使用這二種語言的討論中，王弼可能意會到一個語言無窮後設的可能，這一可能已經爲《莊子・齊物論》所提出〔註42〕，所以「忘」就成了對道的言說後，不可缺乏的過程，也是由「語言」類比翻轉至「道」不得不有的經歷。

二、「名」、「稱」、「無名」與言象意說

　　王弼從「稱謂」上去言道，所使用的方法是：使讀者由「名」的具體意義，經「稱」而產生意義上的擴延，進而認識無形無稱的無限之道。此一路

〔註39〕《王弼集校釋》，頁53。

〔註40〕《王弼集校釋》，頁65。

〔註41〕「對象語言」（object language）與「後設語言」（meta language）是相對的名詞。我們可以把任一層次的語言 n──1，當作是「對象語言」，則比它高一層次的語言 n，便是它的「後設語言」。比方說語言1的對象是現象世界，而語言2的對象卻是語言1。在此情形下，語言1爲對象語言；語言2爲後設語言。

〔註42〕《莊子・齊物論》中有以語言無限後設而成爲無意義論述的例子，如：「有始也者，有未始有始也者，有未始有夫未始有始也者。有有也者，有無也者，有未始有無也者，有未始有夫未始有無也者。……」見《莊子集釋》，頁79。

徑的取向，雖非必人人可以達成，但至少賦予了道在體認上的基本憑藉，在如此的基礎下，堅實了道可以被認識這一可能。王弼之區分與運用「名」、「稱」，並以之注《老子》，雖未必能盡合《老子》之意（如二十五章注就可能引起爭議）〔註43〕，但可以說在「言」與「道」的交通上，有了較為精密的思考。而「名→稱→無稱無名」這樣的思考模式，實得自於其言象意說中「言→象→意（無言無象）」之論述模式。

　　就名言之作為社會溝通工具的角度來看，上述的活動中存在著傳釋者與解讀者兩方面。就傳釋者表達意義的程序言，是「無名無稱→稱→名」的依次表現。在此，傳釋者自身需先有二種的可能，方能進行言說的活動：第一個可能是他必須先有體道的經驗，對於王弼而言，我們無法肯定這一點。而且即使有體道的經驗，在體道者將體悟的內容或過程，以語言說出時，亦必須經過一系統的建構，這一建構並不能保證不會失真。而且為了回到體證本身，極可能會對語言採取反對的立場。以《莊子》為例，《莊子》的作者不以「稱、謂」這一類特殊的、非相互溝通的語言去言道，而一再的以修辭上的弔詭來表明其反對語言的立場，以為唯有放棄封閉的語言及知識系統，使主體得到絕對的自由，才有與道相冥契的可能。因此就言說理論之建構言，或許不妨先承認第二種可能：即傳釋者在體悟之外，出於對語言與道的認知而進行言說的活動。以王弼為例，王弼之所以能以語言為進路，作為一得道的基礎，可能在於他認識到：語言由語意、語法到語詞的展開，與道的開展現象世界有一相似的結構。因道為一現象的形上的根源，所以這一相似的結構，在於語言為道的呈現之一，如此語言非源於人的主觀意向，而是根源於道。因為語言根源於道，所以語言才可以由「無形無名」的「無稱之名」，到「可形可名」的「字、稱、謂」，最後定於「有形有名」的「名、言」世界，而與現象世界有所對應，成為人與人間可以溝通的意義基礎。

　　就解讀者理解意義言，這是一「名→稱→無名無稱」的溯求歷程。這一溯求也即是王弼所謂的「反本」的過程。在反本的過程中，《老子注》雖未如「言象意說」之強調「忘」的重要性，但「忘」在理論上仍需保留在「稱謂」及「無稱」的使用之中。由於「稱謂」雖非名言，卻有著與「名言」相同的

〔註43〕如陳鼓應先生解「大曰逝」以下三個「曰」字為「而」或「則」，不以「曰」為言說之意，依此而以為此章之主旨在於道之「循環運行」。見氏著《老子今註今譯》（北京：中華書局，1984年），頁165。

「符號樣型」以及名言作爲社會溝通工具的意義基礎，所以只要不放棄「名言」在意義上的穩定性質，名言永遠無法成爲「稱謂」，如此「忘」乃成爲由「名」轉爲「稱」的一個必要的過程。其次，「稱、謂」雖爲一特殊的非相互溝通性的語言，但仍爲語言形式之一。因此只有經由「忘」才能使「稱謂」由有限跳昇至無限的境地，而與道的「無形無名」相爲呼應。縱使在有限之名擴延成「稱、謂」之後，解讀者仍需要經由「忘」，接納所有可能的「稱謂」，如此才可能在無數「稱謂」的「無限指點」下逼近（而且只能是逼近）那無限之道的意涵。

在「忘」的活動下，一方面可經由「稱謂」所指出的雜多而豐富的意向，使語言脫離人的使用，接近於道於雜多中的無限整全，並且顯現道爲一動態的存在之姿。另一方面則可經由「稱謂」的不斷類比，使語言由與意義上的靜態對應轉爲一動態的呼應，這一呼應使得一切的意義指涉都返回類比之中，返回一個原初的起點，即道之「一」之中。因此唯有不斷的「忘」才能有不斷的接納，唯有不斷的接納，才能使得道與人在無盡的類比活動之中合而爲一。再者，在解讀者進行解讀活動時，傳釋者是不可能給予過多的「稱謂」的，這說明解讀者必須要有類比跳躍的思考，才能對所有的名相或者語言，進行本質意義的還原。因此當解讀者投身進入解悟道的歷程時，他即是存在於不斷的類比跳躍，以及興發納忘之中。在此，不但是道在展現自身的生命之姿，亦是體道者解除了自身的拘執，成爲道的一種展現。當解道者自身的活動類化爲道的運化時，所有人爲的枝節弊端，也就在萬物各適其所的前提下，因之而消逝無蹤了。

第二節　王弼《周易注》的相關問題

《周易》之何以可以作爲行爲的指導，這是《易傳》以來的論述傳統，但在漢人的災異思想之下，《易》成了以象數上達天意的憑藉，在象數的推衍下，演《易》者並不必關心《易》何以可以指導行爲，以及如何指導行爲這些問題。他們所關心的無寧在於：如何從技術的層面得知天意，並依天意而行事。管輅之解《易》，雖跳脫了純依象數之法，而有走向神祕主體的傾向，然其基本的前提仍不脫漢人上得天意的目的。相形之下，王弼的注《易》則有返歸《易傳》的強烈企圖。從他的《周易略例》對注《易》的原則說明中，可以知道他特別重視〈明象〉及〈明象〉，並把問題的討論集中在陰陽符號在

卦爻結構的啓發上。王弼綜論卦爻之得以啓發，其背後則是王弼對天道的基本認識，這一點在上一章的「反本說」，以及上一節中，都已有所論述。由於王弼視天道爲一系列的展開，所以其「言象意」之說與之成一類比的對應，由此類比而產生了王弼在言說時獨特的論述文法。在《老子注》中，「言、象、意」可以被代換成「名言、稱謂、無稱無名」，不但可作爲論述的方法，也可視爲道在名言世界的一種實踐。而「言象意」說既是他在《周易略例》中所提出，《周易注》的論述是否也應依此一方法而成？其次，王弼依此一方法所注的《周易》，究竟使讀《易》、玩《易》者產生什麼新的改變？凡此二點即爲本節所關心之重點。

一、管輅《易》學所反映象數一派的轉變

　　漢魏之際以《易》爲主的討論，大致集中在四個方面：即數術論、言象意論、本體論及易象論〔註44〕。在這些論題中，王弼曾針對言象意論及本體論二個論題，提出影響深遠的意見，如「忘言忘象得意論」、「大衍論」等。又，在「易象論」的論辯中，鍾會的「易無互體論」〔註45〕也是十分引人注目的。王弼《周易注》中少以「互體」言「象」，可見鍾會的說法在當時頗佔分量，可惜其說不傳，無法做進一步的討論。因之本節所論，基本的考慮著重於管輅所展現的易學見解，以作爲論述王弼《周易注》之前的背景說明。

　　管輅其人之言《易》，頗有漢代象數易學的傳統，一般的研究亦將之歸入術數之流，可說是《易》「數術學」在魏晉時期的代表人物。依《魏書・管輅傳》及注引《輅別傳》所載，與之有過論辯者包括單子春、郭恩、劉長仁、諸葛原、裴徽、何晏、鍾毓、劉邠、石苞、徐季龍、鮑子春、王基、乃太原、王經、王弘直等人。時間則由黃初四年，管輅十五歲時至正始年間，其活躍於《易》學界之程度實不容忽視。觀管輅所論之主題，雖不外五行、鬼神、災異、天文、風角、音律、鳥鳴、聖人受命之符、龍虎風雲等，似以數術爲中心。然漢《易》之發展至此實近尾聲，故管輅受到的質疑亦多。從目前可見的材料看來，管輅在論辯之中，其《易》學見解實有新意，且與玄學之發展頗有暗合之處。其中最值得注意的是管輅《易》學中「象數」雖佔有極重要

〔註44〕四個主題的分類參見林麗眞：《魏晉清談主題之研究》第三章（臺北：花木蘭文化出版社，2008 年），頁 47～69。

〔註45〕提到鍾會論「易無互體」者有《魏書・鍾會傳》、《魏書・荀彧傳》引《晉陽秋》及《晉書・荀顗傳》。

的地位，然他在與人論辯中卻時時表示：易學的最高原則不在象數、陰陽之推衍，而在於「神」之境界的獲致上。就現存管輅的傳記看來，「神」之觀念似非爲神乎其占驗之技而提出的。據《輅別傳》載管輅爲人「體性寬大」、「事父母孝，篤兄弟，順愛士友，皆仁和中發。」〔註46〕可見其行事非全以數術惑人。少年之時即以爲聖人之道不在金、木、水、火、土、鬼神之情〔註47〕；及其成人亦以爲「道」不在於數、術之奇異，而孳孳以「明道親義」自任〔註48〕，凡此都非數術之流的胸襟所及。且其占測之技無所師承〔註49〕，其學既無所承，亦無傳人〔註50〕，更不傳書〔註51〕，難怪《魏書》列其傳於「方技」之中。假如這些傳記資料可信的話，管輅所說的「神」雖不具有知識上意義（即不能從對象認知上了解「神」的意義），卻有著觀念導引上的意義（即可由觀念或體證上建構「神」在行爲活動中所產生的影響）。管輅對「神」之觀念的提出，具脈絡可尋者見於《輅別傳》所載，在裴徽之介紹下與何晏、鄧颺共

〔註46〕《輅別傳》載管輅爲人：「體性寬大，多所含受；憎己不讎，愛己不褒，每欲以德報怨。常謂：「忠孝信義，人之根本，不可不厚；廉介細直，士之浮飾，不足爲務也。……其事父母孝，篤兄弟，順愛士友，皆仁和發中，終無所闕。臧否之士，晚亦服焉。」見《三國志》，卷二十九，頁812。

〔註47〕《輅別傳》載管輅年十五時與單子春論易之事，輅言：「始讀《詩》、《論》、《易》本，學問微淺，未能上引聖人之道，陳秦、漢之事，但欲論金木水火土鬼神之情耳。」子春言：「此最難者，而卿以爲易邪？」見《三國志》，卷二十九，頁812。

〔註48〕《輅別傳》載管輅與石苞論隱形之事：苞曰：「目見陰陽之理，不過於君，君何以不隱？」輅曰：「……僕自欲正身以明道，直己以親義，見數不以爲異，知術不以爲奇，夙夜研幾，孳孳溫故，而素隱行怪，未暇斯務也。」見《三國志》，卷二十九，頁822。

〔註49〕《輅別傳》說管輅：「年八九歲，便喜仰視星辰，得人輒問其名，夜不肯寐。父母常禁之，猶不可止」。管輅曾從學於義博，讀《易》數十日後，即能「言難踰師」；又學仰觀之事，「三十日中，通夜不臥」，「學未一年，義博反從輅問《易》及天文事要」。曾語義博云：「君但相語墟落處所耳，至於推運會，論災異，自當出吾天分。」可見其聰慧早發，自然天授。引文見《三國志》，卷二十九，頁811～813。

〔註50〕《輅別傳》載王基從管輅學《易》終不可得。基曰：「始聞君言，如何可得，終以皆亂，此自天授，非人力也。」見《三國志》，卷二十九，頁814。

〔註51〕《輅別傳》言管輅無書傳世，引其弟管辰之言：辰敘曰：「夫晉魏之士，見輅道術神妙，占候無錯，以爲有隱書及象甲之數。辰每觀輅書傳，惟有《易林》、《風角》及《鳥鳴》、《仰觀星書》三十餘卷，世所共有。……其亡沒之際，好奇不哀喪者，盜輅書惟餘《易林》、《風角》及《鳥鳴書》還耳。夫術數有百數十家，其書有數千卷，書不少也。然而世鮮名人，皆由無才，不由無書也。……」見《三國志》，卷二十九，頁827。

論《易》九事之事：

> 輅辭裴使君，使君言：「〔何〕、鄧二尚書，有經國才略，於物理〔無〕
> 不精也。何尚書神明精微，言皆巧妙，巧妙之志，殆破秋毫，君當
> 慎之！自言不解《易》九事，必當以相問。比至洛，宜善精其理也。」
> 輅言：「何若巧妙，以攻難之才，游形之表，未入於神。夫入神者，
> 當步天元，推陰陽，探玄虛，極幽明，然後覽道無窮，未暇細言。
> 若欲差次老、莊而參爻、象，愛微辯而興浮藻，可謂射侯之巧，非
> 能破秋毫之妙也。若九事皆至義者，不足勞思也。若陰陽者，精之
> 以久。〔註52〕

在上述記載中，裴徽首先肯定何晏、鄧颺二尚書「於物理無不精」，且特別指
出何晏「神明精微，言皆巧妙，巧妙之志，殆破秋毫」。管輅對所論二人的反
應卻是「何若巧妙，以攻難之才，游形之表，未入於神者」，直接了當的以其
「言皆巧妙」判斷其「未入於神」。由此可知管輅所體認的入神之道，必先揚
棄名言之辯，盡去細言浮藻。就入神的途徑言是：「不待勞思」而須「精之以
久」；而入神之後是：「覽道無窮，未暇細言」。管輅的這種態度在與何、鄧二
人議論之後，引起了二種不同的反應：

> 輅為何晏所請，果共論《易》九事，九事皆明。晏曰：「君論陰陽，
> 此世無雙。」時鄧颺與晏共坐，颺言：「君見謂善《易》，而語初不
> 及《易》中辭義，何故也？」輅尋聲答之曰：「夫善《易》者不論《易》
> 也。」晏含笑而讚之「可謂要言不煩也。」〔註53〕

鄧颺的疑問，可說是對「善《易》者何所指」的一個質疑。所謂善《易》者，
如指為詮《易》、用《易》者，則不可能「所言皆不及《易》中辭義」，故管
輅所定位的善《易》者，顯然指體《易》、行《易》的人。管輅重行《易》而
輕詮《易》的態度，亦表現於他對注《易》的意見上，其與劉邠論注《易》
之事〔註54〕，以為《易》不可注的原因是：「水火之難，登時之驗，《易》之

〔註52〕 《三國志》，卷二十九，頁 819～820。
〔註53〕 《三國志》，卷二十九，頁 821。
〔註54〕 《輅別傳》載管輅之意見，言：「……然輅以為注《易》之急，急於水火；水
　　　　火之難，登時之驗。《易》之清濁，延于萬代，不可不先定其神而後垂明思也。
　　　　自旦至今，聽采聖論，未有《易》之一分，《易》安可注也！輅不解古之聖人，
　　　　何以處乾位於西北，坤位於西南？夫乾坤者天地之象，然天地至大，為神明
　　　　君父，覆載萬物，生長無首，何以安處二位與六卦同列？乾之彖象曰：『大哉
　　　　乾元，萬物資始，乃統天。』夫統者，屬也，尊莫大焉，何由有別位也？」……

清濁，延于萬代」，這說明在他的想法中，訓詁式的詮釋有時而窮，時空轉變，事、物難以統括，故一時的說解，難以通過時間的考驗。管輅並曾以「乾坤之位」的問題，舉注家解《易》時，礙於經傳辭義所可能產生的困擾，來說明語文詮釋有其明顯的拘執性。此外，管輅曾爲劉邠「論八卦之道及爻象之精」，亦採取了有別語文詮釋的方式，其中「邠所解者，皆以爲妙；所不解者，皆以爲神」。可推測管輅所言非純爲論理之說，而摻有個人特殊之體驗；或者有常人所不及的思考途徑。管輅對《易》的看法似乎得到了何晏的了解，這在與管輅論難的諸人之中，或屬於少數。管輅曾自敘與其意見較爲相契者有：裴徽、何晏、鄧颺、劉寔、劉智等五位〔註55〕。這五位所以能使管輅覺得較爲投緣，可能與他們的能涉玄遠、不拘名實有關。然而在管輅看來，這五位論者在言辭之中雖稍解其意，然仍未能全然會意。所以造成如此的原因是：他們仍「未能入神」。何以未能「入神」？其原因可以由其對何晏的批評中略得其要：

> 裴使君問：「何平叔一代才名，其實何如？」輅曰：「其才若盆盎之水，所見者清，所不見者濁。神在廣博，志不務學，弗能成才。欲以盆盎之水，求一山之形，形不可得，則智由此惑。故說老、莊則巧而多華，說《易》生義則美而多僞；華則道浮，僞則神虛；得上才則淺而流絕，得中才則游精而獨出，輅以爲少功之才也。」裴使君曰：「誠如來論。吾數與平叔共說老、莊及《易》，常覺其辭妙於理，不能折之。又時人吸習，皆歸服之焉，益令不了。相見得清言，然後灼灼耳。」〔註56〕

「所見者清，所不見者濁」，即前論所謂的「不能精入」。而不能精入的原因是因爲「神在廣博，志不務學」，這可能是指其學只爲口辯之學，而不能深入生命，使神專一。因神不專，不成爲生命，因此而有「巧而多華」、「美而多僞」的毛病。再者由所謂「華則道浮，僞則神虛，巧美華僞，去神道遠」，可

（輅）曰：「夫乾坤者，易之祖宗，變化之根源，今明府論清濁者有疑，疑則無神，恐非注《易》之符也。」見《三國志》，卷二十九，頁823。

〔註55〕《輅別傳》載：「裴冀州、何、鄧二尚書及鄉里劉太常（依裴松之注，所指爲劉寔）、穎川兄弟（劉寔弟智），以輅稟受天才，明陰陽之道，吉凶之情，一得其源，遂涉其流，亦不爲難，常歸服之。輅自言與此五君共語使人精神清發，昏不暇寐。自此以下，殆白日欲寢矣。」見《三國志》，卷二十九，頁827。

〔註56〕《三國志》，卷二十九，頁821。

說明在管輅的想法中已有一「以簡御博」、「返歸眞璞」的原則性觀念。而御博之「簡」、「眞」爲何？就管輅的立場而言，其所指可能即是陰陽化感之理。《輅別傳》載有一段管輅與徐季龍對陰陽交感的議論：

清河令徐季龍，字開明，有才機。與輅相見，共論龍動則景雲起，虎嘯則谷風至，以爲火星者龍，參星者虎，火出則雲應，參出則風到，此乃陰陽之感化，非龍虎之所致也。輅言：「夫論難當先審其本，然後求其理，理失則機謬，機謬則榮辱之主。若以參星爲虎，則谷風更爲寒霜之風，寒霜之風非東風之名。是以龍者陽精，以潛爲陰，幽靈上通，和氣感神，二物相扶，故能興雲。夫虎者，陰精而居於陽，依木長嘯，動於巽林，二氣相感，故能運風。若磁石之取鐵，不見其神而金自來，有徵應以相感也。況龍有潛飛之化，虎有文明之變，招雲召風，何足爲疑？」季龍言：「夫龍之在淵，不過一井之底，虎之悲嘯，不過百步之中，形氣淺弱，所通者近，何能瀰景雲而馳東風？」輅言：「君不見陰陽燧在掌握之中，形不出手，乃上引太陽之火，下引太陰之水，噓吸之間，煙景以集。苟精氣相感，縣象應乎二燧；苟不相感，則二女同居，志不相得。自然之道，無有遠近。」〔註57〕

這一段資料有一個十分特殊的地方值得注意，那即是徐季龍執象爲「天象」之象，而有「火星者龍，參星者虎」之說，其結論雖仍以此爲「陰陽之化感」，然就義理上言乃多一曲折，管輅不滿於徐季龍的這一看法。管輅以爲：「若以參星爲虎，則谷風更爲寒霜之風，寒霜之風非東風之名」，這是拘執於象所產生的問題，象本無象，只爲陰陽之所化，龍爲陽精居陰，虎爲陰精居陽，故有陰陽之感而起風雲之變。就陰陽交感而言，無有遠近；而就陰陽之化言，則是無有小、大之常體〔註58〕；「陰陽之化」、「陰陽之感」二者，亦即是他所說的通於萬類的「陰陽之數」〔註59〕，爲管輅論《易》的原則之「理」。最後

〔註57〕《三國志》，卷二十九，頁824～825。

〔註58〕管輅答乃太原之問有言：「夫萬物之化，無有常形，人之變異，無有常體，或大爲小，或小爲大，固無優劣。夫萬物之化，一例之道也。」見《三國志》，卷二十九，頁814。

〔註59〕《輅別傳》載管輅與石苞論隱形之事有言：「……今逃日月者必陰陽之數，陰陽之數通於萬類，鳥獸猶化，況於人乎。夫得數者妙，得神者靈，非徒生者有驗，死亦有徵。」見《三國志》，卷二十九，頁822。

的問題則在於這「陰陽之數」何以掌握？《輅別傳》中可供思考的線索有二則：

> （乃太原問輅）：「君往者爲王府君論怪，云老書佐爲蛇，老鈴下爲鳥，此本皆人，何化之微賤乎？爲見於爻象，出君意乎？」輅言：「苟非性與天道，何由背爻象而任心胸者乎？夫萬物之化，無有常形，人之變異，無有常體，或大爲小，或小爲大，固無優劣。夫萬物之化，一例之道也。……」〔註60〕

> （答石苞問）輅言：「夫物不精不爲神，數不妙不爲術。故精者神之所合，妙者智之所遇。合之幾微，可以性通，難以言論。是故魯班不能說其手，離朱不能說其目。非言之難。孔子曰：『書不盡言』，言之細也，『言不盡意』，意之微也。斯皆神妙之謂也。……」〔註61〕

這二則記載中，管輅提出了「性」的問題，而此一「性」既非孟子之心性，亦非荀子所言習染之性，乃《易傳》傳統中天命下貫之性，管輅言：「苟非性與天道，何由背爻象而任心胸者乎！」所強調者乃是天道與性之間的連繫，而此一連繫是所謂「神合智遇」的「通」。至此可知：管輅所言絕不著力於理論的建構，他所極力說明的在於「主體」對於「天道」不具對象性、不具意義性的「遇」、「合」。「遇」、「合」、「感」、「化」，充分的說明智解及知識的進路在「性通天道」這一活動上是無可著力的；就連萬物的陰陽屬性，在此一意義下，亦不成爲知識系統。《易》之陰陽，在《易》學的系統中包涵廣大。假如其陰陽屬性是一知識系統的話，在分類上勢必不能包涵立此系統者所未見、所未有之事物；在定義上亦不可能有嚴格要求的周延性。因此，知識系統之路向非管輅所取，他所講求的是從物類相感中，去建立陰陽系統，並從這樣的積累中與天道相感通。依此，管輅才有「可以性通，難以言論」的「言不盡意」之說。其弟管辰說他：「辨人物，析臧否，說近義，彈曲直，拙而不工也」〔註62〕，頗能具體的說明管輅之論道絕不在於析名論理。

　　由本節所述，可以看到管輅易學雖爲象數一派，但在其論說之中，並不強調象、數的推衍，卻轉而著意於非推衍性的「神」、「通」。另外，其所論者實已脫經傳辭義的訓詁甚遠，亦無家門師法，《魏書》列其傳於〈方技傳〉中，

〔註60〕《三國志》，卷二十九，頁814。
〔註61〕《三國志》，卷二十九，頁822。
〔註62〕《三國志》，卷二十九，頁827。

可能與其此性格有關。所以將管輅視爲象數一流，實難以給他持平的地位。此外，其與當代所謂的「玄遠」之流有過對話，是不容忽視的事實。而其說中，以體悟積累而成之「神」的直覺，來論斷萬事萬物，又主張去名言、名實之說，而用心於「微意」的掌握，這與正始玄學的取向頗有相合之處，值得我們注意。

二、王弼言意論下的玩《易》活動

　　管輅《易》學，雖爲象數一流，但其不強調數術的推衍，及其與玄遠人物之論辯，是值得加以關注之事；雖然這些都未能說明管輅對玄學有所影響，但可以顯示：在魏初，《易》的象數一派實亦有了轉變之跡，這一轉變未嘗不與整個學術界的風氣有關。與管輅相較之下，王弼以言象意之說重新詮解《周易》，其目的雖不在恢復《易》原始的占卜功能，也不能有管輅的占驗之效，但其論卻頗合於管輅的「感通」之道。首先，不管就王弼或者管輅而言，他們都認爲天人之間有一不可抹去的連繫，這一關聯非如漢人所謂的「人副天數」，而是以「性」來接合的。管輅言：「苟非性與天道，何由背爻象而任心胸？」可見「性」在其說中的地位。王弼在其《周易略例》中所以能倡言「忘言忘象」，也是由於其能肯定心靈之「性」與道之「無」，有其直貫而下的類似性〔註63〕。其次，管、王二者都反對對《易》採取名物訓詁的詮解方式，特別是管輅，完全不依經傳家法而立說，因此其書在當時無人能解；從其學《易》者，大都「始聞可得，終以皆亂」，以爲「此自天授，非人力也」〔註64〕。

〔註63〕王弼的《論語釋疑·陽貨》云：「不性其情，焉能久行其正，此是情之正也。若心好流蕩失眞，此是情之邪也。若以情近性，故云性其情。情近性者，何妨是有欲。若逐欲遷，故云遠也；若欲而不遷，故曰近。但近性者正，而即性非正；雖即性非正，而能使之正。譬如近火者熱，而即火非熱，雖即火非熱，而能使之熱。能使之熱者何？氣也、熱也。能使之正者何？儀也、靜也。又知其有濃薄者……今云近者，有同有異，取其共是。無善無惡則同也，有濃有薄則異也，雖異而未相遠，故曰近也。」（《王弼集校釋》，頁631～632）依王弼之說，心不流蕩失眞，使情近性而得其正，此是「性其情」。而性之所以能「使情正」王弼以爲是性的「儀、靜」使之然。本文認爲：由性之「靜」而又能「使情正」，能「欲而不遷」，這說明「性」與「道」之「生化萬物而不爲主，使萬物各適其所」，其間有一形式上的類似。

〔註64〕《魏書·管輅傳》注引〈輅別傳〉曾載王基從學管輅之事：「（王基）從輅學《易》推論天文，輅每開變化之象，演吉凶之兆，未嘗不纖微委曲盡其精神。基曰：『始聞君言如何可得，終以皆亂。此自天授，非人力也，於是藏《周易》，絕思慮，不復學卜筮之事」。見《三國志》，卷二十九，頁814。

本文指出管輅與王弼之間有其相近，並不表示二者在思想上有何傳承，而在於說明學術風氣的時勢所趨。就王弼而言，他之注《周易》，與管輅的想法完全不同；王弼進一步透過卦、爻符號，將天人之際做一類比思維的言說及展示，並以爲這一類比可作爲人在社會活動上的指導。他的目的不在占驗，或者說明行爲的命定結果，而在於說明合理行爲的根據所在。而王弼此一注《易》的用心，即在於改變讀《易》、玩《易》者對《易》所持的態度。這一對《易》的態度爲何？有何意義？以下將取《易傳》中的「大衍之數五十，其用四十有九」來作爲思考及說明的基點。王弼的「大衍義」與漢《易》之別，在湯用彤先生的〈王弼大衍義略釋〉已有很好的論述〔註65〕。故以下只簡略的徵引幾家以作爲對比說明之用。

《繫辭‧上》言：「大衍之數五十，其用四十有九」，據清人馬國翰的《玉函山房輯佚書》所輯，這句話自漢至王弼以來約有以下諸說：

韓嬰傳：「子夏傳曰：『一不用者，太極也。』」

京房傳：「五十者，謂十日，十二辰，二十八宿也。凡五十其一不用者，天之生氣將欲以虛來實，故用四十九焉。」

馬融傳：「《易》曰太極，謂北辰也，太極生兩儀，兩儀生日月，日月生四時，四時生五行，五行生十二月，十二月生二十四氣。北辰居位不動，其餘四十九，轉運而用也。」〔註66〕

韓康伯引王弼曰：「演天地之數，所賴者五十也。其用四十有九，則其一不用也。不用而用以之通，非數而數以之成，斯《易》之太極也。四十有九，數之極也。夫無不可以無明，必因於有；故常於有物之極，而必明其所由之宗也。」〔註67〕

比較以上諸說，除韓嬰所引子夏之言不易肯定其意外，漢人所論如京房、馬融等，皆以一、五十之數確有所指。尤其是馬融，他以太極北辰1、兩儀2、日月2、四時4、五行5、十二月12、二十四氣24合爲「五十之數」，其系統之複雜及指實程度，遠遠超過京房之說；漢人解《易》對於數字如此重視，亦可見一斑。而王弼的態度與漢人大異其趣，以所謂「有、無」之玄理輕輕點撥，其形

〔註65〕見《魏晉玄學論稿》一書，頁63～73。

〔註66〕清‧馬國翰：《玉函山房輯佚書》（《山東文獻集成》第四十六冊，濟南：山東大學出版社，2006年），頁52、85、108。

〔註67〕《王弼集校釋》，頁547～548。

式上是：「無」（一、無用、非數）→「有」（四十九、數之極）→「數」（五十、演天地之數）的依次展開，由「一」、至「四十九」、至「五十」，如由「意」（無）、到「象」（有）、到「言」（眾有，眾有即無之呈現）一般，有「不生之生」的生成關係，此一生成的關係只要基於對道的類比即可成立，不必如漢人所解一般，必須以天象星辰的關係來指實明示。由這樣的比較中可以發現：漢人的說解中，雖不能有知識論的認知意義，實際上又與所謂的知識系統糾纏不清。而王弼所做的，即是藉「言象意」說，企圖把知識的成分完全的清除。

　　王弼摒除知識系統的意義何在？這一點可以從大的學術焦點如天人關係，以及數術活動本身來做說明。首先，若從漢代以來天人的學術傳統來回答這個問題，至少可以得到二個答案。第一，天的內涵與知識無關，所以「天」不能有人們所了解的意志、權威等人格性或神格性。第二，得知天意與得知聖人之意不是一知識的積累問題，聖人與常人之區別亦非一知識的問題。前者的目的在顛覆漢代的災異論，而後者則在使天人之間可以心靈的境界來連繫。其次，就認知上而言，數術這一活動，它實無所謂的認知功能。換言之，它不能滿足知識的條件。一般而言，滿足真正知識的條件，或者一語句如何才算有認知的意義必須具有以下二個條件：

　　（一）知識語句必定有可測試性。

　　（二）知識活動與外界必有相關性及可改進性。

　　數術雖自成一內層結構，然直覺與比附的成分相當重，其結構與外在世界的相關性或相應性根本無從證明。如以論「大衍之數」的馬融與京房為例，實無法判別其說中，天象與數字結構之間的相關性及相應性如何達成；也無法肯定京、馬二者所言，何者較接近實情。再者，術數的內在理路無相應之理據，數術論者對於數術結構的解釋，都不是從世界的了解所得來的，而有符號遊戲的味道；真實世界中，沒有指涉真實對象的功能，運用數術的符號，表面上似乎有嚴格的數字推衍過程，實際上數字只是對人事種種的類比思考，通過類比，而對外界好像可以有一種了解與判斷能力，其實這一能力的最初，都基於一直覺的類比，這種方法不是科學性的，而且還要視傳注者之個人及師承而定，所以它不像科學之有普遍性。

　　《周易》最初之作為一占卜之書，其非知識系統十分明白，而漢人所解既與知識相糾葛，兼之在立門戶、創說解之下，其複雜之情況可想而知。而王弼所欲恢復的，即是還原其非知識系統的本來面目。他所憑藉的雖仍是一

類比的思考方式，但他深切的明瞭經由「言象意」這一方式所推論的，沒有像數學、邏輯般有其嚴格性或確定性。所以所有「言、象」對「意」的解釋都有不能窮盡之處。在《周易注》中，所有解釋的技巧都依個例的不同（卦）以及個例中主從關係（卦、爻、位）的不同，而有不同的判斷。所以如將卦爻比附於人事而再作解釋，這一活動就有如賞畫一般，每一幅畫作都有其獨特性，需要掌握的就是個別獨特的重點。因此，這種由「言、象」得「意」的方法，是一種接近藝術性的直覺活動。而這一解《易》的方式亦使玩《易》、讀《易》的活動，回歸到具有人文反身色彩的《易傳》傳統。

三、《周易略例》所論的注《易》之道

《周易略例》分為：〈明象〉、〈明爻通變〉、〈明卦適變通爻〉、〈明象〉、〈辯位〉、〈略例下〉、〈卦略〉等七篇，其內容例示如下：

〈明象〉：以「象」統論一卦之體。

〈明爻通變〉：以「爻」的變化說明情偽之所為。

〈明卦適變通爻〉：說明卦、爻之關係及卦的時義與爻的適時之義。

〈明象〉：申述忘象得意之說

〈辯位〉：講明爻位的陰陽，以及上下無位之義

〈略例下〉：補述前五篇的不足

〈卦略〉：舉屯、蒙、履、臨、觀、大過、遯、大壯、明夷、睽、豐等十一卦，說明其要領。

撇開後二篇不言，從前三篇的篇目中，即流露出王弼一貫的論述結構。在形式上〈明象〉的「卦」與〈明爻通變〉的「爻」代表一本末的關係，而本末之間存在著一時間的連續動貌，即由〈明卦適變通爻〉來說明。除上述三篇之外，〈明象〉為一論述方法的揭示，而〈辯位〉則進一步的發揮《易傳》的看法，而強調時間意識的重要性。在這樣的結構中，是出自於對「道」之運化的類比，因此也可以看到一個具體而微的事物，如何以道的形式在進行著。

為了進一步了解王弼的注《易》之道，以下本文分數小節說明之，在說明之前為求能對卦爻的整體有所認識，以下略述王弼在《周易略例》中〈明象〉、〈明爻通變〉、〈明卦適變通爻〉中所論的卦、爻關係。

簡而言之：〈明象〉是說明「卦」的時義（時間情境），〈明爻通變〉是說明「爻」的變化（時間情境中的變化），而〈明卦適變通爻〉則是進一步的將

「卦時」和「爻變」關聯，闡明其間錯綜的關係。爻和爻在卦中的變動，固然要受到應不應、上下、得位不得位、乘承等內部機制的規範，但這些內部機制，主要還是要在「卦」的時義下來考慮。就不同的二卦而言，它們代表二個大的情境，卦中之爻的變化，必須先依此大的情境而論定。舉例而言：在不同的二卦中，如它們同有六二之爻，這六二之爻因分屬不同的二卦，因此即有不同的論斷。就一卦來說，爻依其在六個爻位的位置，表示處於一時間情境中的某一情況中，爻的變化也因此而有不同的解釋，吉凶之義自然也就隨之而變，因此「爻」不能獨立於「卦時」之外，必定是套在所屬的時系，以展開其變化的歷程。

（一）卦體之所由與主爻（「主爻說」的檢討）

〈明象〉〔註68〕說：「夫象者，何也？統論一卦之體，明其所由之主者也。」如果將一卦視爲一具體事物的情境，〈象辭〉即在說明了這一情境中的德或本質爲何，所謂「舉卦之名，義有主矣；觀其象辭，則思過半矣。」而〈明象〉加重對〈象傳〉的強調，目的在於說明「卦體之所由」或「卦德」對一卦的變動，實有決定性的影響。而何由知卦體之主？一般的論述都會注意到〈明象〉篇所說的二點：其一是「一卦五陽而一陰，則一陰爲之主矣；五陰而一陽，則一陽爲之主矣」；其二是：「有遺爻而舉二體者，卦體不由乎爻也」，〈略例下〉云：

> 凡象者，統論一卦之體者也。……一卦之體必由一爻爲主，則指明一爻之美，以統一卦之義，大有之類是也。卦體不由乎一爻，則全以二體之義明之，豐卦之類是也。〔註69〕

特別是王弼所指出「必由一爻爲主」的主爻說，因爲可以和〈明象〉所說的「以一治多」、「以寡統眾」的原理相配合，所以引起了過分的注意，〈明象〉之文引述於下：

> 夫眾不能治眾，治眾者，至寡者也。夫動不能制動，制天下之動者，貞夫一者也。故眾之所以得咸存者，主必致一也。動之所以得咸運者，原必無二也。
>
> 物無妄然，必由其理。統之有宗，會之有元，故繁而不亂，眾而不惑。故六爻相錯，可舉一以明也；剛柔相乘，可立主以定也。……

〔註68〕全文見《王弼集校釋》，頁591。

〔註69〕《王弼集校釋》，頁615。

　　故自統而尋之，物雖眾，則知可以執一御也。由本以觀之，義雖博，則知可以一名舉也。故處璇璣以觀大運，則天地之動未足怪也；據要會以觀方來，則六合輻湊不未足多也。

牟宗三先生據此而言卦爻之義，以爲「一卦之體性必由一主爻而見，是由一特點以統攝眾象也」，指出王弼所以特重以寡治眾，是因爲在形上學的層次上，「至寡」或「一」乃是一切事物得以存在的基礎。而所謂的「一」，指的是「至寂至靜」〔註70〕。換言之，牟先生以爲：王弼的解象原則，事實上是與他以「至靜之體」統御「眾運之用」的形上學立場相吻合的。然而這樣的說法在論述的過程中，明顯的與〈明象〉所言的：「陰之所求者陽也；陽之所求者陰也。陽苟一焉，五陰何得不同而歸之？」相排斥。因爲在此，一卦卦體之所由不管是在於一陰或者一陽，都是出於爻的陰陽有「陰求陽，陽求陰」的性質，而非出於一「寂然至無」的形上根據。

　　注意到上述問題的人或許採取一變通的方式，以爲此「理」可以「通上通下」，不但可爲超越之理，作爲形上的根據，而且可以下屬，而就事物本身說其形構之理〔註71〕。此解以爲上引之文的前一段就「治眾者至寡者也」而

〔註70〕牟宗三先生以爲：「客觀地說，一治多，靜治動。主觀地說，能至寡而相應乎一者治多，能至靜而貞夫一者治動。客觀地說，是從『理』說。主觀地說，是從體現『一』之人說，此一是本是靜，是宗是元。一能治多，亦能成多。」參《才性與玄理》第四章第一節，頁102。

〔註71〕理在王弼《周易注》中出現九次，分別是（1）乾卦注「乾元用九，天下治也」：「夫能全用剛直，放遠善柔，非天下之至理，未之能也。故乾元用九，則天下治也。夫識物之動，則其所以然之理，皆可知也。」（2）坤卦注「六五黃裳元吉」：「夫體無剛健，而能極物之情，通理者也。以柔順之德，處於盛位，任夫文理者也。」（3）訟卦注「九四，復即命，渝安貞，吉」：「若能反從本理，變前之命，安貞不犯。不失其道，爲仁由己，故吉從之。」（4）豫卦注「六二，介於石，不終日，貞吉」：「明禍福之所生，故不苟說。辯必然之理故不改其操，介如石焉，不終日明矣。」（5）噬嗑注「九四，噬乾胏，得金矢，利艱貞，吉」：「噬乾胏而得剛直，可以利於艱貞之吉，未足以盡通理之道」。（6）睽卦注〈大象〉「睽，君子以同而異」：「同於通理，異於職事」。（7）解卦注初六〈象傳〉「剛柔之際，義無咎也」：「或有過咎，非其理也，義猶理也。」（8）夬卦注初九〈象傳〉「不勝而往，咎也。」：「不勝之理，在往前也。」（9）豐卦注〈大象〉「豐，君子以折獄致刑」：「文明以動不失情理也。」分別見於《王弼集校釋》，頁216、228、250、299、323、405、416、435、492。以上九見之「理」，莊耀郎先生以爲除「文理」、「情理」、「義猶理也」外，皆指根本義，最高義，此理既可以上通於理之極而爲超越之理，以之作爲萬物實現之根據，亦可以下屬就事物本身而說形構之理。見氏著《王弼玄學》（臺北：國立台灣師範大學國文研究所博士論文，1991年），頁290～293。

言，是所謂通上的超越之理；而後一段就六爻之可以「統之以宗」而言，是所謂的「結構之理或形構之理」。此說看似言之成理，但「理」、「本」既由體用的關係「全由動靜有無之相翻以顯本」，則此「本」此「理」只具有「形式的意義」而不能有「內容的意義」〔註72〕，如此所謂的「形構之理」或者「結構之理」，其「內容意義」如何而得？倘若只視「此實現之理可作爲形構之理之所以實現的形上根據」〔註73〕，則仍是徘徊在體用的關係上立說，仍無法令人了解「形構之理」之所以爲「理」，應該如何說明。

本文的看法以爲，王弼在《周易注》中所言的「理」，實不必與他在《老子注》中所言的「本理」相牽合，因爲在《老子注》中，「本」是指「無形無象」的形上之道，而《周易略例》所言之「本」或「理」，是就一卦而言的；一卦既爲一「時間情境」，應爲一現象之「有」，而不應是形上之「無」。所以所謂明一卦的「所由之主」，應就卦體之德而論，即以一卦的時義爲其主。如此，《周易注》的「統卦之宗」，與《老子注》的「以無統有」實爲二個不同的論域。

再者，在上述所引的「一爻爲主」及「遺爻而舉二體」中，「舉二體」之說事實上已經說明了「卦之所由」不是由「一爻」所能決定，而且細心的讀者可能還會發現〈明象〉還提到「中爻」之說，以及「卦名之義」。其言云：

> 故六爻相錯，可舉一以明也。剛柔相乘，可立主以定也。是故雜物撰德，辯是與非，則非其中爻莫之備矣。

> 故自統而尋之，物雖眾，則知可以執一御也；由本以觀之，義雖博，則知可以一名舉也。

由此可知，所謂的「一卦所由之主」，實可爲「中爻」、「五陰一陽之陽爻」、「五陽一陰之陰爻」、「卦名」、「內外卦二體」、「陰陽消長」等明之，絕非只限於主爻或二體之說。何況林麗眞先生由對《周易注》的實際的分析中，亦指出明文標示卦主者，僅三十二處，而且亦有不遵「中爻」、「五陰一陽之陽爻」、「五陽一陰之陰爻」、「上下卦中，眾陰或眾陽之主」等原則者〔註74〕。所以如果能放棄對「主爻才能統一卦之義」的執著，那麼回到王弼〈明象〉之中，可知卦之所由，大抵皆是由象辭的提示而來，〈明象〉言：

〔註72〕 參《才性與玄理》，頁109。
〔註73〕 此說見莊耀郎：《王弼玄學》，頁239。
〔註74〕 林麗眞：《王弼》，頁94～95。

品制萬變，宗主存焉；象之所尚，斯爲盛矣。

繁而不憂亂，變而不憂惑，約以存博，簡以濟眾，其唯象乎！亂而
不能惑，變而不能渝，非天下之至賾，其孰能與於此！故觀象以斯，
義可見矣。

上引文字皆在說明「卦之所由」在於〈彖辭〉的啓示上，而不在於主爻上。以
〈屯卦〉爲例：屯，上坎下震，雷在水下，雷表動，而水表險陷，表示〈屯卦〉
具一獨特的情境，這一情境的本質之德爲「艱屯」。〈彖辭〉言：「屯，剛柔始交
而難生。動乎險中，大亨，貞」〔註75〕。「剛柔始交而難生」，爲〈彖辭〉對此
一情境的判斷，表示事物處於「始於險難」的狀態。這「始於險難」即是〈屯
卦〉之宗主，所有爻的變化都必須在「始於險難」的情形下來考慮。王弼注云：
「始於險難，至於大亨，而後全正」，由險難而大亨，以致於全正，這即指一卦
的變動皆由於對「始於險難」的應對，而其後之所以能大亨全正，是由於〈屯
卦〉的主爻——初九；〈卦略〉云：「初體陽爻，處首居下，應民所求，合其所
望，故大得民也」〔註76〕。卦之德雖爲屯艱，而其整體的情勢是「始難」，故有
初始不可動、不可進之象。〈屯卦〉之初爻爲九，九爲陽，陽在初位爲潛藏之象，
合於不可以進的要求，因此而有好的發展趨向。王弼注文於此有詳盡的說明：

處屯之初，動則難生。不可以進，故磐桓也。處此時也，其利安在？
不唯居貞、建侯乎。夫息亂以靜，守靜以侯，安民在正，弘正在謙。
屯難之世，陰求於陽，弱求於強，民思其主之時也。初處其首而又
下焉，爻備斯義，宜其得民也。〔註77〕

從爻象上看，整體的動向是所謂的「陰求於陽」，事件中的人物又得其謙下之
位，符合始難不可進的整體情境；又初爻的持守之道是「息亂以靜，守靜以
侯，安民在正，弘正在謙」，合於「民思其主」的基本動向，以及「始於險艱」
的艱屯情境；所以其後乃大能大亨全正。在此例中可以知道：卦爻的動靜出
入，仍應以〈彖辭〉所示的卦體之德爲主，來做通盤的考慮，所以卦體之德
實爲一卦變化之宗主。

（二）爻的變化

卦所表示的爲一事物之始終，爲一時間歷程，爲一具體情境。此具體情

〔註75〕《王弼集校釋》，頁234。
〔註76〕《王弼集校釋》，頁618。
〔註77〕《王弼集校釋》，頁234～235。

境之大體如何，即一卦之卦德（卦義）。此具體之情境爲否爲泰，爲大爲小，或者爲吉爲凶，爲一存在之事實。人在此具體情境中居何地位，應如何變動，則爲爻所表示。〈乾卦〉上九〈爻辭〉注云：

> 以爻爲人，以位爲時，人不妄動，則時皆可知也。〔註78〕

〈明爻通變〉亦說：

> 卦以存時；爻以示變。〔註79〕

即說明卦、爻之間這一密不可分的關係。而爻既展現爲時間上的變化，其變化的根源來自於「情僞」，〈明爻通變〉說：

> 夫爻者，何也？言乎變者也。變者何也？情僞之所爲也。〔註80〕

所謂「情僞」是指「事物對外界的感應、欲求與動作」〔註81〕，這一感應、欲求、動作，隨著時間及各種條件的不同而有複雜的變動，所以不是以數術可以求得的，其合散屈伸與外在形貌也沒有相應的跡象。但是情僞的變化雖是「巧歷不能定其算數，聖明不能爲之典要，法制所不能齊，度量所不能均」，王弼認爲仍能從爻象上去識其情、明其趣。之所以能如此的原因有二：第一是爻本身的體性；爻象的陰陽，異性之間有相應相求的體性，而這一相感相應，特別表現在二爻相遠的情況。〈略例下〉言：

> 凡陰陽者，相求之物也。近而不相得者，志各有所存也。故凡陰陽
> 二爻，率相比而無應，則近而不相得；有應，則雖遠而相得。〔註82〕

即說明這一《周易》傳統下的陰陽質性，有遠而相應相得的情僞之動。另一個可以掌握爻之變化者則是爻位，即爻所處之情境，這是相對於爻之體性的客觀條件。〈辯位〉言：

> 夫位者，列貴賤之地，待才用之宅也。爻者，守位分之任，應貴賤
> 之序者也。位有尊卑，爻有陰陽。尊者，陽之所處；卑者，陰之所
> 履也。故以尊爲陽位，卑爲陰位。〔註83〕

爻之所處既有尊卑之別，如陰陽處非其位，則其必變可知。故由此陰陽質性、

〔註78〕《王弼集校釋》，頁216。
〔註79〕《王弼集校釋》，頁598。
〔註80〕《王弼集校釋》，頁597。
〔註81〕 此採用戴璉璋先生之意見：「……王弼認爲爻是來展示變化的情形的。所謂變化是事物對外界的感應、欲求與動作所造成的。」參〈王弼易學中的玄思〉，《中央研究院文哲研究所集刊》創刊號（1991年3月），頁208。
〔註82〕《王弼集校釋》，頁615。
〔註83〕《王弼集校釋》，頁613。

尊卑異位之基本原則，就可以「睽而知其類，異而知其通」，掌握「情僞相感，遠近相追；愛惡相攻，屈伸相推；見情者獲，直往則違」〔註84〕等等的變化，則可以由卦爻之中得到啓示。

　　爻的情僞之變雖可原則的掌握，但情僞之動亦非單純而規律的，〈明爻通變〉所謂的：

　　　　二女相違，而剛柔合體，……；投戈散地，則六親不能相保；同舟
　　　　而濟，則胡越何患乎異心。〔註85〕

此則可見物之情僞有多類，一切異類之物，異類之情僞亦可互通互變。至於何時可通可變？則必須依「卦時」所顯示的情境而論。上段引文中，「剛柔合體」、「投戈散地」、「同舟而濟」皆表示一具體的情境；在此情境下，爻的主觀質性，即會因客觀時位影響，而有所改變。

（三）卦爻的時間意義及變化徵象

　　〈明卦適變通爻〉言：

　　　　夫卦者，時也；爻者，適時之變者也。〔註86〕

王弼認爲卦具有時間意義，一卦就代表一事物的時間階段（卦時）。而這個時間階段是由某種具體情境來標示的，這一具體情境即前文所說的卦義（德）。在一卦之中，六爻所代表的是一時間系列下的變化。爻位之由初到上，具有時間性質，這在《易》的經文中已明白的揭示，而在《周易略例》中，王弼更加強調這一時間的性質，除了在卦爻辭的注解上時時標舉「（某）卦之時大矣哉！」、「（某）卦之時義大矣哉！」及「（某）卦之時用大矣哉！」外〔註87〕，並提出「初上無位之論」，以強調一卦之爲一情境中的時間歷程。〈辯位〉言「初上是事之始終」云：

　　　　初上者，體之終始，事之先後也，故位無常分，事無常所，非可以
　　　　陰陽定也。尊卑有常序，終始無常主。〔註88〕

〔註84〕〈明爻適變〉，《王弼集校釋》，頁597。
〔註85〕《王弼集校釋》，頁597。
〔註86〕《王弼集校釋》，頁604。
〔註87〕《周易注》中標舉「（某）卦之時大矣哉！」者，見於〈頤〉、〈大過〉、〈解〉、〈革〉等四卦。而言「（某）卦之時義大矣哉！」者，見於〈豫〉、〈隨〉、〈遯〉、〈姤〉、〈旅〉等五卦。又言「（某）卦之時用大矣哉！」者，見於〈坎〉、〈睽〉、〈蹇〉三卦。
〔註88〕《王弼集校釋》，頁613。

依此可以將一卦由初爻到上爻視為一時間系列的次序展開。事物在這一時間的始終之中，有一先後的變動關係。在一卦時間展開中，六爻的動靜進退，必須依卦義所啟示的具體情境來決定。由於六爻所代表的是一時間系列下的變化，所以在時間不斷地推移之下，各種情境隨著時間的推移會有所轉變。如此，人們的因應之道也就要適時的調整，如果調整不當，一時之吉，可能轉變而為凶；只要適變得宜，則一時的凶咎，也可轉為大用。而如何適時而動呢？〈明卦適變通爻〉以為要掌握「應」、「位」、「乘承」、「遠近」、「內外」、「初上」等六種徵象。

　　一卦之中，爻因陰陽質性、尊卑異位所產生的種種變化，可以啟示各種的徵象，〈明卦適變通爻〉以「應」、「位」、「乘承」、「遠近」、「內外」、「初上」等六種徵象，來做概括的說明。「應」是指異性事物之間質性相通，彼此相感相求的徵象。「位」是事物所處的時、地是否得勢的徵象。「乘承」是事物因地位的高、下、貴、賤，彼此相逆、相順的徵象。「遠近」是相關的事物因距離而影響安危的徵象。「內外」是人物出任或隱退的徵象。「初上」是事件開始或終結的徵象。玩《易》者只要把握這六種徵象，配合卦名之德，卦時之動靜，即可不犯吉凶而動靜適時。如〈豐卦〉的卦德是「尚於光顯，宣陽發暢」，則其「統」一卦者即是「光大」或是「惡闇」，在此一情境中〈卦略〉說：「爻皆以居陽位而不應陰為美」〔註89〕。蓋在一般原則下，陽爻以應於陰爻為美，但由於統〈豐卦〉者為「光大」，在「光大」這一卦體之德下，陽爻得以不應於陰為美，可見爻變仍需在卦時的整體情境中來考慮。

　　細而論之，就一爻所處之情境而言，只要得其同志之應者，「雖遠而可以動」〔註90〕，這是因為得「應」則有奧援，所以雖動而可以無咎。得其爻時者，「雖險而可以處」，險難原宜避而不宜處，然得時則可以處，是以爻的變化，仍應在整個具體情境下來考慮。

　　一爻之時位有「遠應」、「處時」之象；而二爻之間，依各爻之陰、陽、

〔註89〕《王弼集校釋》，頁619。

〔註90〕上述所舉的應、位、乘承、遠近、內外、初上等六種徵象乃為原則之宣示，在實際應用時，王弼似有較寬泛的解釋，〈明卦適變通爻〉言：「應者，同志之象也。」「應」之所指包含了「同志」在內。相應固為二爻同志之表現，然而同志未必僅指相應而言。只要二爻或數爻可以和同相與，不論相近與否，比近與否，亦皆可稱為同志、合志、得志、通其志或志在某爻等。參林麗真：《王弼》，頁104～105。

貴、賤則有乘承之關係，乘承之關係又有據、附、御之別。「得所據則弱而不懼於敵」；「得所據」乃指一爻佔有鄰爻而以之爲憑藉，得其憑藉則可以救弱之失，故能不懼於敵。「得所附則憂而不懼於亂」；「得所附」乃指一爻順從鄰爻而以之爲依附，因爲有所順附，所以雖憂而不懼。「得所御則柔而不憂於斷」〔註91〕；「得所御」之御爲駕御之意，指以柔乘剛，御之剛爻，以柔御剛則能治物服人，柔弱而不憂於斷制〔註92〕。此外，配合遠爻之是否相應，可以知險難或者平易。觀爻位於內卦或外卦，可知其出進或者退處。而初爻與上爻是事物的始終之象，始終不但代表一時間的歷程，在這時間的過程中，始終先後的動止行退常是互爲呼應的。始而應其時，則身雖後而敢爲先；行爲的終極目標明確，則不受到眼前事物爭競、紛擾之影響。

　　總括以上諸種爻與爻間所形成的種種徵象，由於二爻相遠，主要的取象在於「應不應」；而二爻相近，則取象在於「乘承」。「初上」的取象亦依「應」及「內外」而論，所以它們的型態大約不出「應」、「位」、「乘承」、「內外」等四種，而在這四種型態中可以看出事物的「變動」、「安危」、「順逆」、「出處」，由此可以掌握事物演變的吉凶動靜。

四、《周易注》中的「理」

　　王弼反歸《易傳》的注《易》之道，在結構上藉由《易傳》中的時、位觀念，將卦視爲一時間的階段，在這一時間的階段中，爻爲時間系列的發展。卦、爻的時位，可視爲一不可改變的客觀條件。而相對於客觀條件者，如陰陽、剛柔等爻本身的體性則爲主觀條件。《易傳》的作者，大致認爲卦爻的變化是取決於上述的主觀與客觀兩條件，特別是客觀條件在論斷時具有優先性。主觀條件下的應與不應、得位與否，以及乘承諸關係，都必須在卦時的考慮下方有意義。如上節中所舉的〈豐卦〉之例，〈豐卦〉中「剛健爲德」的陽爻得以「不應陰爲美」，這說明主觀原則仍須統貫於客觀原則之下。同理，〈卦略〉所舉〈大壯卦〉、〈大過卦〉、〈履卦〉等，亦有如此的情形。經由主、客觀原則，使卦爻的結構呈現一事物有機而完整的發展過程；在這一過程中，

〔註91〕「乘承」與「據附」，皆就相異而比近之爻而說。一般而言「乘承」有奉上或御下之意；而「據附」則有依憑或比附之義。就形式上言，「據」之彈性較大，如〈晉卦〉九四注有：「下據三陰」之例，此外又有「牽」、「係」之名，其義與「附」相近，以上諸例可參考林麗眞：《王弼》，頁106～107。
〔註92〕本文對於「柔而不憂於斷者，得所御也」之解，參考註91。

主體只要能順隨卦爻的啓示，則有吉利的結果。這一重視主體活動的解《易》之道，看似具有強烈的價值意義，但實際上卻缺乏「主體自由」的概念，因爲主體應行的「正確」方向，實際上已經被「時」、「位」以及「應不應」、「得不得位」、「乘承」等條件所限定。主體不因孟子「義利之辨」的「義」來決定其進退，而是依所謂的「理」來決定。王弼注〈解卦〉初六〈象傳〉言：「義猶理也」〔註93〕，即是以「理」爲行爲之「宜」，以「理」來作爲行事的指導。王弼既如此的重視「理」，然其所說的「理」之內容究竟爲何？一般的討論者都會牽合於王弼的《老子注》來做說解，以爲此「理」即是「本」，即是「一」。爲了說明「理」爲「一」，〈明象〉中的二段話常常被引爲論證：

> 夫眾不能治眾，治眾者至寡者也。夫動不能制動，制天下之動者，貞夫一者也。故眾之所以得咸存者，主必致一也。動之所以得咸運者，原必無二也。

> 物無妄然，必由其理。統之有宗，會之有元，故繁而不亂，眾而不惑。故六爻相錯，可舉一以明也；剛柔相乘，可立主以定也。〔註94〕

以「一」爲「理」，並以此爲「統卦之主」，關於此說之可斟酌處，前文已有所論述，在此不贅。簡而言之，在《周易注》中，王弼所論的「理」，始終是就卦爻的形式結構而談，而非就形上之「本理」而談。如果要將《老子注》中所論的「本理」套用在《周易注》中，那麼《周易例略》中所論解《易》的諸原則，在「以無爲用」、「守母存子」之下，都將可廢棄不用。所以在卦爻的結構中，事物以一時間的系列展開，應是屬於有形有象的「有境」，在這有境中是有「理」可說的，而此「理」到底爲何？唐君毅先生以爲此「理」即是「眾之向寡、多之向少、繁之向簡」本身，唐先生曾舉郭象《莊子注·德充符》：「物無妄然，皆天地之會，至理所趣」〔註95〕，來說明此「理」即一「趣會」，以爲「唯此一趣會，是成一物；亦成一變動、或一事。此變動或事，即是易」〔註96〕。唐先生之說頗有啓發，其說一方面避免此「理」成爲限定的結構之理，另一方面又不以此「理」僅爲一虛懸的形上本源。不但說明事物之變有一趣會，並且說明《易》之能規模萬事萬物，皆在於此一「趣會」上。「趣會」所表現的可視爲一「動向」，這一動向之向「寡」、向「簡」、

〔註93〕　《王弼集校釋》，頁416。
〔註94〕　《王弼集校釋》，頁591。
〔註95〕　《莊子集釋》，頁219。
〔註96〕　見氏著《中國哲學原論·原道篇》第八章，頁336。

向「少」，寡、簡、少只有形式的意義而無實際的內容，它不指為形上之體或者律則，也不指為事物之分理。

王弼〈乾象〉注云：

> 天也者，形之名也；健也者，用形者也。夫形也者，物之累也。有天之形而能永保無虧，為物之首，統之者豈非至健哉！大明乎終始之道，故六位不失其時而成。升降無常，隨時而用。處則乘潛龍，出則乘飛龍，故曰「時乘六龍」也。乘變化而御大器。靜專動直，不失大和，豈非正性命之情者邪？〔註97〕

王弼言「健」為「用（天之）形者」，亦即指「健」為「天之形」之上的一層面。我們何以知此「用天之健」？依王弼之意，知「健」在於能體察天之不斷流形，而永保無虧，由有形無虧之表現而知此「健」。這段注文一方面說明「健」為「大用之行而無體」，一方面說明此「健」非虛靜之形上本源，而是一始終變化之「常」。此「常」為「變」為「化」，故落於形體、事物中，則為「無常」。故君子執此變化之常（乘變化），則可於升降變化於「無常」之中，隨時而用。此即是不執於固定之事理，而能順隨變化，得其大用。

以損、益二卦為例，王弼對二卦之〈象辭〉所做的注解如下：

> （損）艮為陽，兌為陰，凡陰順於陽者也。陽止於上，陰說而順，損下益上，上行之義也。〔註98〕

> （益）震，陽也；巽，陰也。巽非違震者也，處上而巽，不違於下，損上益下之謂也。〔註99〕

在這二卦中，王弼以卦的上下二卦說明其卦體之義。損是減損下者去增益上者，因此可見動的趨向是自下而上，而〈益卦〉之動向則與〈損卦〉恰好相反。王弼如此說解，是將每一卦視為不同的「動」，在不同的「動」之中，有不同的「理」，而產生不同之動的優先條件是由於「時」異的緣故。王弼在〈損卦〉的爻辭注曰：

> 損之為道，損下益上，損剛益柔，以應其時者也。居於下極，損剛奉柔，則不可以逸。處損之始，則不可以盈。……（初九爻辭）〔註100〕

〔註97〕《王弼集校釋》，頁213。
〔註98〕《王弼集校釋》，頁420。
〔註99〕《王弼集校釋》，頁428。
〔註100〕《王弼集校釋》，頁422。

　　……初九已損剛以順柔，九二履中，而復損己以益柔，則剝道成焉，

　　故不可遄往而利貞也。……（九二爻辭）〔註101〕

在初九爻辭注中，王弼說「損下益上」是爲了「應時」，其態度明顯的以爲損
益並非出於剛柔的本性，而是由於「時」在客觀情勢上的需要。而且王弼在
〈損卦〉的〈象辭〉注亦云：

　　自然之質，各定其分，短者不爲不足，長者不爲有餘，損益將何加

　　焉？非道之常，故必與時偕行也。〔註102〕

王弼以爲物的體質雖有長短之定分，但長短自得其分無可比較，並沒有足不
足的問題，所以損與益不是改變事物已有的特質，而是對事物當時的處境加
以改善。王弼對事物的體質觀，與其對爻之特質的看法相近。不管就爻或者
事物而言，它們起初都沒有特定的形質或形跡等「有形之用」，有形之用必須
在一特定的時空情境中，有了某一趨勢動向之後，才能呈顯。換言之，爻體
並不一定要如何動，同是異體之「應」因卦時、爻時之不同，亦可能有吉凶
等不同的結果。所以爻的特質與其說是它的本性陰陽，無寧說是它如何相應
於當時的情境而動。在如此的分解之下，可以順解〈明卦適變通爻〉所說的：
「卦者，時也；爻者，適時之變也」〔註103〕的意義，也可了解〈明象〉所言
的「治眾」、「制動」者〔註104〕，應是指卦之時義而言。

五、言象意說與六十四卦、卦、爻之關係及其意義

　　《周易略例》所論的注《易》原則，應在於說明事物在一特定的時空情
境，所可能產生的變化。換言之，《周易注》的目的不在指出形上的根據，也
不在於論證「反本」便可以治末御眾，而在於說明形下的事物如何的變化，
並且藉由「卦體之所由」的說法，指出在這變化系列中有一共同的趨向；玩
《易》者所必須優先考慮的是：掌握〈象辭〉所啓示的卦義、卦德，依此才
可原則的把握變化的動向，而做出正確的判斷。

　　在上述的卦爻結構中，「有境」的時空情境，如何有其基本的動向可尋？
假如以「體用關係」來瞭解王弼理論中的道與現象，那麼此「趣會」將不可
得。但是回到〈明象〉所說的「意」生「象」，「象」生「言」的關係中，則

〔註101〕《王弼集校釋》，頁422。

〔註102〕《王弼集校釋》，頁421。

〔註103〕《王弼集校釋》，頁604。

〔註104〕《王弼集校釋》，頁591。

能圓融其說。前章中，已說明了「無形」之「意」以下——「有形」的「象」及「言」，有一時間的連續性質。這一連續的歷程，說明有形的「象」、「言」為「無形」的「意」所呈顯的內容。如此，「言」、「象」的結構及內容實本就內在於「意」之中。另一方面「言」、「象」雖有呈顯及解蔽「意」的功用，但在言說的當時，受到言、意自身在意義上的拘限，也容易因誤解而隱蔽了「意」。由於「言」、「象」對「意」而言，仍是不盡的，因此「盡意」不經由「忘」在類比思考上的跳躍是不可能的。仔細地尋繹《周易注》的思想，可以得見上述「意象言」的形式結構，同時也可以用來解釋卦爻的結構。

《周易注》中，由卦、爻的結構所顯現的關係之網已含於卦之「卦義」中。換言之，卦、爻在結構上的意義是由「卦義」所決定的。而我們之所以能理解「卦義」所啟示的種種，是經由「卦義」之下所呈顯的「卦、爻」；這一形式就有如在「言象意說」中，「意生象」，「象生言」一般。「意」藉「言、象」呈顯自身，而「得意」亦需經由「言、象」；同理，由卦、爻所形成的關係之網中，可以解蔽「卦義」、「卦德」所標示的一個動向，使得「卦體之德」得以在隱蔽之中冒出來成為它自己。

六十四卦中，一卦自有一「意」，然而此「意」仍非「形上之意」，前文已說明，一卦之為「事之終始」，仍在於「有境」，仍為形下之器。但六十四卦之範圍天地，經過類比的跳躍過程則可進於「形上之意」。故王弼以「言象意」之說解聖人之「意」，不但可說明一卦之「意」，並可說明六十四卦的「形上之意」。就「言象意說」之指實為一卦的「卦爻辭」（言）、「卦爻象」（象）、「聖人之意」而言，是可以成立的；而就其指為「六十四卦的經文注解」（言）、「六十四卦之卦象」（象）、「天地之意」而言，也是可以成立的。由「一卦」而可進至「六十四卦」而後「天地之意」，這一層轉而上的可能，可以由王弼「論初上無位」說中建立，〈辯位〉中王弼言「初上無位」的理由是：

> 初上者，體之始終，事之先後也。故位無常分，事無常所，非可以
> 陰陽定也。尊卑有常序，始終無常主。〔註105〕

王弼以為事物於始終之時，不可言尊卑之位。唐君毅先生對於此段注文有極好的理解，他說：「此所表示者，乃是事物之始生，其位尚未定；其終則化為他物，而亦自變其位。事物為有，其始在由無至有之際，其終在由有至無之

〔註105〕《王弼集校釋》，頁 613。

際；則其位皆在有無隱顯之交，而無定位。」〔註106〕唐先生的論點雖在於爻
位上，但本文認爲其論點也可延伸到六十四卦的結構之中，而做如下的解釋。
在事物之始，其跡用未定，事物之終，因轉爲他物，其跡用亦未定。所以當
我們看到跡用之時，「一卦之意」已轉變而非原意，而「此意」（此卦）與「彼
意」（彼卦）之間又存有一未知的關聯，故於轉變之際，如果拘執於「此意」
（此卦）之時位，則無法進得「彼意」（彼卦）。所以「初上無位」說實涵有
「言象意說」中的「忘」之意旨。擴而言之，要得六十四卦範圍天地之「意」
的變動、趣會，則必須「忘」諸卦之「卦意」，將六十四卦類比爲一「天地之
趣會」而後才有可能。在此形式下，諸「卦意」亦可視爲「形上之意」落實
「形下」的呈現。

　　由本章之分析可知，在王弼的主要著作《老子注》及《周易注》中，其
「言象意」說實可作爲理論系統而予以貫串的說明，故「言象意」說可爲王
弼理論中的一個「共相」，也可視爲王弼理論的系統之法。

〔註106〕見《中國哲學原論・原道篇》，頁337。

結　論

　　通過以上的敘述，可見本文之旨趣在於說明：「言意理論」在魏晉學術轉
變中的重要地位，並且嘗試指出王弼的「言象意說」實可成為一「系統的方
法」，即可成為一論述的文法或思維的方式。當然在論述之中，本文的限制亦
昭然若揭，這些限制一方面在於王弼對「言象意」理論之說明過於簡略，一
方面在於各個學術傳統在資料上的難以整合（如言意理論與人倫鑒識、聖人
議題之間是否有直接的關聯等），使得本文在某些論證上只能嘗試言之。為了
不使讀者迷失於本文拙劣的措辭中，以下茲將本論的重點作一條列式的歸納：

　　一、在基本觀點上，魏初形名家的「名實論」與玄學家的「言意論」是
有所分別的。名實論者以形名為依歸，其學偏於政治旨趣。言意論者則以「得
意」為論說要點，涉及語言的概念，並且偏於形上學的探討。雖有不同的理
論重點，但「名實論」與「言意論」二派，從史料上看來，二者似有關聯，
由於這一關聯難以在理論上給予明確的說明，使得有人視這二者各有其獨立
的發展。本文的第一章即透過對魏初名家的討論，確定其理論的立場；並從
名家的理論立場中透視他們討論問題的基本方式；從而發現名家在魏初之
時，實已充分反映出他們在論理方式上的不足。

　　二、在論述名家論理之不足時，本文採取人倫鑒識以及聖人問題來作為
考察的對象，其原因除了這二個議題盛行於當時之外，部分的目的在於藉由
這樣的討論，說明「才性」與「玄理」或「名實」與「言意」二派在理論上
有「同質化」的趨向。言意理論如真起於「才性」與「玄理」的基礎上，這
才可說明「言意」理論可以應用於「玄學」的各個面向，成為玄學的方法。
本文以為在《人物志》的聖人系統中，實可顯示對於人倫識鑒問題的討論，

已有走向形上化的趨勢。除人倫識鑒問題之外，在對聖人之名的討論亦有如此的走向，此可由魏晉名流之自比於賢聖的態度中看出。

三、王弼的「言象意說」本身雖為一注經方法的說明，但在其簡單的話語中，實有多重的形上概念。本文對於王弼的「言象意」說，嘗試跳脫一般所常用的「體用」關係來說明。其原因在於體用關係實不能說明「形下」之「有境」的變動，這使得在解釋《周易注》時，只能用之以掃象，而不能說明它與卦爻結構之間的關係。同樣的，體用關係亦不能充分說明《老子注》中「無」生「有」的「不生之生」，是一形上學的或是主觀境界的問題。本文以為在王弼的《老子注》中，主觀境界說不易成立，王弼的理論重心可能在於「形上」之「道」無所不載、無所不容的特性，至於其理論中似有一主體的意義存在，這可能是出於「類比」的思維方式而來的。

四、王弼保存語言在識「道」過程中的工具意義，這一進路與莊子十分不同。王弼以為「意」生「象」，「象」生「言」，基本上以為語言根源於道。而莊子以為語言為人建構，語言如無意義的風號、鳥鳴一般，所以不可憑之識道。這二個不同的想法使得他們走向不同的理論型態。莊子重視主體的自由義，王弼則不強調主體自由的概念。王弼的理論型態，與他的言意理論有關，「言象意」說可作為王弼論述中的「共相」。

五、經由對《老子注》的分析，可知王弼對語言的使用，與他的「言象意」之說實有相同的形式。這一形式是：「名」→「字、稱、謂」→「無稱之稱、無名之名」。在此形式中，由「名」到「稱」到「無名」，亦需有「忘」的歷程，與「得象忘言」、「得意忘象」有一相同的形式結構。

六、一般的討論者大多注意到管輅《易》學在象數一方面的問題，本文以為管輅《易》學雖屬象數一派，但實有轉變之跡；這轉變之勢與玄學論者頗有相合。王弼《易》學在此趨勢之下更進一步，使得玩《易》的活動由數術的推衍，反歸到人文反身的《易傳》傳統，可說是王弼在掃象之外的另一個貢獻。

七、王弼的「統卦」之說，一般皆將它與「主爻」之義牽合，而認為「以一爻統六爻」亦即《老子注》中的「以無統有」。這一說法，實不能解釋卦爻中，「陰陽自然相感相應」的一般原則。本文的看法以為：所謂的「統卦」之「一」，當為〈彖辭〉所啓示的卦義或卦德。此說一方面可解釋「卦時」在論斷時的優先性，一方面也可說明「六爻之變」皆趣會動向於此。再者，就一

卦之代表一事物而言，一卦之中，此卦德卦義即是「言象意」理論中的「意」，
爻的系列展開，即在呈現此一時間階段中的「卦義」。就六十四卦之範圍天地
而言，天地之「形上之意」，即藉諸卦之意（形下之意）、象來呈現。如此，「言
象意」之說不但可以說明《易》的易簡之理，亦可以在理論上說明卦義與卦、
爻之間的諸種關係。

參考書目

一、古典文獻

1. 《十三經注疏》（臺北：藝文印書館，1965 年）。

2. 漢‧董仲舒著，賴炎元註釋：《春秋繁露今註今譯》（臺北：臺灣商務印書館，1987 年）。

3. 漢‧揚雄著，鄭萬耕校釋：《太玄校釋》（北京：北京師範大學出版社，1989 年）。

4. 漢‧劉劭著，陳喬楚註譯：《人物志今註今譯》（臺北：臺灣商務印書館，1996 年）。

5. 漢‧劉劭著，西涼‧劉昞注：《人物志注》（臺北：世界書局，1958 年）。

6. 魏‧何晏、皇侃：《論語集解義疏》（臺北：廣文書局，1977 年）

7. 魏‧王弼著，樓宇烈校釋：《王弼集校釋》（臺北：華正書局，1992 年）。

8. 魏‧徐幹著，蕭登福校注：《中論》（臺北：臺灣古籍，2000 年）。

9. 晉‧陳壽：《三國志》（臺北：鼎文書局，1980 年）。

10. 晉‧張華撰，范寧校證：《博物志校證》（臺北：明文出版社，1981 年）。

11. 晉‧葛洪著，楊明照校箋：《抱朴子校箋》（北京：中華書局，1991 年）。

12. 南朝宋‧劉曄：《後漢書》（臺北：鼎文書局，1981 年）。

13. 南朝宋‧劉義慶著，梁‧劉孝標注，余嘉錫箋疏：《世說新語箋疏》（上海：上海古籍出版社，1993 年）。

14. 梁‧沈約撰：《宋書》（臺北：鼎文書局 1980 年）。

15. 梁‧僧祐輯：《弘明集》、唐‧道宣輯：《廣弘明集》（上海：上海古籍出版社，1991 年）。

16. 梁‧劉勰撰，周振甫注：《文心雕龍注釋》（臺北：里仁書局，1984 年）。

17. 梁・蕭子顯：《南齊書》（臺北：鼎文書局，1980 年）。

18. 唐・杜佑著，王文錦等點校：《通典》（北京：中華書局，1988 年）。

19. 唐・房玄齡等：《晉書》（臺北：鼎文書局，1980 年）。

20. 唐・徐堅等編：《初學記》（北京：中華書局，1962 年）。

21. 唐・歐陽詢編，汪紹楹校：《藝文類聚》（上海：上海古籍出版社，1999 年）。

22. 唐・虞世南編，明・陳禹謨補註：《北堂書鈔》（《文津閣四庫全書》，北京：商務印書館，2006 年）。

23. 宋・王應麟編：《玉海》（《文津閣四庫全書》，北京：商務印書館，2006 年）。

24. 宋・朱熹：《四書章句集注》（北京：中華書局，1983 年）。

25. 宋・朱熹：《周易本義》（北京：北京大學出版社，1992 年）。

26. 宋・李昉等奉敕編：《太平御覽》（臺北：臺灣商務印書館，1975 年）。

27. 宋・呂惠卿：《莊子義》（《無求備齋莊子集成初編》第五冊，臺北：藝文印書館，1972 年）。

28. 明・憨山德清：《老子道德經解》（《無求備齋老子集成初編》第六十五冊，臺北：藝文印書館，1965 年）。

29. 清・王先謙著：《荀子集解》（臺北：華正書局，1993 年）。

30. 清・馬國翰：《玉函山房輯佚書》（《山東文獻集成》第四十六冊，濟南：山東大學出版社，2006 年）。

31. 清・郭慶藩集釋，王孝魚點校：《莊子集釋》（北京：中華書局，1961 年）。

32. 清・章學誠著，葉瑛校注：《文史通義校注》（北京：中華書局，1994 年）。

33. 清・趙翼著，王樹民校證：《廿二史劄記校證》（北京：中華書局，1984 年）。

34. 清・嚴可均輯：《全上古三代秦漢三國六朝文》（北京：中華書局，1991 年）。

35. 易培基：《三國志補注》（臺北：藝文印書館，1955 年）。

36. 俞紹初輯校：《建安七子集》（臺北：文史哲出版社，1990 年）。

37. 范應元：《老子道德經古本集註》（《無求備齋老子集成初編》第五十一冊，臺北：藝文印書館，1965 年）。

38. 陳奇猷校注：《韓非子新校注》（上海：上海古籍出版社，2000 年）。

39. 陳鼓應：《老子註譯及評價》（北京：中華書局，1984 年）。

40. 楊伯峻：《列子集釋》（北京：中華書局，1979 年）。

二、專　書

1. 中村元著，林太、馬小鶴譯：《東方民族的思維方法》（臺北：淑馨出版社，1990 年）。

2. 王建元：《現象詮釋學與中西雄渾觀》（臺北：東大圖書公司，1988 年）。

3. 王葆玹：《正始玄學》（濟南：齊魯書社，1989 年）。

4. 王煜：《老莊思想論集》（臺北：聯經出版社，1979 年）。

5. 田文棠：《魏晉三大思潮想論稿》（西安：陝西人民出版社，2008 年）。

6. 卡西勒（Cassirer, Ernst）著，于曉譯：《語言與神話》（臺北：桂冠出版社，1990 年）。

7. 布魯格編著，項退結編譯：《西洋哲學辭典》（臺北：華香園出版社，1989 年）。

8. 牟宗三：《才性與玄理》（臺北：臺灣學生書局，1980 年）。

9. 牟宗三：《中國哲學十九講》（臺北：聯合報系文化基金會，2003 年，《牟宗三先生全集》）。

10. 何秀煌：《思想方法導論》（臺北：三民書局，1989 年）。

11. 何秀煌：《記號學導論》（臺北：水牛出版社，1992 年）。

12. 余英時：《中國知識階層史論》（臺北：聯經出版社，1980 年）。

13. 余敦康：《何晏王弼玄學新探》（北京：方志出版社，2007 年）。

14. 辛冠潔編：《日本學者論中國哲學史》（板橋：駱駝出版社，1987 年）。

15. 何啓民：《魏晉思想與談風》（臺北：臺灣學生書局，1990 年）。

16. 呂凱：《魏晉玄學析評》（臺北：世紀書局，1970 年）。

17. 伽達瑪（Gadamer, Hans Georg）著，吳文勇譯：《真理與方法》（臺北：南方叢書出版社，1988 年）。

18. 屈萬里：《先秦漢魏易例述評》（臺北：聯經出版社，1984 年）。

19. 波藍尼（Polanyi, Michael）、普洛克（Prosch, Harry）同撰，彭淮棟譯：《意義》（臺北：聯經出版社，1984 年）。

20. 林麗真：《王弼》（臺北：東大圖書公司，1988 年）。

21. 林麗真：《魏晉清談主題之研究》（臺北：花木蘭文化出版社，2008 年）。

22. 侯外盧：《中國思想通史》（北京：人民出版社，1960）。

23. 侯外盧：《漢代社會與漢代思想》（香港：嵩華出版社，1978 年）。

24. 姜國柱、朱葵菊：《中國歷史上的人性論》（北京：中國社會科學出版社，1989 年）。

25. 袁行霈：《魏晉玄學中的言意之辨與中國古代文藝理論》（《魏晉思想‧甲編五種》，臺北：里仁書局，1984 年）。

26. 袁保新：《老子哲學之詮釋與重建》（臺北：文津出版社，1991 年）。

27. 唐長孺：《魏晉南北朝史論叢》（河北：河北教育出版社，2002 年）。

28. 唐君毅：《中國哲學原論》（臺北：臺灣學生書局，1986 年）。

29. 陳寅恪：《陳寅恪先生文集》（臺北：里仁書局，1981 年）。

30. 徐復觀：《中國藝術精神》（臺北：臺灣學生書局，1967 年）。

31. 徐復觀：《兩漢思想史》（臺北：臺灣學生書局，1982 年）。

32. 張蓓蓓：《中古學術論略》（臺北：大安出版社，1991 年）。

33. 陳嘉映、王夏節譯：《存在與時間》（臺北：唐山出版社，1989 年）。

34. 容肇祖：《魏晉的自然主義》（《魏晉思想·甲編五種》，臺北：里仁書局，1984 年）。

35. 高齡芬：《王弼老學之研究》（臺北：文津出版社，1992 年）。

36. 馮友蘭：《中國哲學史新編》（北京：人民出版社，1984）。

37. 許抗生等：《魏晉玄學史》（陝西：陝西師範大學，1989 年）。

38. 葉朗：《中國美學史大綱》（臺北：滄浪出版社，1986 年）。

39. 湯一介：《郭象與魏晉玄學》（臺北：谷風出版社，1982 年）。

40. 湯一介：《中國傳統文化中的儒道釋》（北京：中國和平出版社，1988 年）。

41. 湯用彤：《魏晉玄學論稿》（《魏晉思想·甲編五種》，臺北：里仁書局，1984 年）。

42. 湯用彤：《理學佛學玄學》（臺北：淑馨出版社，1992 年）。

43. 賀昌群：《魏晉清談思想初論》（《魏晉思想·甲編五種》，臺北：里仁書局，1984 年）。

44. 勞思光：《新編中國哲學史》第二章（臺北：三民書局，1986 年）。

45. 黃宣範：《語言哲學》（臺北：文鶴出版社，1983 年）。

46. 楊儒賓：《先秦道家道的觀念的發展》（台大文史叢刊之七十七，臺北：臺灣大學文學院，1987 年）。

47. 蒙培元：《中國心性論》（臺北：臺灣學生書局，1990 年）。

48. 奧斯通（William P. Alston）著，何秀煌譯《語言的哲學》（臺北：三民書局，1974 年）。

49. 劉大杰：《魏晉思想論》（《魏晉思想·甲編五種》，臺北：里仁書局，1984 年）。

50. 劉昌元：《西方美學導論》（臺北：聯經出版社，1987 年）。

51. 錢穆：《中國思想史》（《錢賓四先生全集》第二十四冊，臺北：聯經出版社，1993 年）。

52. 錢穆：《中國學術思想史論叢》（《錢賓四先生全集》第十八至二十三冊，臺北：聯經出版社，1993 年）。

53. 簡博賢：《魏晉四家易研究》（臺北：文史哲出版社，1986 年）。

三、學位論文

1. 林朝成：《魏晉玄學的自然觀與自然美學研究》（臺北：國立臺灣大學哲學研究所博士論文，1992 年）。
2. 孫大川：《言意之辨——魏晉玄學對語言的反省及其影響》（臺北：私立輔仁大學中文所碩士論文，1987 年）。
3. 張蓓蓓：《漢晉人物品鑒研究》（臺北：國立臺灣大學中文所博士論文，1983 年）。
4. 施忠賢：《魏晉言意之辨研究》（中壢：國立中央大學中文所碩士論文，1990 年）。
5. 謝大寧：《從災異到玄學》（臺北：國立臺灣師範大學國文所博士論文，1989 年）。

四、期刊論文

1. 吳光明：〈中國哲學中的共相問題〉，《國立臺灣大學哲學論評》第十四期（1991 年 1 月）。
2. 吳旺：〈言意之辨與魏晉名理〉，《鵝湖》第十一卷（1985 年 10 月）。
3. 林顯庭：〈魏晉時代的才性四本論〉，《東海哲學研究集刊》第一期（1991 年 10 月）。
4. 陳榮華：〈海德格的「存有」與中國哲學的道概念〉，《臺大文史哲學報》第三十六期（1988 年 12 月）。
5. 陳榮捷：〈戰國道家〉，《中央研究院歷史語言研究所集刊》第四十四卷三期（1972 年 10 月）。
6. 張亨：〈先秦思想中兩種對語言的省察〉，《思與言》第八卷，第三期（1971 年 3 月）。
7. 張亨：〈莊子哲學與神話思想——道家思想溯源〉，香港大學，《東方文化》，二十一卷二號，收入《思文之際論集——儒道思想的現代詮釋》，1983 年。
8. 戴璉璋：〈王弼易學中的玄思〉，《中央研究院文哲研究所集刊》創刊號（1991 年 3 月）。

附錄一

對反或連續：王弼與郭象思想的爭議

一、問題的所在

關於王弼與郭象思想的分歧，湯用彤先生曾以「貴無派」與「獨化論」區分二者的差異，並且認為王弼與郭象「二方立意相同，而推論則大異」，其說如下：

> 王弼與向、郭均深感體用兩截之不可通。故王謂萬物本於無，而非對立。向、郭主萬物之自生，而無別體。王即著眼在本體，故恒談宇宙之貞一。向、郭即著眼在自生，故多明萬物之互殊。二方立意相同，而推論則大異。又王弼即深見於本末之不離，故以為物象雖紛紜，運化雖萬變，然寂然至無，乃為其本。萬殊即歸于一本，則反本抱一者，可見天地之心，復其性命之真。向、郭亦深有見於體用之不二。故言羣品獨化自生，而無有使之生。萬物無體，並生而同得。因是若物能各當其分，各任其性，全其內而無待於外，則物之大小雖殊，其逍遙一也。（參看〈逍遙遊注〉）王言反本抱一，故必得體之全，則物無不理。若安于有限，居于小成，則雖「窮力舉重，亦不能為用」（《老子》四章注）。向、郭主安分自得，故物各以得性為至，自盡為極。若全馬之性，「任其至分，而無銖毫之加」（〈養生主注〉），則駑馬亦可足迹接乎八荒之表（參看〈馬蹄篇注〉）。駑馬之與良驥，得其性則俱濟也。又王之所謂自然與向、郭義亦頗有不同。自然一語本有多義。王主萬象之本體貞一。故天地之運行雖繁，而有宗統。「物無妄然必由

其理。故繁而不亂，眾而不惑。」(《易略例‧明象》) 故自然者，乃無妄然也。至若向、郭則重萬物之性分。物各有性，性各有極。物皆各有其宗極，而無使之者。故自然者即自爾 (「兩」應為「爾」之誤) 也。亦即塊然，掘然，突然也。由王之義，則自然也者並不與佛家因果相違。故魏、晉佛徒嘗以二者並談，如釋慧遠之《明報應論》是矣。由向、郭義，則自然與因果相悖。故反佛者亦嘗執自然以破因果，如范之《神滅論》是矣。自然與因果問題，為佛教與世學最重要爭論之一。其源蓋繫於立義之不同，其大宗約如上之二說。亦出于王與向、郭形上學說之不同也。〔註1〕

詳觀湯用彤先生之言，其所謂「立意相同」是指「體用兩截之不可通」。「推論大異」則分二方面討論，一是：「王弼著眼在本體，故恒談宇宙之貞一；而向秀、郭象著眼在自生，故多明萬物之互殊」；二是：「王弼的『自然』為『無妄然』之義，而向、郭的『自然』為『自爾』之義」。湯用彤先生的意見頗有深意，但他說「立意相同」，又說「推論大異」，並沒有明白的指出王弼與郭象的思想是否具有理論上相互承繼的意義，所以有些學者轉而強調郭象思想之意義在於指出王弼貴無論的錯誤根源，如湯一介先生即認為郭象繼裴頠之後，以「造物無主」之說完成了「崇有論」的理論，因而將之與王弼「以無為本」的「貴無論」對立起來。〔註2〕

王弼與郭象的思想究竟是「貴無」與「崇有」二個對反的敵論？或者道家內部思想的連續發展？形成了魏晉玄學史的一個爭議性的問題。解決這個問題可以有許多的討論途徑，但由於王弼的思想本身即是一個詮釋學的架構，所以本文以下擬嘗試從這個詮釋學的架構重新討論此一問題。

二、對「以無為本」與「崇本息末」的二種不同理解

《晉書‧王衍傳》言：

〔註1〕 見湯用彤：〈魏晉玄學流別略論〉，《魏晉玄學論稿》，(《魏晉思想‧甲編五種》，臺北：里仁書局，1984 年)，頁 53～54。

〔註2〕 湯一介言：「郭象的哲學其後要建立的乃是『獨化』學說，而『崇有』不過是達到『獨化』的階梯，唯有建立了『獨化』的學說，才可以堅持其『崇有』的思想。因『獨化』學說可以說較徹底地否定在『萬有』之上還有一個作為存在的根據的『無』，對王弼、向秀思想體系中的問題作了回答，進一步解決了『體用如一』的問題。」見氏著《郭象與魏晉玄學》(臺北：谷風出版社翻印本，1988 年)，頁 66。

> 魏正始中，何晏、王弼等祖述《老》、《莊》，立論以爲天地萬物皆以
> 無爲本。無也者，開物成務無往而不存者也。陰陽恃以化生，萬物
> 恃以成形，賢者恃以成德，不肖者恃以免身。故無之爲用，無爵而
> 貴矣。〔註3〕

由此，思想史家多以「貴無」標舉其說之特色，認爲「以無爲本」是王弼思
想之重點。〔註4〕從〈王衍傳〉看來，「無」可視爲《老子》中的「道」，是萬
物之根據、根源，所謂「陰陽恃以化生，萬物恃以成形」皆是此意。從「無」
作爲「萬物之本」而言，可說王弼所說的「無」具有形上學的「優先性」，然
而「無」是否指爲「形上實體」或「形上律則」而具有「先在性」？這在王
弼的《老子注》中並不是那麼清楚。

　　判斷王弼所說的「無」是否具有「實體義」會形成對王弼形上學的不同
理解。如海德格（Martin Heidegger）標舉「遺忘了存有」以批判西方形上學
的發展，即指出其癥結在於忽略了「存有學的差異」（ontological difference），
即「存有」（Sein, Being）與「存有者」（seiend, being）的差異。〔註5〕他認爲
當「存有」被作爲「實體」（ousia）或「理型」（idea）來考慮時，會使得「存
有」只是如「存有物」一般地被思考，而將「存有」的豐盈性思考爲靜態本
質的「存有者性」（seiendheit, beingness）。因此，判斷王弼所說的「道」或「無」
究竟有無實體性或先在義，將形成二種不同的理解。

　　王弼《老子注・三十四章》雖有「萬物皆由道而生，既生而不知其所由」
的說法，〔註6〕然而在王弼《老子注》中，多以「無」來取代對「道」的說明，
並且將「無」放在「不可名，不可知」的地位，所以道是否具「實體性」及
「先在性」這個問題，在王弼的注解中大多是否定的。如王弼《老子注・二

〔註3〕見《晉書》卷 43。
〔註4〕王弼：《老子注》及《周易注》中多見「以無爲本」的論點，如《周易注・復
　　　卦》言：「復者，反本之謂也。天地以本爲心者也，凡動息則靜，靜非對動者
　　　也。語息則默，默非對語也。然則天地雖大，富有萬物，雷動風行，運化萬
　　　變，寂然至無，是其本矣。」《老子略例》言：「老子之書其幾乎可一言以蔽
　　　之，噫！崇本息末而已矣」、「雖盛業大德而富有萬物，猶各得其德，雖貴以
　　　無爲用，不能捨無以爲體也。捨無以爲體，則失其爲大矣。」
〔註5〕見海德格：〈形而上學的存在——神——邏輯學機制〉，《海德格選集・下》（孫
　　　周興譯，上海：三聯書局，1996 年），頁 826。
〔註6〕「既生而不知其所由」之「由」字，《文選》劉孝標〈辨命論〉李善《注》作
　　　「得」字。見樓宇烈：《王弼集校釋》（臺北，華正書局，1983 年），頁 86～
　　　87。

十五章》將《老子》本文中「有物混成」的「混成」拆成「混」與「成」二
字來解釋，在「混然不可得而知，而萬物由之以成」的注解之下，〔註7〕使得
《老子》「有物」這個可能具有「先在性」或「實體性」的語詞，在「不可得
而知」的解釋下，削弱為只具「萬物由之以成」的「優先性」之義。又，王
弼在注《老子·四十章》「反者道之動」這可能意謂道具有「形上律則」義的
語詞時說：「有以無為用，此其反也」，也是強調「無」的優先義而非律則義。
注「天下萬物生於有，有生於無」這具有道之實體義的語詞時說：「天下萬物
皆以有為生。有之所始，以無為本」，〔註8〕亦是回到「無」具「優先性」的
解釋，視「道」（「無」）為根據義，而非形上實體或形上律則的先在義。〔註9〕

湯一介先生的意見不同於上文的分析，他認為王弼思想中的「道」與「無」
具有實體的先在性。他從「體用如一」的觀點，認為王弼講「崇本息末」，使
得「本」與「末」割裂成兩種實體，由此也造成王弼思想體系的矛盾現象。
他說：

> 王弼哲學的新貢獻是提出「體用如一」、「本末不二」的思想，但他
> 的體系能否真正無矛盾地達到這點，是很成問題的。……「守母存
> 子」、「崇本舉末」應是王弼「體用如一」、「本末不二」的具體說明。
> 但是，在王弼的著作中又有「崇本息末」的說法，這就造成了其思
> 想體系的矛盾。……這樣王弼幾乎和老子同樣從把道（無）看成是
> 生天地萬物存在的根據而走到把「道」看成是生成天地萬物者，是
> 創造天地萬物的精神性實體，因而「體」和「用」就成了兩回事，
> 把「本」與「末」割裂成兩種實體了。〔註10〕

湯一介先生的意見迫使我們必須進一步考慮王弼的思想體系是否存在著內在

〔註7〕見樓宇烈：《王弼集校釋》，頁63。

〔註8〕見樓宇烈：《王弼集校釋》，頁109～110。

〔註9〕有關此點，亦可參見樓宇烈先生之說法：「王弼把『無』看成是存在於天地萬
物之中，而天地萬物賴以存在的一個共同依據。他並不把『無』當作一個在
天地萬物之上之後而生出天地萬物的實體來看待的。在王弼看來，所謂『無』
生『有』不是像母生子，此物生彼物那樣一種關係。『無』和『有』，既不在
時間上分先後，也不在空間上分彼此。『無』不是在『有』之先與『有』相對
而存在的某個實體，『有』也不是在『無』之後，由『無』分化生出的各個不
同的實體。他認為『無』和『有』只是一種本末、體用的關係。」其說可見
《王弼集校釋·前言》，頁5。

〔註10〕見湯一介：《郭象與魏晉玄學》，頁44～46。

的矛盾？如果王弼的思想體系不是如湯一介先生所陳述的那般，那麼它會是什麼？

　　首先，可以思考的問題是：王弼形上學的基本方向是什麼？當王弼提出「以無為本」這一概念時，是視「本體」（存有）與「無」為同一，因而有「明本」、「尋理」之意？或者只是將「無」高懸起來，而形成一個有待詮釋的本體空無狀態；意即不以本體之理、據為其解釋方向，而視「無」之本體（存有）不離於「有」（存有物）之變化，又因存有物之變化未定，所以將本體（存有）理解為「無」而有「無可名」之意？換言之，「無」可作為存有之「理據」來理解；也可以做為存有之「狀態」來理解。如果是前者，那麼「以無為本」可以翻譯為：「以無作為存有之本理」亦即「以存有為本，而存有之理為無」。如果是後者，「以無為本」可以翻譯為：「存有之本然狀態無可確知」亦即「存有為不可知不可名之無」。王弼所說的「以無為本」是何義？如是後者的說法，那麼王弼的論法並不涉及形上精神實體或形上律則的問題。

　　其次，可以考慮的是：湯一介先生以為王弼的「崇本息末」說會造成「體」「用」和「本」「末」割裂為兩種實體的矛盾，然而「崇本息末」與「崇本舉末」這二個詞，是用以指涉「體用」關係呢？還是在論說「人如何貼近於存有」這一問題？如是後者，應無「割裂為兩種實體的矛盾」這一問題。

　　綜觀王弼的論述，他所言的「本」、「無」、「末」、「有」必然是關涉了「體／用」或「本體／現象」之討論，但「本末」或「體用」問題不能即是「崇本息末」的問題，因為「崇本息末」及「崇本舉末」之「崇」字具人為修養的意義，「崇本」不指為常人的活動狀態，而指為人處於特殊的精神或行為狀態。換言之，「崇本」是一個關於工夫論的語詞，「崇本」意謂：人努力使自己貼近於本體的空無狀態。因為，「崇本」使人能正確思考存有而形成較好的活動狀態，因而可以免除不必要的錯誤干擾，在此情形下，一方面可以止息不自然或沒有價值的作為（息末），另一方面也可以藉由人的作為讓現象之末更能開顯存有的真義（舉末）。因為「崇本息末」與「崇本舉末」所對應的是「人如何貼近存有」的問題，因此二者之間並無形上學的矛盾，而只存在著「如何理解存有」這一問題。

三、王弼的「以無為本」義及其詮釋學架構

　　經由上文的分析，並且比對《老子注》的相關解釋，王弼所說的「以無

爲本」應該是偏向於「存有之本然狀態無可確知」或者「存有爲不可知不可名之無」的意思。試看王弼下列對「道」與「無」的注解：

> 可道之道，可名之名，指事造形，非其常也。

> 凡有皆始於無，故未形無名之時，則爲萬物之始。〔註11〕

> 道，無形不繫，常不可名，以無名爲常，故曰：「道常無名」也。樸之爲物，以無爲心也，亦無名，故將得道，莫若守樸。〔註12〕

> 萬物皆由道而生，既生而不知其所由。故天下常無欲之時，萬物各得其所，若道無施於物，故名於小矣。萬物皆歸之以生，而力使不知其所由，此不爲小，故復可名於大矣。〔註13〕

由上列第一、二段引文可知王弼是以「無形無名」與「有形有名」來區分「本體」與「現象」，這種區分無涉於本體是否具有精神意志，也不意謂本體可以被作爲實體或理型來看待而具有「對象性」。第三段引文雖有「萬物皆由道而生」的說法，然而「道生萬物」中的「生」並不指「創生」（creation）而是「順有」即「順道而有萬物」之意。因爲「順道而有萬物」，「道之生萬物」也成了無可名、不可究詰之事（「既生而不知其所由」）。一切的言說及「尋本」、「求據」的努力既皆與道相背，人就僅能從存有的開展中體會道的神聖性，並且反過來從存有物的活動之中，體會這個神聖之源在現象中種種隱蔽與開顯的意義。「道無施於物，故名於小」說明道順物無施時，隱蔽了「大」，開顯了「小」；而「萬物皆歸之以生，而力使不知其所由，此不爲小，故復可名於大矣」則意謂道在「萬物皆歸之以生」的狀態下，隱蔽了「小」，開顯了「大」。唯有神聖之源可以具有這種同時隱蔽與開顯的意義。

如上所述，王弼所說的「以無爲本」既是偏於「存有之本然狀態無可確知」或者「存有爲不可知不可名之無」的解釋，則其「崇本息末」或「崇本舉末」實爲「以無爲用」的另一表達，乃爲工夫論之語詞，試看王弼對《老子・三十八章》「失道而後德，失德而後仁，失仁而後義，失義而後禮」的注解：〔註14〕

> 德者，得也，常得而無喪，利而無害，故以德爲名焉。何以得德？由乎道也。何以盡德？以無爲用。以無爲用，則莫不載也。

〔註11〕 王弼：《老子注・第一章》。見樓宇烈：《王弼集校釋》，頁1。
〔註12〕 王弼：《老子注・三十二章》。見樓宇烈：《王弼集校釋》，頁81。
〔註13〕 王弼：《老子注・三十四章》。見樓宇烈：《王弼集校釋》，頁86。
〔註14〕 以下引文見樓宇烈：《王弼集校釋》，頁93～94。

善名生，則有不善應焉。故下德爲之而有以爲也。無以爲者，無所偏爲也。凡不能無爲而爲之者，皆下德也，仁義禮節是也。將明德之上下，輒舉下德以對上德。至於無以爲，極下德之量，上仁是也。足及於無以爲而猶爲之焉。爲之而無以爲，故有爲爲之患矣。

夫大之極也，其唯道乎！自此以往，豈足尊哉！故雖德盛業大，富有萬物，猶各得其德，而未能自周也。故天不能爲載，地不能爲覆，人不能爲贍。萬物雖貴，以無爲用，捨無以爲體，則失其大矣，所謂失道而後德者。以無爲用，則得其母，故能己不勞焉而物無不理。下此以往，則失用之母。

在這些注解中，王弼對語言做了二類的區分：一類是「善名生，則有不善應焉」之名言，這是說名言的意義是起於相對性的區分，這種語言是人日常溝通時所用的語言。二是「大之極」的「道」與「無」這類的名言。〔註15〕「道」與「無」不在於指陳形狀，也不在於表示相對性的概念，而在於「稱謂」具有形上意義的「大道」。因而它的意義不是建立在相對性的區別之下，而是建立在無法明確區別或不可明說的意義下。故「道」與「無」可以被意會爲「莫不載也」或者「莫不覆也」的「稱謂」。〔註16〕

因爲「道」是「無不載」的形上語詞，所以用人有限的語言或智識去理解時，必然在開顯意義的同時也產生隱蔽意義的情形。因此之故，王弼在解釋「德」之意義時，乃將焦點由「定義性的語言說明」轉向「人如何能超越有限，逼近於道的眞實」來理解。從注文看來，所謂「德」乃是人的「以無爲體」或是「以無爲用」，這也即是王弼所謂的「崇本」，意指人之「跟隨於道」而有的存在方式。反過來說，人也可以不「跟隨於道」，而跟隨於有限且相對的意義判斷及價值區分而形成其生存的樣態。對於後者，王弼並不持肯定的態度，因而視之爲「下德」。「下德」依其對相對性價值判斷的強弱，又

〔註15〕對這二種語言的區分，或許可以用海德格的「人言」（sprechen）與「道說」（sagen）來類比，參見孫周興：〈《走向語言之途》中譯本序〉，《走向語言之途》（臺北：時報出版社，1993年）。

〔註16〕王弼以「名」、「號」來指稱存在物的種種，而以「字」、「稱」、「謂」來指稱無可名狀的「道」、「無」與自然。《老子指略》言：「名也者，定彼者也；稱也者，從謂者也，名生乎彼，稱出乎我。故涉之無物而不由，則稱之曰道。求之乎無妙而不出，則謂之曰玄。……名號生乎形狀，稱謂出乎涉求。名號不虛生，稱謂不虛出，故名號則大失其旨，稱謂則未盡其極，是以謂玄則玄之又玄。」即是此意。見樓宇烈：《王弼集校釋》頁，197～198。

可區分爲「仁」、「義」、「禮」等不同的層次，用以標識其離道的遠近。

王弼所說的「以無爲本」或「崇本」、「守母」，如朝向人如何脫離其語言及智識之限制來思考，那麼「以無爲本」與「崇本息末」不但是形上學的問題，也是詮釋學的問題。王弼詮釋學之成立，其關鍵有二，一是：「人們對道無可知，卻視道爲神聖之源（對應於「以無爲本」）；二是：「由道之周遍無所不載，反映出人的有限、片面與無知（對應於「崇本息末」）」。基於這二個關鍵論點，在王弼的詮釋活動中，一方面因爲道具有神聖性，所以人們永遠不會放棄對道的求索；另一方面又因爲道不是一種片面或有限的知解，所以人的詮釋心態就應該盡力維持在減損人爲設限的空無狀態。

除了上述的說法外，「道」與「無」在王弼詮釋學中的地位，也可以用「大衍之義」做一個形式上的比擬，韓康伯《繫辭注》引王弼〈大衍義〉言：

> 演天地之數所賴者五十也。其用四十有九，則其一不用也。不用而用以之通，非數而數以之成，斯易之太極也。四十有九，數之極也，夫無不可以無明，必因於有，故常於有物之極，必明其所由之宗也。〔註17〕

這段文字意謂「無」（太極；一）只是虛懸之理（不用之一），不是指萬物之外有一實體。「無」既是虛懸，所以「無」不能自明，必須通「有物」（四十有九；數）才能了解。然而，「有物」依「無」之體而起，由「有物」所得之「無」，只是全體之一部分，非能說明「無」之眞實存在。〔註18〕由這種「太極」（無）與「有物」（有）之形式所形成的詮釋學原理，表面上是貴無，實際上背後的思考重點仍是在「有」的現象上，以及做爲有限之人的「得意」與否，從這個立場看來，王弼的貴無論並不是那麼的徹底。

四、王弼的「自然義」同於郭象

如上節所述，王弼雖是「以無爲本」，然而「無」並不是一個精神實體，而是一個有待詮譯的現象根據，那麼思想史家認爲郭象以「造物無物」及「有

〔註17〕見《繫辭上傳・第八章》。

〔註18〕湯用彤先生對這一段文字的解釋甚佳，他說：「不用之一，斯即太極。夫太極者非於萬物之外之後別有實體，而實即蘊攝萬理孕育萬物者耳。故太極者（不用之一）固即有物之極（四十有九）耳。吾人豈可於有物（四十有九）之外，別覓本體（一）。實則有物依體而起，而各得性分。如自其性分觀之則宛然實有，而依得性分之所由觀之，則了然其固爲全體之一部而非眞實之存在。」見《魏晉玄學論稿》，頁71。

物自造」〔註 19〕反對王弼視「無」爲「實體義」的說法，〔註 20〕頗有商榷之處。況且，在王弼的《老子注》中，亦不乏「物自生」的說法，〔註21〕如《老子注・第十章》對「生而不有，爲而不恃，長而不宰」的注解爲：

> 不塞其原，則物自生，何功之有？不禁其性，則物自濟，何爲之恃？
> 物自長足，不吾宰成；有德無主，非玄而何？凡言玄德，皆有德而
> 不知其主，出乎幽冥。〔註22〕

在這段話中，王弼一方面肯定在萬物之上有一本源，一方面又說「物自生」、「物自濟」。〔註23〕這顯見王弼所說的「生」，不是指造物主的「創生」，而是「順有」或「讓有」之「造化」。〔註24〕因爲「造化」是一過程，其跡象必須

〔註 19〕　《莊子注・齊物論》言：「造物者無主，而物各自造；物各自造而無所待焉，此天地之正也。」見郭慶藩：《莊子集釋》（臺北：木鐸出版社，1983 年），頁 112。

〔註 20〕　如許抗生等：《魏晉玄學史》（西安：陝西師範大學出版社，1989 年）言：「郭象對崇有論的發展，是他在哲學史上的主要貢獻。其具體表現是對『無』作了與老、莊、何、王不同的新解釋，否認『無』的實體性，與貴無論『以無爲本』的說法鮮明地對立起來。他反對任何形式的『造物主』，具有一定無神論傾向。」見頁 319。

〔註 21〕　此點已經戴璉璋先生指出，他說：「魏晉思想界，王弼、向秀及裴頠等都有『自生』的觀念。王氏除了注釋《老子》的『自生』義而有『自其生』的觀點外，他自己心目中的『自生』都是《莊子》那種自然而生的意思。」說見〈郭象的自生說與玄冥論〉，《中國文哲研究集刊》第七期（臺北：中央研究院中國文哲研究所，1995 年 9 月），頁 48。

〔註 22〕　見樓宇烈：《王弼集校釋》，頁 24。

〔註 23〕　王弼：《老子注・第七章》亦有「自生則與物爭，不自生則物歸也」的說法，然而此處的「自」字爲動詞，「自生」意謂「自其生」、「私其生」，即以生爲己之所有之意，與《老子》本文之「後其身而身先，外其身而身存。非以其無私邪？故能成其私」義有相合，而與《老子注・第十章》所言之「物自生」、「物自濟」意思不同。

〔註 24〕　陳榮灼先生對此的解釋甚佳，他說：「儘管表面上王弼言『生』似有將之等同於『創造』（creation）之嫌，但順著其『無』應是海德格所言之『Nothingness』義，則可明其『生』義是別于『創造』義，因爲前者是屬『ontological』義，後者仍屬『ontical』義。若能同情地了解，則其『從無生有』之論不外在說：『不塞其原，則物自生，何功之有？不禁其性，則物自濟』。是以，王弼所言之『生』義，其實就是『順有』之義；這毋寧透過海德格之『讓在』（letting he）來了解更爲恰當，蓋海德格所謂之『讓在』，就是一種既非由神，亦非由人作主宰的任物自運（set free into the open）過程。這樣看來，則道家『生』應是海德格的『造化』（poiesis, production），而非創造（creation）。與『創造』不同，『造化』並非一種從『無』（non-being）到『有』的過程，此中並無『創造主』之存在；而乃一種從自身湧出，又回到自身的自動化成過程。」參見氏著〈王弼與郭

經由有物之生成變化而後可得（「無不能明無，必因於有」），所以「無」在「造化」之中就有「隱蔽」自身的性質，就此而言，王弼乃以「幽冥」稱之。換言之，「無」必須於「有」之中開顯其意義，因而「有」之生成變化的無限歷程亦是「無」的全體朗現，由這個意義而言，「無」與「全有」無別，「無」之造化亦即是「有」之「自生」、「自濟」、「自然」的過程。

其次，王弼「物自生」的觀念與郭象的「有物自造」並無太大的差異。郭象《莊子注》所言之「自生」是與「天然」、「自然」這些語詞合在一起的，《莊子注‧齊物論》言：

> 夫天籟者，豈復別有一物哉？即眾竅比竹之屬，接乎有生之之類，會而共成一天耳。無既無矣，則不能生有；有之未生，又不能爲生。然則生生者誰哉？塊然而自生耳。自生耳，非我生也。我既不能生物，物亦不能生我，則我自然矣。自己而然，則謂之天然。天然耳，非爲也，故以天言之，以天言之，所以明其自然也，豈蒼蒼之謂哉！……故天者萬物之總名也，莫適爲天，誰主役物乎？故物各自生而無所出焉，此天道也。〔註25〕

由注文看來「自生」與「自然」雖異而同，「自生」是就物與他物的獨立性而言（我既不能生物，物亦不能生我），而「自然」乃就萬物依其自己之性而發展（自己而然）而言。順著各物發展其獨特性（自生），而萬物皆順其自性（自然）的意思，可以把郭象的注文「故天者萬物之總名也，莫適爲天，誰主役物乎？故物各自生而無所出焉，此天道也」翻譯如下：「若要問萬物之上是否有一個役使萬物的本體存在，這就成了一個無法明確說明的問題，因爲萬物各有其自然，所以無法以其中一物之自然去指說全體的自然（「莫適」），〔註26〕因此勉強以『天』稱之，只是取『天』是『萬物總名』的意思（「會而共成一天耳」），並不是指一個能創造萬物的蒼天（「以天言之，所以明其自然也，豈蒼蒼之謂哉」）」。

郭象所論的「天者萬物之總名」很難不讓我們聯想到王弼反覆辨說天道

<hr>

象玄學之異同〉，《東海學報》33 卷（臺中：東海大學，1992 年 6 月），頁 133。

〔註25〕 見郭慶藩：《莊子集釋》，頁 50。

〔註26〕 郭象《莊子注‧齊物論》言：「萬物萬情，趣舍不同，若有真宰使之然也。起索真宰之朕跡，而亦終不可得，則明物皆自然，無使物自然耳」。此段文字即以「萬物萬情，趣舍不同」來說「起索真宰之朕跡，而亦終不可得」。見郭慶藩：《莊子集釋》，頁 56～57。

「無以名之」，以及王弼視「無」爲「全有」的意思。再者，若論及郭象是否反對以「天」、「道」與「無」標幟「體用一如」中的「體」？則亦可見在郭象的論法中有肯定造化有「體用」之「體」的意思，如郭象之論「性」即有「體用」之「體」的用意：〔註27〕

> 不知其然而然者，非性如何？

> 搖者自搖，作者自作，莫不復命而師其天然也。（《莊子注・則陽》）〔註28〕

> 言自然則自然矣，人安能故有此自然哉？自然耳，故曰性。（《莊子注・山木》）〔註29〕

> 以性自動，故稱爲耳；此乃眞爲，非有爲也。（《莊子注・庚桑楚》）〔註30〕

> 率性而動，謂之無爲也。（《莊子注・天道》）〔註31〕

在上列引文中，「性」可視爲「物」之本體，物有此自動、自作、自搖之「體」，而後有「自生」之「用」。除此之外，郭象以「自然」爲「性」，說明他所說的「自然」並非物理義的自然，而是將「天」、「道」或「性」本身當作自然來看待。因爲郭象理解的趨向如此，所以他在論說「造物者」的問題時，並不將焦點放在判斷造物者之有無的問題上，而是反過來說：「人們唯有放棄造物有主的觀念，才能明白什麼是造物」，他在《莊子注・齊物論》中說：

> 夫造物者，有耶無耶？無也，則胡能造物哉？有也，則不足以物眾形。故明眾形之自物而後始可與言造物耳。是以涉有物之域，雖復周兩，未有不獨化於玄冥者也。造物者無主，而物各自造；物各自造而無所待焉，此天地之正也。〔註32〕

先不論郭象思想，而單就「造物無主」一語而言，「造物無主」之提出可以有

〔註27〕關於郭象有無本體論的問題，學界有不同的看法，如許抗生〈關於玄學哲學基本特徵的再檢討〉，《中國哲學史研究》（北京：中國社會科學院，2000 年第一期）即以爲「崇有論」具有「反本體論」的立場。然而即使許抗生認爲郭象理論有「反本體論」的性質，也不否定《本性之學》是郭象哲學的特點之一。王曉毅：《儒釋道與魏晉玄學的形成》（北京：中華書局，2003 年）即由本性之學反對許抗生的說法，認爲「本性」具有「本體」的意義而主張郭象有一「性本體論」（見頁 288——296）。本文同意王曉毅的觀點。

〔註28〕見郭慶藩：《莊子集釋》，頁 881。
〔註29〕見郭慶藩：《莊子集釋》，頁 694。
〔註30〕見郭慶藩：《莊子集釋》，頁 811。
〔註31〕見郭慶藩：《莊子集釋》，頁 4661。
〔註32〕見郭慶藩：《莊子集釋》，頁 111～112。

二個可能的意思：一是反對形上實體或本體之存在；二是：從體用的關係，說明「體」只能由「用」展現，「用」之外別無「本體」。郭象認爲不能說造物有主的原因在於：「不足以物眾形」；又說談論造物之前必須先掌握萬物、萬情的自生自爾（「明眾形之自物而後始可與言造物耳」）。可見郭象的意思在於：對造物主（無）的過分關注，會使人遺去眾形（有），而企圖以一理去統攝萬物。其「造物無主」的說法應該不在於否定本體之存在，而在於藉由體察眾形來開顯本體之自然自爾。

如上所述，可知王弼與郭象之同，在於主張「自然」爲存有之性，〔註33〕同時也認爲人會違逆自然之性（「人安能故有此自然哉」〔註34〕），因而認爲人必須在工夫上回到「自然」，而後能理解「道」的眞義，進而在人的作爲中展現眞道的活動之跡。因此，郭象的「坐忘任獨」、「闇付自然」，與王弼所說的「以無爲本」、「以無爲用」等工夫論的語詞，常與「自化」、「自生」、「自然」「任獨」等語詞不可分開，如《莊子・在宥》中有鴻蒙論「心養」之說，〔註35〕郭象注解之言即同時可見這些語詞：〔註36〕

> 夫心以用傷，則養心者，其唯不用心乎！
> 理與物皆不以存懷，而闇付自然，則無爲而自化矣。
> 與物無際。
> 坐忘任獨。
> 不知而復乃眞復也。渾沌無知而任其自復，乃能終身不離其本也。
> 知而復之，與復乖矣。闚問則失其自生也。

上述的注文中所說的「不用心」、「不離其本」、與王弼所說的「以無爲心」、〔註37〕「以無爲用，不能捨無以爲體」〔註38〕實有相同的理致，此知王弼與郭象的理論，

〔註33〕 王弼：《老子注・二十九章》言：「萬物以自然爲性，故可因而不可爲也，可通而不可執也。物有常性，而造爲之，故必敗也。物有往來，而執之，故必失矣。」見樓宇烈：《王弼集校釋》，頁77。

〔註34〕 見《莊子集釋》，頁694。

〔註35〕 《莊子・在宥》中有鴻蒙言：「意！心養，汝徒處無爲，而物自化。墮爾形體，吐聰明，倫與物忘；大同乎涬溟，解心釋神，莫然無魂。萬物云云，各復其根而不知，渾渾沌沌，終身不離。若彼知之，乃是離之。無問其名，無闚其情，物固自生。」

〔註36〕 以下引文見郭慶藩：《莊子集釋》，頁390～392。

〔註37〕 前引王弼：《老子注・三十二章》言：「樸之爲物，以無爲心也，亦無名。」

〔註38〕 王弼：《老子注・三十八章》言：「萬物雖貴，以無爲用，不能捨無以爲體，捨無以爲體，則失其爲大矣。」見樓宇烈：《王弼集校釋》，頁94。

並無太大的對反或斷裂。

五、郭象對王弼「玄之又玄」說的批評與超越

在上節中，本文企圖論證王弼說法與郭象的說法並不具有太大的斷裂或對反，但這並不表示本文認為王弼與郭象的思想不存在著歧異。只是藉由這樣的討論，在面對王弼與郭象的思想之異時，可以先將「造物有主」或「造物無主」及「崇有」或「貴無」這二個對反的焦點暫時移開。如果不反對二者的論述之同在於體用關係下的「存有」問題，以及人如何由對「存有」的理解而形成新的生命觀點，那麼在討論王、郭的思想差異時，我們應將焦點放在「如何體認存有」及「如何以存有為體」這二個問題上。「如何體認存有」與「如何以存有為體」雖存在著先後的關係，但因「存有不可確知」為當時學術界的共識，所以這二個問題仍是一個詮釋學的問題。

聚焦於「如何體認存有」及「如何以存有為體」這二個詮釋問題上，可以發現郭象的某些說法是針對王弼而發的，如《莊子注・大宗師》言：〔註39〕

> 玄冥者，所以名無而非無也。
>
> （成玄英《疏》：「玄者，深遠之名也。冥者，幽寂之稱。既德行內融，芳聲外顯，故漸階虛極，以至於玄冥故也」。）
>
> 夫階名以至無者，必得無於名表。故雖玄冥猶未極，而又寄於參寥，亦是玄之又玄也。
>
> 夫自然之理，有積習而成者。蓋階近以至遠，研粗以至精，故乃七重而後及無之名，九重而後疑無是始也。

《莊子注・齊物論》言：

> 凡有稱謂者，皆非吾所謂也，彼各自謂耳。故無彼有謂而有此無謂也。〔註40〕

在討論上述引文之前，可以先確認的是：郭象說「玄冥者，所以名無而非無也」在立意上雖與王弼《老子注・第一章》之解說「始」（無）、「母」（有）與「玄」（冥默無有）沒有太大的歧異，但卻明顯有批評之意。試比較王弼對「玄」的說法：

> 玄者，冥默無有也，始、母之所出也。不可得而名，故不可言同名

〔註39〕以下引文見郭慶藩：《莊子集釋》，頁257。
〔註40〕見郭慶藩：《莊子集釋》，頁98。

曰玄。而言同謂之玄者，取於不可得而謂之然也。不可得而謂之然，
則不可以定乎一玄而已。若定乎一玄，則是名，則失之遠矣，故曰
「玄之又玄」也。〔註41〕

王弼所說的「若定乎一玄，則是名，則失之遠矣」與郭象所言的「名無而非
無」皆有「言之者失其常，名之者離其眞」之意。〔註42〕然而，郭象言「夫
階名以至無者」、「階近以至遠，研粗以至精」似乎是對王弼之區分「名號」
與「稱謂」〔註43〕以及「得象忘言，得意忘象」〔註44〕的批評。

　　郭象的批評可以分二點來說明。首先，郭象的說法並未完全否定王弼的意
見，他藉《莊子・大宗師》中女偊敘述其悟道的九個過程，〔註45〕來說明他的
說法與王弼理論的關係。這九個過程依成玄英《疏》，其象徵意義分別是指：「副
墨之子」（依文生解）、「洛誦之孫」（執持披讀）、「瞻明」（漸見至解）、「聶許」
（私自許當）、「需役」（勤行勿怠）、「於謳」（盛惠顯彰）、「玄冥」（名無非無）、
「參寥」（三絕：非有非無）〔註46〕、「疑始」（疑本：無的可本）〔註47〕。郭
象認爲這九個過程中的「玄冥」、「參寥」、「疑始」皆是「玄之又玄」的表現（「故
雖玄冥猶未極，而又寄於參寥，亦是玄之又玄也」），而用以標示王弼玄理的「玄
冥」說，〔註48〕只是「道」或「無」的「名稱」而已，只能是「玄之又玄」的

〔註41〕　王弼：《老子注・第一章》，見樓宇烈：《王弼集校釋》，頁 2。

〔註42〕　王弼：《老子指略》言：「言之者失其常，名之者離其眞，爲之者則敗其性，
　　　　執之者則失其原矣。」見樓宇烈：《王弼集校釋》，頁 196。

〔註43〕　見前文注解所引王弼：《老子指略》之言。

〔註44〕　王弼：《周易略例・明象》言：「夫象者，出意者也。言者，明象者也。盡意
　　　　莫若象，盡象莫若言。言生於象，故可尋言以觀象：象生於意，故可尋象以
　　　　觀意。意以象盡，象以言著。故言者所以明象，得象而忘言：象者所以存意，
　　　　得意而忘象。」見樓宇烈：《王弼集校釋》，頁 609。

〔註45〕　《莊子・大宗師》中女偊敘述道的傳承經過，其言曰：「聞諸副墨之子，副墨
　　　　之子聞諸洛誦之孫，洛誦之孫聞之瞻明，瞻明聞之聶許，聶許聞之需役，需
　　　　役聞之於謳，於謳聞之玄冥，玄冥聞之參寥，參寥聞之疑始。」見郭慶藩：《莊
　　　　子集釋》，頁 256。

〔註46〕　成玄英《疏》言：「參，三也。寥，絕也。一者絕有，二者絕無，三者非有非
　　　　無，故謂之三絕也。夫玄冥之境，雖妙未極，故至乎三絕，方造重玄也。」
　　　　見郭慶藩：《莊子集釋》，頁 257。

〔註47〕　成玄英《疏》言：「始，本也。夫道，超此四句，離彼百非，名言道斷，心知
　　　　處滅，雖復三絕，未窮其妙。……是以不本而本，本無所本，本無所本，疑
　　　　名爲本，亦無的可本，故謂之疑始也。」見郭慶藩：《莊子集釋》，頁 257～258。

〔註48〕　有關於「玄冥」一詞，大部份的學者都認爲這是郭象玄學的重要概念，其主
　　　　要的印象是來自於《莊子序》中的「是以神器獨化於玄冥之境而源遠流長也」，

初階，雖不全然肯定，但亦不否定。

其次，郭象認爲王弼的「玄冥」說所以是「玄之又玄」的初階，主要的原因在於王弼的「玄之又玄」所考慮的是「不可定乎一玄」，其背後的思考形式只是「定名」（「若定乎一玄，則是名」）與「非定名」（「不可得而謂之然」）的區分。在郭象看來，即使是以非定名的「稱謂」來言道，仍然不失爲名之形式表現（「名表」），不能免於相對論斷（「凡有稱謂者，皆非吾所謂也」）及個別之言說（「彼各自謂耳」）。

基於上述二點說明，郭象對王弼的批評應在於：王弼的「玄之又玄」只是「名」的推論而已（「階名以至無」），故其所得之「無」或「玄冥」雖能指示思考存有必須超越於定名定言，但其思考形式仍然侷限於「名言」之表現（得無於名表；七重而後及無之名），不能眞實的接觸道之存有。唯有進一步的「玄之又玄」，即超離名言；超離名言思考下將存有對象化及本質化的情形（九重而後疑無是始），才能眞正的開顯存有之意義。

六、王弼語言觀下的本體論與工夫論

據上所論，「玄之又玄」作爲王弼理論中的語詞與作爲郭象思想之語詞有何不同？以下先論王弼說法的特色。

王弼之論「玄」爲「冥默無有」，從立意上是由「始（無）、母（有）所出」，「有、無俱存」出發，以泯沒「有」、「無」爲其宗致，這種思考乃建立於他對日常語用的反省。王弼認爲；作爲日常的語用，語言或語詞本身所以具有明確的意義，正是建立在對形狀的殊別及語義的對立上；因爲人在語用上有先判斷殊別及對立義的習慣，使得人們在面對「無」或「道」這些形上語時，會不自覺的去掌握語詞的殊別義，因而不能理解既矛盾又統一的形上語。因爲人們的語用習慣有其固執性，所以王弼特別將這些形上語從日常語言中獨立出來，稱之爲「稱」、「謂」，其目的乃在提醒人們「稱」、「謂」之語並非日常用語，它不具有現實上的形狀殊別及語義上的對立。

及《莊子注・齊物論》：「是以涉有之域，雖復周兩，未有不獨化於玄冥者也。」然而，純就《莊子注・大宗師》的注文來看，「玄冥」可以是「道」之別名，不是「道」之自身（名無而非無），顯然不作爲郭象哲學的最高概念。又成玄英《疏》言：「玄者，深遠之名也。冥者，幽極之稱也」，以「名」、「稱」解釋「玄」、「冥」二字，可見成玄英是以王弼《老子注》及其「字、稱、謂」之說作爲疏解玄、冥二字的基礎，這種情形恐怕郭象亦不能避免。

　　針對慣常語用所形成的固執性，王弼除了區分「名號」與「稱謂」的不同外，還提出二種矯枉的對治工夫。其一是《老子指略》中所說的「道之與形反也」的說法，認爲「凡物之所以存，乃反其形；功之所以尅，乃反其名」〔註49〕，這是一種從反面思考的策略，其目的並不在停留於反面，而在終極上是要人們超越對立而同時能照見對立的兩端。能照見對立的兩端，可以說是王弼由本體論上所形成以「玄」爲用，或以「無」（無形無名）爲用的工夫作爲。

　　王弼所提出第二種矯枉對治的工夫是《周易略例》所提及的「得象忘言，得意忘象」的方法。在「得象忘言，得意忘象」說中，以「言」、「象」、「意」、「忘」四者爲最基礎的觀念。如果說「言」具有明確的意義是建立在殊類性上，那麼「象」的成立應是基於「相似」、「類比」的思考上。因爲「象」具有意義上的開放性質，所以不論是作爲「兆象、徵象」或者「象徵」之義，藉由事物之間的「相似」，就可對事物之雜多取得統攝的意向，將物與物之間的共同特性，給予形式上的統合。因此，「得象忘言」亦即意謂：放棄（忘）語言的殊類性而達成意義上的開顯。再者，因爲「忘言」並不可能完全泯除「言」原具有的意義，所以忘言得意，只能是由「言的意義性」轉爲「象的意向性」的過程。

　　由「象」而「意」，又是另一個類比跳躍的過程，「忘象」是將諸多意向進一步類化的開展，「得意忘象」意指使不同意義與意向相互形成整體的「隱喻」關係。經由「隱喻」的作用，「忘象得意」超越了語言的規範，由相似的近區延伸至陌生的遠處，從而發現兩者間有未曾想到的相似。由於類比的擴延，使得物、事之間可以因其相似而互相呼應，從而認同了道所呈顯的種種現象之間具有統攝之理。〔註50〕換言之，王弼所說的「忘」非「不復記憶」，也非「辯證的捨棄」，而是對語言殊別義的「無心」，也是將「人心」類比於「道心」的活動（「以無爲心」、「以天下心爲心」），〔註51〕爲「以無爲本」的另一形式。

〔註49〕王弼：《老子指略》言：「凡物之所以存，乃反其形；功之所以尅，乃反其名。夫存者不以存爲存，以其不忘亡也；安者不以安爲安，以其不忘危也。故保其存者亡，不忘亡者存；安其位者危，不忘危者安。」見樓宇烈：《王弼集校釋》，頁197。

〔註50〕關於對王弼「言」、「象」、「意」的詮釋，請參見本書第二章第二節。

〔註51〕王弼：《老子注・第二十八章》言：「大制者，以天下之心爲心，故無割也。」〈三十二章注〉言：「樸之爲物，以無爲心也，亦無名。」皆用以說明心的「無有」、「無名」。引文見樓宇烈：《王弼集校釋》，頁75、81。

　　綜合而言，不管是王弼的「道之與形反」或者是「忘言忘象得意」之說，其起點都不脫「語言」、「物」、「有」的討論範圍。如果「物」、「有」具「一形」、「一名」，則「道」、「無」爲「眾形之所出；不可得而形」（無形；與形反：非形）、「眾名之所出；不可得而名」（無名；與名反：非名）。因爲道爲形名之所出，故可「反其名；反其形」循著「名（名號）；形」（言）而得「不定名（字、稱、謂）；不定形」（象），由「不定名；不定形」（象）而得「無形無名」（意）。又因爲得「道」爲由「有」至「無」的歷程，故以「忘」（損）爲其工夫。掌握王弼的論法後，或許可以對照出郭象論點的特色，正是想要擺脫這種由形、名思想所形成的思考形式。

　　王弼論法中的「無」如是以「有無具全」（本體）、「反其名」（體道途徑）、「忘言忘象」（工夫策略）做爲其根基，可對照出郭象的論法是以「無彼無是」、「寄言出意」、「坐忘任獨」爲其立論基礎。就郭象而言，王弼所說的「以稱謂言道」及「忘言忘象」都未能眞正超越於人的名言觀，其中的主要關鍵在於：人以自身的立場去探求存有，就有可能會遺忘人爲有限之存在、人之外的萬物亦爲存有之顯現等等眞實，因而無法掌握道或存有的眞義。針對上述的問題，郭象在《莊子注·齊物論》反應如下：

> 以爲有言邪？然未足以有所定。
>
> 以爲無言邪？則據己已有言。
>
> 夫言與鷇音，其一致也，有辯無辯，誠未可定。天下之情不必同而
> 所言不能異，故是非紛紜，莫知所定。〔註52〕
>
> 無彼無是，所以玄同。〔註53〕
>
> 至理無言，言則與類，故試寄言之。〔註54〕
>
> 有無而未知無無也，則是非好惡猶未離懷。
>
> 知無無者，而猶未能無知。〔註55〕
>
> 所同未必是，所異不獨非，故彼我未能相正，故無所用其知。
>
> 若自知其所不知，即爲有知。有知則不能任群才之自當。
>
> 都不知，乃曠然無不任矣。〔註56〕

〔註52〕見郭慶藩：《莊子集釋》，頁 63。
〔註53〕見郭慶藩：《莊子集釋》，頁 66。
〔註54〕見郭慶藩：《莊子集釋》，頁 79。
〔註55〕見郭慶藩：《莊子集釋》，頁 80～81。

付之自然，無所稱謂。〔註57〕

凡有稱謂者，皆非吾所謂也，彼各自謂耳。故無彼有謂而有此無謂

也。〔註58〕

郭象說：「凡有稱謂者，皆非吾所謂也，彼各自謂耳。故無彼有謂而有此無謂也」，一方面指出稱謂不能脫離人有限的主觀意向，一方面也指出存有的展現非僅一端，故在不同實情下硬要給予相同的說辭，這將背離眞正的存有（「天下之情不必同而所言不能異」），因此要接近存有的眞實，莫若於「無所稱謂」。「無所稱謂」不是「不知」，也不是「不知其所不知」而是「無所用其知」的「無知」。由「無知」而可「任群才之自當」，這即是郭象任物「自生」之意。

依上所述，可引申而說：郭象以「玄同」之說，取代王弼的「玄，冥默無有」，其中的關鍵在於王弼所言的「玄冥」不免於語言以及語言之「忘」，而郭象「玄同」（「無彼無是」）的重點乃在於以「無知」（「有無而未知無無也，則是非好惡猶未離懷。知無無者，猶未能無知」）論本體，以「寄言」論工夫，而重新詮釋了道家《老》《莊》所名之「無」。因爲「無知」，故見物之自生、獨化；因爲「以言爲寄」，故可重新正視「天下之情不同」，由此乃超越於人爲語言而達於物我玄同之境。

七、郭象的「寄言出意」說及其對王弼說法的吸納

依上節所述王弼與郭象思想之異，是否可將郭象「玄同」之說視爲王弼說法的反對之論？觀郭象的「寄言」之說，可知郭象的思想應是在王弼說的基礎下，再向上一層的翻轉，故並不形成眞正的反對。「寄言」之意爲何？湯一介先生認爲：「寄言出意」是郭象注《莊子》的「方法」，其與王弼思路的不同在於：「王弼『得意忘言』貴在得意，而以『用不離體』而論；郭象『寄言出意』重在出意，而以『即用是體』而爲言。王弼用『得意忘言』證明『以無爲本』，郭象則用『寄言出意』證明『造物無本』。」〔註59〕

湯一介先生以「用不離體」與「即用是體」來區分王、郭的思想差異，頗能點出問題的關鍵，然而如果王弼與郭象的理論都立基於「體用如一」，何以郭象「即用是體」的「崇有」會否定作爲存在根據的「無」（體用之

〔註56〕 見郭慶藩：《莊子集釋》，頁91～92。

〔註57〕 見郭慶藩：《莊子集釋》，頁86。

〔註58〕 見郭慶藩：《莊子集釋》，頁98。

〔註59〕 見《郭象與魏晉玄學》，頁211～212。

體）？〔註60〕即使湯一介先生認爲郭象所說的「無」是「不存在」（non-existence）、「等於零」，所以「不能生有」，〔註61〕但他也承認：「不能說天地萬物的存在沒有任何根據，天地萬物（萬有）既然存在，其存在的本身就是其存在的根據，具體地說，萬有的存在根據在於其自性」。〔註62〕如果同意「自性」是萬物的體用之體的話，那麼對問題的討論仍應回到如何理解「本體」或「存有的根據」的問題，而不是去關注「存有的根據」存不存在的問題。

就王弼而言，他所談的「無」正是一個「存有的根據如何理解」的問題，這在基本的態度上與郭象並沒有衝突。何況郭象清楚地了解「無」這個字詞在道家思想中的地位，以及「無」的可詮釋性。因而，「物自生」之說可視爲郭象對道家之「無」的解釋；〔註63〕「玄冥，名無而非無」、「非彼非是，所以玄同」之說亦可見郭象視「玄冥」爲「無」的別名，視「玄同」（「無知」）爲「無」之體現；而「有『無』而未知無『無』也，則是非好惡猶未離懷」句中的「無」，也不可作「零」或「不存在」（non-existence）來理解。

郭象的「寄言出意」既不能是湯一介先生所說的用以「證明『造物無本』」，那麼它是不是指爲一種「不多作解釋」、「不去管莊周原意」或「撇開這些寄託之辭，得其意或言外意」的詮釋策略？〔註64〕從郭象的注文看來恐非如是。在《莊子注‧齊物論》中，郭象言：「至理無言，言則與類，故試寄言之」，這裏所說的「寄言」是什麼意思？必須回到《莊子》文本中推求，試錄其文於下：

> 今且有言於此，不知其與是類乎？其與是不類乎？類與不類，相與

〔註60〕湯一介先生言：「『獨化』學說可以說較徹底地否定在『萬有』之上還有一個作爲存在的根據的『無』。」見註2引文。

〔註61〕見《郭象與魏晉玄學》，頁61。

〔註62〕見《郭象與魏晉玄學》，頁63。

〔註63〕郭象《莊子注‧在宥》言：「夫莊、老之所以屢稱『無』者，何哉？明生物者無物而物自生耳。自生耳，非爲生也，又何有爲於己生乎。」見郭慶藩：《莊子集釋》，頁381。

〔註64〕湯一介先生言：「這裏我們可以看到郭象注《莊子》的兩個特點：一是對一些名物，他並不去多作解釋，甚至存而不論……；二是，不會去管莊周原意。當莊周與郭象的思想不合時，他常用微言大意的方法加以迴避，有時直接了當地說是莊周的寄言。因爲《莊子》書中有些地方直接攻擊孔丘，如要回避也很困難，於是郭象就說這是莊周借孔丘（或與孔丘對話的人）的口來說明一個問題，並非說的孔丘本人，故讀《莊子》的人應撇開這些寄託之辭，得其意或言外意。」見《郭象與魏晉玄學》，頁213。

爲類，則與彼無以異矣。雖然，請嘗試言之：（郭象注：至理無言，言則與類，故試寄言之）有始也者，有未始有夫有始也者，……今我則已有謂，而未知吾所謂之其果有謂乎，其果無謂乎？〔註65〕

對照《莊子》文本與郭象注文可知：郭象認爲「言必有類」（是、非、同、異之類），至理無類，所以「至理無言」。然而郭象說「至理無言」並不反對所有的言說活動，他認爲言理本身也可以破斥一般言理的謬誤，所以言仍有其存在的價值。對於這些可以破斥言理之病的「言」，郭象統稱之爲「寄言」，「寄」可以「暫存」來理解，意即：道暫寄於言之中。

「寄言」的表現多端，它可以是「論理的推演」（如上舉《莊子・齊物論》之類），也可以是「一偏之言」、「反語」或「寓言」，所以「寄言出意」不能直接指爲「得言外之意」，因爲它並不排斥言論說理的「言內之意」。如還原「寄言」爲：「可破斥言理謬誤或俗見之言」，則「寄言」之意實指爲一種「權宜之言」，所以稱之爲「權宜」是由於它能指出「言理之謬」卻不能指出「存有的眞實」。

郭象使用「寄言」之例，如《莊子・山木》言：

孔子圍於蔡陳，七日不火食。太公任往弔之曰：「子幾死乎？」曰：「然」「子惡乎死？」曰：「然」。任曰：「予嘗言不死之道。東海有鳥焉，其名曰意怠。其爲鳥也翂翂翐翐，而似無能；引援而飛，迫脅而棲；進不敢爲前，退不敢爲後，食不敢先嘗，必取其緒。是故其行列不斥，而外人卒不得害，是以免患。直木先伐，甘井先竭。子其意者飾知以驚恐，修身以明污，昭昭如揭日月而行，故不免也。……」。

郭象於此段文末的注文是：

夫察焉小異，則與眾爲迕矣，混然大同，則無獨異於世矣。故夫昭昭者，乃冥冥之跡也。將寄言以遺跡，故因陳蔡以託意。〔註66〕

《莊子》本文的意思在於：孔子裝飾才智，驚異愚俗，修瑩身心，炫耀己能，如揭日月而行，將不能免於禍患。然而，孔子是否要如意怠之鳥般「似無能」、「引援而行，迫脅而止」、「進不敢爲前，退不敢爲後」？這恐怕也不是莊子之本意，故郭象之注解意怠鳥的作爲其重點放在「弘大舒緩，又心無常係」、

〔註65〕見郭慶藩：《莊子集釋》，頁 79。
〔註66〕見郭慶藩：《莊子集釋》，頁 682。

「常從容處中」、「其於隨物而已」，〔註67〕應在於避免依文生義，背離「昧然而自行」〔註68〕的要義。在此例中可見：「不能免於禍患」在於破斥俗見以「修身耀己」爲上的謬理，但並不表示莊子要人放棄「修身」；「似無能」、「引援而行，迫脅而止」、「進不敢爲前，退不敢爲後」可矯枉俗人修身耀己的作法，但仍然不是眞正的窮通之道。因爲這些言論雖有枉俗糾謬的作用，卻不是眞正貼近於存有的作法，因而郭象以爲眞正的意思應在於「混然大同」、「無獨異於世」。孔子陳、蔡之困只能是「冥冥之跡（昭昭）」而非「冥冥」，「冥冥之迹」爲「冥冥」所託，前者爲「言」，後者爲「意」。

　　又如《莊子・逍遙遊》言：

> 肩吾問於連叔曰：「吾聞言於接輿，大而無當，往而不返。吾驚怖其言，猶河漢而無極也；大有逕庭，不近人情焉。連叔曰：「其言謂何哉？」曰：「藐姑射之山，有神人居焉，肌膚若冰雪，淖約若處子……」。

郭象的注文言：

> 此皆寄言也。夫神人即今所謂聖人也。夫聖人雖在廟堂之上，然其心無異於山林之中，世豈識之哉！徒見其戴黃屋，佩玉璽，便謂足以纓紲其心矣；見其歷山川，同民事，便謂足以憔悴其神矣，豈知至至者之不虧哉！今言王德之人而寄之於此山，將明世所無由識，故乃託之於絕垠之外而推之於視聽之表耳。處子者，不以外傷內。〔註69〕

由注文可知郭象在此所言「寄言」，其焦點在於破斥「見其戴黃屋，佩玉璽，便謂足以纓紲其心矣；見其歷山川，同民事，便謂足以憔悴其神矣」之俗見。然而「拱默無爲，伏於山林」是否可以治天下而成聖王？郭象似乎認爲執著於此也非正道，故言：「所謂無爲之業，非拱默而已；所謂塵垢之外，非伏於山林也。」〔註70〕由此可知「拱默無爲，伏於山林」亦只是「寄言」而已。

郭象《莊子注・大宗師》言：

> 夫見形而不及神者，天下之常累也。是故覩其與群物並行，則莫能謂之遺物而離人矣；覩其體化而應務，則莫能謂之坐忘而自得矣。豈直謂聖人不然哉？乃必謂至理無此。是故莊子將明流統之所宗以繹天下

〔註67〕引文見郭慶藩：《莊子集釋》，頁 681。
〔註68〕引文見郭慶藩：《莊子集釋》，頁 682。
〔註69〕見郭慶藩：《莊子集釋》，頁 28。
〔註70〕《莊子注・大宗師》。見郭慶藩：《莊子集釋》，頁 270。

> 之可悟，若直就稱仲尼之如此，或者將據所見以排之，故超聖人之內
> 跡，而寄方外於數子。宜忘其所寄以尋述作之大意，則夫遊外冥內之
> 道坦然自明，而《莊子》之書，故是涉俗蓋世之談矣。〔註71〕

意謂：《莊子》之書所以涉俗蓋世，是因為天下之人有見形不見神之常累，其所以見形不見神的原因不在於不能知理，而在於不能理解「理」有其對應之條件，涉「外」之理不能應於「內（「觀其與群物並行，則莫能謂之遺物而離人矣；觀其體化而應務，則莫能謂之坐忘而自得」），對「內」之理亦不能應於「外」，天下並無一理可同時與內外相冥應者。故寄言契理之後，當知「寄言」之有限、有對而忘，乃可不執於應、對而得述作之意。由此段文字亦可知郭象所論之「寄言」，其重點在於點擊似地破斥俗論；而其所謂的「述作大意」乃在於不以「寄言」為絕對之是，而與舉世所有的「寄言」玄而同之，相冥而忘。

郭象所言之「忘其所寄」，粗看之下近似於王弼所言的「忘言忘象」，然經由上述的說明可知，郭象所說之「忘」是指個別或相異之「言」與「言」之間的玄合，猶個別獨化之「物」與「物」或「物」與「我」之間的玄合。這與王弼將「忘」定位在詮釋意義上的擴延、類比、象徵與統合，在立意上有所不同。郭象之忘終見「言」與「言」間相互形成既矛盾又補充的情形，故最後可以形成「不知」、「不為」的情形；而王弼之忘最終不能否定「言」為一切認識或詮釋的起點，仍是以人的「知」、「為」做為識道的根本。郭象與王弼的觀點雖然有異，但就郭象而言，王弼的語言觀亦不失為一「寄言」，如果肯定「寄言」仍有其存在之必要，那麼王弼的理論就可以被郭象吸納進來，而成為他理論中的一部份。

結 論

郭象《莊子注·大宗師》言：

> 天者，自然之謂也。夫為為者不能為，而為自為耳；為知者不能知，
> 而知自知耳。自知耳，不知也，不知也則知出於不知矣；自為耳，
> 不為也則為出於不為矣。為出於不為，故以不為為主；知出於不知，
> 故以不知為宗。是故真人遺知而知，不為而為，自然而生，坐忘而
> 得，故知稱絕名而為名去也。〔註72〕

〔註71〕見郭慶藩：《莊子集釋》，頁268。
〔註72〕見郭慶藩：《莊子集釋》，頁224。

這段注文可以有三層意義：一是「自知」是「自然而知」也是「不知而知」，此強調存有之以自然爲性。二是從本體論而言，「不知」與「知」爲體用關係，「不知」爲體，「知」爲用。三是從工夫論上，以「不知爲宗」，通過絕名坐忘而得以「遺知而知，不爲而爲」。考察王弼的《老子注》亦可以找到對應此三層意義的解釋，如「無知守眞，順自然也」，〔註73〕即言無知乃能以自然爲性。又如「用智不及無知」〔註74〕亦有視「無知」爲「體」，以「智」爲「用」之思維；而注《老子‧第三十八章》言：「夫載之以大道，鎮之以無名，則物無所尚，志無所營。各任其貞事，用其誠，則仁德厚焉，行義正焉，禮敬清焉」〔註75〕即從工夫論上說「以無爲用，不能捨無以爲體」，通過「用不以名，御不以形」可以達成「名以篤，形以成」的功用。〔註76〕

郭象與王弼的宗旨雖不相牴牾，然而經由上文的分析，可以發現郭象之言「體用」偏及各種現象，而王弼之言體用大多扣著「形」、「名」而言，這應與魏晉玄學由漢魏名實問題發展而來有關。因爲王弼《老子注》中不能擺去語言名實觀的影響，所以他所說的「既知不聖爲不聖，不知聖之爲不聖；既知不仁爲不仁，不知仁之爲不仁也」雖有冥合兩端，打通「形、名」與「無形無名」之意，〔註77〕但其注文多由俗見的反面立論，則爲顯見的事實。如《老子注‧第六十四章》言：「不學而能者，自然也，喻於學者過也。故學不學，以復眾人之所過也」即明白的指出學「不學」的目的在於矯正眾人偏重於「學」的過失。〔註78〕《老子注》中類似的強調不免引起誤解，如《老子‧第十章》，王弼注言：「治國無以智，猶棄智也」，〔註79〕就有予人「以智無法治國」之意；而「絕聖而後聖功全，棄仁而後仁德厚」的說法，〔註80〕易予

〔註73〕《老子‧六十五章》言：「古之善爲道者，非以明民，將以愚之。」王弼注曰：「明，謂多智巧詐，蔽其樸也。愚謂無知守眞，順自然也。」見樓宇烈：《王弼集校釋》，頁168。

〔註74〕王弼：《老子注‧二十五章》。見樓宇烈：《王弼集校釋》，頁65。

〔註75〕見樓宇烈：《王弼集校釋》，頁95。

〔註76〕王弼：《老子注‧三十八章》言：「用夫無名，故名以篤焉；用夫無形，故形以成焉。」見樓宇烈：《王弼集校釋》，頁95。

〔註77〕王弼：《老子指略》。見樓宇烈：《王弼集校釋》，頁199。

〔註78〕王弼：《老子注‧六十四章》。見樓宇烈：《王弼集校釋》，頁166。

〔註79〕見樓宇烈：《王弼集校釋》，頁23。

〔註80〕王弼：《老子指略》言：「絕聖而後聖功全，棄仁而後仁德厚，夫惡強非欲不強也，爲強則我強也；絕仁非欲不仁也，爲仁者僞成也。」見樓宇烈：《王弼集校釋》，頁199。

人追求「聖功全」「仁德厚」的印象，也難免使人無法正確理解道家「無己」、「無名」、「無功」之說。

郭象有見於王弼《注》所引發的誤解，故除了強調道家《老》、《莊》之「知稱絕」、「爲名去」外，亦用「寄言」之說吸納王弼說法，指出寄言不可執著，必須尋其述作之大意。除此之外，郭象爲了與王弼的「無論」相區分，乃以「玄同」、「自生」之說重新詮釋《老》、《莊》之「無」，以與王弼說法做理論上的區別。

由上文之分析可知：王弼與郭象的思想具有連續之性質，並非相互對反之論。然而，這種連續的性質是否是魏晉玄學本身發展的結果？從《老子》、《莊子》文本的形式與內容看來，似乎《老》、《莊》文本在大的方向上也可決定二者的詮釋結果。如郭象的「寄言出意」說與《莊子》所說的三言（寓言、卮言、重言）亦不無相關；而上引王弼注文「不學而能者，自然也，喻於學者過也。故學不學，以復衆人之所過也」是依《老子‧六十四章》「學不學，復衆人之所過」而有，非純爲王弼之思想。另，《莊子》中多言「惡乎知」之說，亦爲《老子》文本所無。因此，在論述王弼與郭象思想同異或者二者思想與魏晉時期的社會狀況、思想發展有關時，也應該返視《老子》與《莊子》之文本而謹慎以對。

後記：本文原發表於《臺大中文學報》第 24 期（臺北：臺灣大學文學院，2006 年 6 月）。因原文頗多疏漏，今稿稍有修整於前稿。

附錄二

嚴遵、河上公、王弼三家《老子》注的詮釋方法及其對道的理解

一、問題的提出

　　研讀《老子》，經常不可迴避二方面的問題，其一是它複雜多歧的版本，及由此帶來異文校勘及釋義上的爭議；其二是老學在詮釋上的分化〔註1〕。從詮釋的立場而言，這二方面的問題也是二合一的問題，因為古籍的產生與流傳是動態的，現有的資料或以後可能發掘出的考古所得，常只能確定何者為早，卻很難判定何者為最初的文本〔註2〕。馬王堆帛書甲乙本面世後，高亨據

〔註 1〕 有關老學詮釋的分化問題，如唐君毅以為：「韓非以理說道；王弼以體無與自然之義說道；道教以精氣神之實質說道；而一般中國社會所傳之道家，則大皆由老子修德之道、及其他生活之道而形成人生態度、處事態度。」說見氏著《中國哲學原論：原道篇》卷一（臺北：臺灣學生書局，1986 年），頁 290～292。以當代而論，對「道」的詮釋也有不同的型態，如袁保新：《老子哲學的詮釋與重建》（臺北：文津出版社，1991 年）曾舉出馮友蘭、方東美、徐復觀、勞思光、唐君毅、牟宗三等六家之說，而概括歸納出「客觀實有」的詮釋型態與「主觀境界」的詮釋型態等二類。見是書〈上編〉第三、四章。

〔註 2〕 李學勤以為：「以前有不少著作，對古書的形成採取一種靜止不變的觀點，以為漢以前的書籍和後世一樣，一經寫定，不再作出修改。不知古代沒有紙張和印刷術，任何書籍，如無官方保證，就只能傳抄甚至口傳，師弟相因，其間自然難免增刪筆削。簡帛又不像紙張那麼易於便攜，很多書只得分篇單行。至於彙集成書，便會有次第先後和內容多寡的不同。」「古書的形成，每每要有很長的過程〔……〕如果以靜止的眼光看古書，不免有很大的誤會。」見《簡帛佚籍與學術史》（臺北：時報文化出版公司，1994 年），頁 12～13、28～33。

之推論戰國時期的《老子》傳本可能有二：一是〈道經〉在前,〈德經〉在後的道家傳本；一為〈德經〉在前,〈道經〉在後的法家傳本〔註3〕。高亨的意見或有爭議〔註4〕,但版本的勘定只能表示不同的傳本系統,應較無疑義。如果放棄對所謂原始版本的執著,不同版本系統之形成,或可視為不同詮釋類型的代表,而可據以考察彼此之間解釋系統的差異,甚至是思維方式的不同。

　　馬王堆帛書《老子》因為無注,所以很難推知這個傳本系統傳承何種思想,但〈德經〉在前、〈道經〉在後的編排,或許也透露些可以系聯的線索,如嚴遵以〈德經〉在上的《老子指歸》即可能與此傳本系統有關。嚴遵《老子指歸》及河上公《老子河上公章句》〔註5〕二書是自《韓非子》〈解老〉、〈喻老〉以來,目前得見最早的《老子》注本〔註6〕。《老子指歸》一書,頗為唐宋道家所取〔註7〕,然近世卻有疑信〔註8〕,近人唐鴻學《怡蘭堂叢書》〈指歸跋〉〔註9〕、蒙文通〈嚴君平道德指歸論佚文序〉、王利器〈道藏本道德真經指歸提要〉及王德有《老子指歸全譯》皆證其為漢人作品〔註10〕,而且早

〔註3〕 高亨：《帛書老子研究》,收於《帛書老子》（臺北：河洛圖書出版社,1975年）,頁89。

〔註4〕 如徐復觀以為：「法家援引老子的道以為君道與法的根據,他們所重視的正是道的形上性格,所以將〈德經〉在前,〈道經〉的本子視為法家傳本,完全失去做為推論的根據。」見《中國思想史論集續編》（臺北：時報文化出版公司,1982年）,頁314。

〔註5〕 有關《老子河上公章句》成書年代的討論,吳相武：〈關於《河上公注》成書年〉一文論之甚詳,其說以為《河上公注》成書於西漢末至東漢初之間,早於王充《論衡》而晚於嚴遵《老子指歸》。見《道家文化研究》第15輯（香港：三聯書店,1999年）,頁209～246。

〔註6〕 漢代有關《老子》的著錄,劉歆《七略》有《老子鄰氏經傳》四篇,《老子傅氏經說》三十七篇,《老子徐氏經說》六篇及劉向《說老子》四篇,以上諸書今并亡佚。

〔註7〕 如唐代強思齊《玄德纂疏》引嚴遵說有百二十餘事,宋代陳景元《道德經藏室纂微》引有五十事,李霖《取善集》、程以寧《集注》、劉惟永《集義》亦頗引之。而《雲笈七籤》開卷即引《老君指歸》近五百言。

〔註8〕 如清《四庫全書總目》引明代曹學佺：〈元羽外篇序〉以為「近刻嚴君平《道德指歸論》乃吳中所偽作」。

〔註9〕 嚴一萍選輯：《怡蘭堂叢書（6）》（臺北：藝文印書館,1970年據唐鴻學1922年輯刊本影印）。

〔註10〕 王德有：《老子指歸全譯》（成都：巴蜀書社,1992年）收有唐鴻學《怡蘭堂叢書》〈指歸跋〉、蒙文通〈嚴君平道德指歸論佚文序〉、王利器〈道藏本道德真經指歸提要〉（節錄）,見頁745～753。

於《河上公章句》。此書今人所見僅十三卷中前七卷，爲注〈德經〉之部分〔註11〕，所據版本爲〈德經〉在前本，其傳本系統可能近於馬王堆帛書本。

　　《老子指歸》以下《河上公注》及王弼《老子注》的影響最爲深遠。這二家注所據雖皆爲〈道經〉在前本，然二者的詮釋型態明顯有別。現行《河上公注》序言河上公爲漢孝文帝時人，此說自唐以來即受懷疑〔註12〕，之後對《河上公注》之成書有數種說法〔註13〕，其中有極大的焦點在於此書與道

〔註11〕《老子指歸》所據《老子》與現今通行〈道經〉在上的八十一章本不同。其書〈德經〉在前，〈道經〉在後；〈德經〉四十，〈道經〉三十二，共七十二章。《老子指歸》原著錄有十三卷，今所見僅有前七卷注〈德經〉之部分，一是七卷本，題爲《道德眞經指歸》。二是六卷本，題爲《道德指歸論》，六卷本比七卷本所少一卷即《老子》「人之飢也」至「信言不美」（今本七十五至八十一章）幾章的釋文。六卷本收於《秘冊彙函》、《津逮秘書》、《學津討原》、《叢書集成初編》中，其書體例不引《老子》經文，每篇前以所注《老子》章首幾字爲題，如〈上德不德篇〉。七卷本收於《道藏》及《怡蘭堂叢書》中，所引《老子》經文，不列篇題。

〔註12〕如法琳《辯正論》（《大正新修大藏經》〔臺北：新文豐出版社〕，卷52，頁498～499）、玄嶷《甄正論》（《大正新修大藏經》，卷52，頁568）、劉知幾《唐會要》（上海：上海古籍出版社，1991年，卷77，頁1665）及《四庫全書總目提要》皆疑河上公其人。

〔註13〕如北宋·晁公武《郡齋讀書志》（上海：上海古籍出版社，1990年）以爲《河上公章句》成書於戰國，河上公即河上丈人（頁460～461）；金春峰《漢代思想史》（北京：中國社會科學出版社，1987年）以爲成於西漢，早於嚴遵《老子指歸》（頁388～394）；王明《道家與道教思想研究》（北京：中國社會科學出版社，1990年）主張成書於東漢中後期（頁293～323）。又王應麟《漢書藝文志考證》（《二十五史補編》〔北京：中華書局，1955年〕，第2冊，頁1412）及黃震《黃氏日鈔》卷五十五以爲河上公傳說形成於晉朝。盧文弨《經典釋文敍錄考證》說其書「內有詮發弼義者，是王弼以後人作」（見《叢書集成·初編》〔北京：中華書局，1985年〕，第1201冊，頁20）；日人武內義雄《老子原始》推斷爲葛洪族人著作（見《武內義雄全集》〔東京：角川書局，1978年〕，第5卷，頁25～32）。而馬敍倫《老子覈詁》（見《無求備齋老子集成續編》，卷20，頁2～6）、吳檢齋《經典釋文敍錄疏證》（北京：中華書局1984年，頁154～155）則以爲是南齊仇岳之作。日人楠山春樹《老子傳説の研究》（東京都：創文社，1979年，頁5～169）及小林正美《六朝道教史研究》（東京都：創文社，1990年，頁241～268）則各自提出不同階段形成說，楠山春樹以爲《河上公章句》的「道家養生」思想爲原本的河上公注，約出於後漢，而其「道教養生」思想則爲六朝末期靈寶派（茅山派中重視《靈寶經》的信徒）所附加；小林正美則以爲現行《河上公章句》是經過三次名稱變化（《河上丈人注》、《河上眞人章句》、《河上公章句》）及一次內容變化（劉宋時期天師道三洞派製造河上眞人傳說，附於《河上公章句》治身與「體內神」思想）而形成。

教的關係。韓人吳相武有〈關於《河上公注》成書年代〉一文，對於上述的問題論之甚詳，其說以爲《河上公注》的養生思想異於六朝靈寶派《黃庭經》的五臟神思想，而接近於《黃帝內經・素問》〔註14〕，推證其書著成在於西漢末至東漢初，早於王充《論衡》而晚於嚴遵《老子指歸》。如果吳說近於實情，《河上公章句》雖被視爲道教的重要著作，然其著作之初卻可能與道教教理無關，摒棄道教發展史上的線索，它做爲當時的流行用本，應該也反映一些老學詮釋上的問題。

嚴遵、河上公之外，王弼是最受注意的大家。王弼對《老子》的詮解，除了《老子道德經注》外，另有〈老子指略〉一文〔註15〕，此文的重要性在於它具有方法論上的說明。從《老子注》及〈老子指略〉看來，王弼注本的特色在於語言觀點，如〈老子指略〉開題言：「夫物之所以生，功之所以成，必生乎無形，由乎無名。無形無名者，萬物之宗也。」直接以「無形無名者」指涉道體。又如第一章注「無名天地之始，有名萬物之母」時，將「無」、「有」視爲「名」〔註16〕，而以爲「無、有」二者出於「無形無名」之「玄」〔註17〕。如果不參看其他注本，王弼的注解似乎頗能詮解〈道經〉首章，但如果仔細檢視《老子指歸》及《河上公章句》的注文，他的作法實有特殊意義。以《河上公注》爲例，其第一章注「無名萬物之始」二句，雖說「無名者謂道，道無形，故不可名也。始者道本也，吐氣布化，出於虛無，爲天地本始」，但他解「道可道，非常道；名可名，非常名」，卻不著意於名言與道之間的問題，而以「道」爲「自然長生之道」，爲「無爲養神，無事安民」之事。且以「非

〔註14〕 吳相武：〈關於《河上公注》成書年代〉，《道家文化研究》第 15 輯，頁 209～246。

〔註15〕 近人王維誠據《雲笈七籤》中的〈老君指歸略例〉及《道藏》中〈老子微旨略例〉輯成〈老子指略〉，認爲此即王弼〈老子指略例〉的佚文。關於此文的發現及考訂詳載於《北京大學國學季刊》第 7 卷第 3 號（北京：北京大學，1952 年），學者於此大都沒有異議。

〔註16〕 王弼《老子注》第一章言：「凡有皆始於無，故未形無名之時，則爲萬物之始，及其有形有名之時，則長之、育之、亭之、毒之，爲其母也。」本文有關《老子注》校釋文及〈老子指略〉，咸見樓宇烈校釋：《老子周易王弼注校釋》，《王弼集校釋》（臺北：華正書局，1983 年），不另註。

〔註17〕 王弼《老子注》第一章言：「在首則謂之始，在終則謂之母。玄者，冥默無有也，始母之所從出也。不可得名，故不可言同名曰玄。而言同謂之玄者，取於不可得而謂之然也。不可得而謂之然，則不可以定乎一玄而已。若定乎一玄，則是名，則失之遠矣。」

常道」是指修道者能臻「含光藏暉，滅跡匿端，不可稱道」之境；「非常名」指不著意「富貴尊榮高世之名」而有「如嬰兒之未言，雞子之未分，明珠在蚌，美玉處石間，內雖昭昭，外如愚頑」的狀態。

　　與《河上公注》比較之下，可以明顯察覺王弼在詮釋內涵上的特殊表現與他的詮釋方法密切相關，這或許透露了新的方法論如言意之辨影響了詮釋的結果。假設王弼的《老子》新解是受到他的語言理論影響所致，那麼河上公與嚴遵所持的語言理論是什麼？如何能提綱挈領的說明他們的詮釋理念？以上這些問題或許不能單純的被視爲是詮釋者的語境不同所致，因此本文嘗試考慮不同詮釋模型間所具有的差異性，及可能存在的傳統根源，以此來說明嚴遵、河上公及王弼三家的《老子》詮釋學。

二、王弼的言意理論

　　《老子》第一章言：「道可道，非常道；名可名，非常名。」大多數的學者都會同意老子在此表達了「道不可言傳」的意思。道之不可言傳對每一個存在物而言都是成立的，因此它是絕對而非相對的，其原因不在於它所涉及的謂語是一套人類所沒有的謂語，而是道根本沒有這樣一套基本謂語。因此，對道的言說就不能像日常語言一樣，可以藉著創造新詞來傳達新意。無論人如何豐富所使用的基本謂語，都不能指涉整全的道，可見道的不可言傳，其困難在不在於人或其語言，而在於道的本身。

　　對道的不可言傳，《莊子》採取「非言非默」的立場，《莊子‧則陽》言：「言而足，則終日言而盡道；言而不足，則終日言而盡物。道物之極，言默不足以載，非言非默，議有其極。」他指出：語言可以陳說有明確對象的事物，但在陳說存有時卻有其局限。因此，唯有在「非言非默」脫離語言束縛的狀態下，才能接觸到超越一切殊相又內在於一切殊相的萬有根源。莊子藉「非言非默」的根本要求打開了方法上的途徑，但劃定語言表達的界線並不等於得到實相。因此在「言者有言，其所言者特未定的」的情況下，他也訴諸於「坐忘心齋」這類的陶鑄工夫，藉由冥想脫離了文字的束縛，在個體的解放中，打開「究竟智慧」與「超越之知」的領域。

　　從工夫論的立場而言，莊子在言默的抉擇中，最後訴求的是神祕經驗。〈外物〉言：「筌者所以在魚，得魚而忘筌。蹄者所以在兔，得兔而忘蹄。言者所以在意，得意而忘言，吾安得夫忘言之人，而與之言哉？」所謂忘言，即有

經驗到存有實相的意味。王弼在《莊子》的影響下，於《周易略例·明象》中有「言者所以明象，得象而忘言；象者所以存意，得意而忘象」之說，此說與《莊子》「得意忘言」說的不同，在於它不主張神祕經驗，而以為持有語言有助於認識整全之道。

《莊子》以為日常的語言不可能完成對道的指涉，在王弼的「得意忘象」說在這個前提下進一步思考，他從語言的限制去反問這種限制如何超越，並由此延伸為：人的精神境界如何與道相對應的問題。王弼的「得意忘象」說中，「意」的意涵實與「道」無別，這可由他在《老子注》與〈老子指略〉所提出的「名；字、稱、謂；無稱之稱」的說法〔註18〕中得到證明，從形式上看來「名；字、稱、謂；無稱之稱」的區分與「言；象；意」的區分有其相似之處。

王弼如何區分「名」與「字、稱、謂」？〈老子指略〉言：「名生乎彼」，乃言「名」具有「相互主觀性」，所指涉的是現象世界中可以見其形、可以狀其樣態的具體事物。而由「稱也者，從謂者也」、「稱出乎我」、「稱謂出乎涉求」等語可知：「稱」乃就主觀意向而言，非指為對象之物，而為意的虛指。從「文字符號」上看來，「名」與「字」、「稱」、「謂」並無不同，故其不同只能由二者在意義上受限的強弱來區分，如以作為「稱」的「玄」而言，《老子注》第一章，對「玄」的注解是：「冥默無有也。」其下又云：「不可以定乎一玄而已，若定乎一玄，則是名，則失之遠矣。」可見「玄」在一般的使用上有一定的概念，是一「名」，然其意義如被擴延為一意向而為「不可極」、「不可及」、「不可睹」時，即是「稱」。據此可說「稱謂」的意義基礎是築基於「名號」之上；「稱謂」雖不能完全的指涉物的「意義內容」，但經由眾多的觀點或意義的延伸，它至少打破了單一觀點的思維法則而指出一意向，此一意向雖非實指，不能有意義上的一一對應，但至少它具有啟發與暗示的功能。

因為道不可得而「名」，故需翻轉而「謂」之，然「稱謂」本身亦是一不得已的措辭，因此即使是「字之曰道」，也仍陷於「不可得其形」的困境。這

〔註18〕〈老子指略〉言：「名也者，定彼者也；稱也者，從謂者也，名生乎彼，稱出乎我〔……〕名號生乎形狀，稱謂出乎涉求。名號不虛生，稱謂不虛出。」王弼《老子注》二十五章言：「名以定形，混成無形，不可得而定〔……〕夫名以定形，字以稱可〔……〕吾所以字之曰道者，取其可言之稱最大者也。」此二文中指出的「名、稱」或「名號、稱謂」之不同，事實上即是「名」與「字、稱、謂」不同。

種「不可得而形」的困境，除了因爲語言的表達有其限制外，亦起於道非一靜態的對象之物，而具有運化終始的存在動貌。所以對「道之名」技巧性的予以「軟圓」，除了取消其爲「名」的相對意義及固定意義外，也可藉由「稱謂」這類不同的符素達成不斷遞補、說明的目的，而使得語言（「稱謂」）的條件，與做爲「無所不通，無所不往」的道相符的。《老子》中曾用「道」、「玄」、「大」、「逝」、「遠」、「反」等不同的「字」來說「道」，就王弼而言，這些皆是「稱謂」，其使用的目的在於對道形成不斷的遞補及說明。

　　王弼雖使用「稱謂」言道，但他又深明「稱謂」只是權宜的措辭，不能確實相應於流行中的道，故其二十五章注言：「凡物有稱有名，則非其極也。」「然則道是稱中之大也，不若無稱之大也。」又言：「自然者無稱之言，窮極之辭也。」此表示對道的言說，在「稱謂」之上需要有進一步的翻轉，這一語言的翻轉，同時也是對道高一層的類化。由「稱謂」而上，王弼名之爲「無稱」如「無」、「自然」等語詞皆屬之。在王弼的使用中，「無」有「無形無名」之意，以「無」言「道」只是「虛指」，目的在藉「無」打破包括「稱謂」的一切言說。而「自然」之義，是「萬物在其自己」〔註19〕，故以「自然」言道，有在「萬物各適其所」中，還原萬物長育生動之貌的效用。

　　由於「無名」之產生是因爲道之「不可得而名」；「自然」之產生是因爲「可稱之不可窮極」。所以「無名」與「自然」的使用，皆基於對語言本身的質疑而發，它們有「後設語言」的意味。再者，在使用「無名」與「自然」這二種「無稱」時，王弼可能意會到一個語言無窮後設的可能，這一問題已經爲《莊子・齊物》所提出〔註20〕，爲了避免無窮後設的困境，「忘」就成了對道的言說後，不可缺乏的過程，也是由「語言」類比翻轉至「道」不得不

〔註19〕王弼《老子注》二十五章言：「然則道是稱中之大也，不若無稱之大也。」又言：「自然者無稱之言，窮極之辭也。」可見「道」之「稱」翻轉爲「無稱之言」即爲「自然」。而「自然」之義，或可解爲「萬物在其自己」。又注第五章言：「天地任自然，無爲無造，萬物自相治理，故不仁〔……〕無爲於萬物而萬物各適其所用，則莫不贍矣。」二十七章亦言：「順其自然而行，不造不施，故物得至，而無轍跡。」凡以上諸說皆有「物各付物」，「萬物自相治理」之意。

〔註20〕《莊子・齊物論》中有以語言無限後設而成爲無意義論述的例子，如：「有始也者，有未始有始也者，有未始有夫未始有者。有有也者，有無也者也，有未始有無也者，有未始有夫未始有無也者〔……〕。」引文見郭慶藩：《莊子集釋》（臺北：木鐸出版社，1983年），頁79。

有的經歷。

　　王弼從稱謂上去言道，所使用的方法是：使讀者由「名」的具體意義，經「稱」在意義上的擴延，進而認識無形無稱的無限之道。此一路徑的取向，雖非必人人可以達成，但至少賦予了道在體認上的基本憑藉，在如此的基礎下，堅實了道可以被認識這一可能。這種作法雖未必能盡合《老子》之意〔註21〕，但可以說在「言」與「道」的交通上，有了較為精密的思考。而「名→稱→無稱無名」這樣的思考模式，實得自於其「得象忘言，得意忘象」中「言→象→意（無言無象）」之論述模式。

　　就讀者理解的意義言，這是一「名→稱→無名無稱」的溯求歷程。這一溯求也即是王弼所謂的「反本」的過程，意即當解讀者投身進入解悟道的歷程時，他即是存在於不斷的類比跳躍，以及興發納忘之中。在類比興發中，不但是道在展現自身的生命之姿，亦是體道者解除了自身的拘執，成為道所展現的部分。在反本的過程中，《老子注》雖未如「言象意說」中說明「忘」的重要性，但由於「稱謂」雖非名言，卻有著與「名言」相同的「符號樣型」及做為社會溝通工具的意義基礎，所以如果不打破「名言」在意義上的穩定性質，名言永遠無法成為「稱謂」，因此藉「忘」之打破意義之穩定，乃成為由「名」轉為「稱」的必要過程。同理，經由「忘」才能使「稱謂」由有限跳昇至無限的境地，而與道的「無形無名」相為呼應。「忘」一方面使「稱謂」呈顯雜多而豐富的意向，使語言脫離人的使用，接近於道的無限整全；另一方面則經由不斷的類比，使語言由意義上的靜態對應轉為動態的呼應，這一呼應使得一切的意義指涉都返回類比之中，返回道的原初的起點「一」之中。在不斷的「忘」及無窮的接納中，使道與人在無盡的類比之中合而為一。

　　就名言之何以可為識道的基礎而言，王弼是先假設道的呈現在語言的層面是：「無名無稱（無名無形）→稱→名（有名有形）」的依次表現。所以如此假設有二種可能：第一是必須先有體道的經驗。對於王弼而言，我們無法肯定這一點；而且即使真有體道的經驗，體道者在將體悟的內容或過程以語言說出時，亦必須經過系統的建構，在此過程中很難保證不會失真。因此，不妨先承認第二種可能：王弼作此假設的原因不在於他對道有何真實的經

〔註21〕如陳鼓應先生解「大曰逝」以下三個「曰」字為「而」或「則」，不以「曰」為言說之意，依此而以為此章之主旨在於道之「循環運行」。見《老子今註今譯》（臺北：臺灣商務印書館，1986 年），頁 115。

驗，而是出於他對語言與道的特殊認知。

　　莊子所以懷疑語言的原因在於：語言是有限之人的人爲建構，所以以語言相較於人而言，離道更遠。但由王弼「言生於象，象生於意」的說法中，他似乎不以爲語言只是一「人爲建構」，而以爲語言雖有人主觀意向的成分，但仍不失其呈顯及啓示的功能。據此呈顯及啓示的作用，它應可類比爲萬物之呈現爲道的部分，啓示了道的存在之姿。由於「語言表達」與「道之呈現」有其可以類比的性質，因此名、言世界由「無名無稱（無名無形）→稱→名（有名有形）」的開展過程，與道由無到有之開展現象世界有所對應，依此而論，語言可以解蔽啓發於道，成爲人可以識道的基礎。

三、《河上公注》中的對立型態與「無標記」語彙

　　莊子對語言的不信任，使《莊子》一書採取寓言、卮言、重言的形式，最終訴諸於忘言的神祕經驗；而王弼認爲接觸道的途徑非語言不能達成，因此他不講究工夫的歷程，而僅提示語言在發揮傳達的可能性上有其重要的意義，它的重要不在於它能指涉物象構成知識的系統，而在於它具有「象」的隱喻及類比的功能。相較而言，河上公與嚴遵的注文對語言的看法，與王弼及《莊子》的傳統較遠。

　　從表面上看來，《老子》〈道經〉首章所做「形上／形下」與「無名／有名」的區分，在三家注中的表現並無不同〔註 22〕，然而三家所持的語言觀點卻大異其趣〔註 23〕。以《河上公注》爲例，雖然在注文中可以看到「無名者謂道，道無形故不可名」之語，但其目的並不像王弼，在於說明「道」難以用「有」、「無」、「玄」這類的語詞去指涉，而在於強調語言在區別上的「對立性」（如強調「有」與「無」的對立關係），而不強調其互補的關係（如「道」

〔註 22〕　如王弼注文云：「可道之道，可名之名，指事造形，非其常也。故不可道，不可名。」張君房《雲笈七籤》卷一引嚴遵注文云：「可道之道，道德彰而非自然也；可名之名，功名顯而非素真也。」河上公注云：「無名者謂道，道無形，故不可名也。」

〔註 23〕　《河上公注》二十五章注「域中有四大」與王弼注文相似，其中僅二處小異，即「凡稱有名」，王弼注作「凡物有稱有名」；「天地王皆在乎無稱之內也」，王弼注作「道天地王皆在乎無稱之內」。此注當爲傳寫者誤竄王弼注文而致，據鄭成海《老子河上公注斠理》（臺北：臺灣中華書局，1971 年）考證，日本天文十五年河上公注本殘卷、日本近衛公爵舊鈔本、強思齊、顧歡、陳景元及《道德真經集注》等諸本皆無此注。

可能具有「有性」與「無性」）。如果集中分析《河上公注》第一、二章的注文，可將河上公「對立」語彙的使用分爲三種類型態：

（一）「反義的對立」：在這類的對立中，相似點與不同點之間的關係相對，它使我們可以建立相稱的系列。如「名無欲者長存，名有欲者亡身」中的「無欲／有欲」及「長存／亡身」，都可相繫聯而形成系列。

（二）「同義相對」：在這類的對立中，對立的關係是形式的關係，也就是說它們不能被認爲是對一特性的肯定和否定。如「經術政教之道」與「自然長生之道」；「無事養神，無事安民，含光藏暉，滅跡匿端，不可稱道」之名與「富貴尊榮高世之名」。

（三）「無標定與標定的對立」：「標定成分」指一對帶有區別性特徵的成分，這種區別性特徵可以把這種成分和另一種成分區別開來，如漢語中「他」與「她」標定著男性與女性的對立；而「無標定」則與前者的意義完全相反，它是對立的「零度」〔註24〕。零度不是指全然的不存在，而是一種意指作用的缺席，一種純區分性狀態。無標定的語彙除了沒有同義或反義的標定外，它也證明了一切符號系統有「從無中」創生意義系統的能力。在河上公第一章的注文中，「（玄）天」與「心」可以代表這類的語彙。如注「此兩者同出而異名」說：「兩者謂有欲、無欲也。同出者，同出人心也。」又注「同謂之玄」言：「玄，天也。言有欲之人與無欲之人，同受氣於天。」這些注文都可表示，人心與玄天是一切對立系統的根源所在，它們可以與標定的語彙如「有欲／無欲」相對，實際上它們也是一切對立系統的能量所在，因爲當明確的表示成分不存在時，它們的表示成分反而可以依據它自身來發揮。《河上公注》三十二章釋「道常無名」言：「道能陰能陽，能施能張，能存能亡，故常無名也。」此知注文言「道」、「無名」的原因在於「能陰能陽，能施能張，能存能亡」，這顯然與王弼解爲「道無形不繫，常不可名」不同。河上公的注文說明道是陰陽、施張、存亡這些對立系統的能量所在，它可以依不同的情境表

〔註24〕零度概念是由音位學產生的，具有豐富的應用價值。如在語義學中有「零度符號」（sign-zero）用以指稱欠缺產生意符作用的意符。又如在邏輯中，稱 A 處於零態，意即 A 實際上不存在，但在某種條件下可使其出現。人類學家李維史陀（Levi-Strauss, Cl.）把零度符號的概念與 mana 神力的概念相較，以爲 mana 本身不牽涉到任何特殊的意指作用。以上參見 Roland Barthes：《符號學原理》，李幼蒸譯：《寫作的零度——結構主義文學理論文選》（臺北：桂冠出版社，1991 年中譯本），頁 184～186。

示爲陰、陽、施、張、存、亡。而王弼所措意的，則在於說明語言的局限及與道的界線。

　　人類的語言系統包含了兩種對立：一是發音系列的，存在於音素之間；一是意義的對立，存在於符素之間。由此而論不管是嚴遵、王弼或河上公，他們所使用的語言必然包含這種對立性。但本文對《河上公注》中對立性的討論不在於分析語言系統的成因，而在指出河上公的注解形式，並由此形式說明他的注解所欲論說的重點何在。河上公注文中的「道」表示爲對立系統之上的「無標定」詞彙，這個無標定的語彙可以是語言系統中的零音素，也可以表示爲宇宙論中的形上實體；或者居於人之中，決定一切區別行爲的「神明」。如《河上公注》二十一章言：「萬物始生，從道受氣。」又云：「道唯恍忽，其中有一，經營主化，因氣立質。」此指「道」之「一」爲主化之根源〔註25〕，可以依著其自身的作用，因「氣」形成一切帶有區別性特徵之「質」〔註26〕，故此章是用「道」、「（德）一」這類「無標定」的語彙來指示道體中能生化之能量。又第九章注「載營魄抱一無離」曰：「言人能一，使不離於身則長存。一者，道始所生，大和之精氣也。」此中所指之「一」，就道的運行而言是所謂的「大和之精氣」；落在人身，則爲能生養五藏，變化不死的「神」〔註27〕；落於人的造作施爲，則爲能「去情忘欲，無所不包容」的「神明」〔註28〕。河上公以爲：人能得神明，就能知道之所常行，因而「公正無私，無所不包容」，不妄作價值對立之區別；因爲不立對立，因此而能不受限而長生。由這些汪釋可知在河上公的使用中，「一」的表示成分並無標定，它的意義與同類無標定語彙如「道」、「德」等語並不能明確的區分開來，這些無標定語依其自身的作用，落於標定的意義系統時，同時可以有「精」、「神」、「神明」等不同的意義。

　　因爲河上公以視「道」爲「無標定」語，所以其論說的系統，就環繞在

〔註25〕《河上公注‧養德第五十一》言：「德，一也。一主布氣而畜養。」（引文據注23：鄭成海《老子河上公注斠理》，以下同，不另注）

〔註26〕《河上公注‧養德第五十一》言：「一爲萬物設形象。」

〔註27〕《河上公注‧成象第六》言：「人能養神則不死也。神謂五藏之神也。肝藏魂，肺藏魄，心藏神，賢藏精，脾藏志，五藏盡傷，則五神去矣。」

〔註28〕《河上公注‧歸根第十六》言：「能知道之所常行，則爲明。不知道之所常行，妄作巧詐，則失神明，故凶也。能知道之所常行，去情忘欲，無所不包容也。無所不包容則公正無私，眾邪莫當。公正無失，可以爲天下王。治身正，則形一，神明萬足，共湊己躬也。」

此無標定之「道」有何功能之上，而帶出宇宙論的精氣生化之說，以及人保有神明的種種效能。這些生化及涵容之功能，是一切具區別性特徵之萬物系統，以及人為價值對立系統的基礎，卻不為標定區別的系統所限。換言之，道及神明可立於所有具有區別性特徵的系統中，成其自身之意義。從修道上的意義而言，人若失去了神明，意即失去了其含藏變化的能力，落入了區別性的系統中；即由不生不死的長生之道中落入了生死對立的系統之中。由此而論，《河上公注》所措意的在於「道」、「（德）一」或者「神明」這類的生化能力，而其注文的解釋亦不得不由此而成。典型的例子如今本《老子》第十一章論「有之以為利，無之以為用」，《河上公注》釋之而言：「利物也，利於形用，器中有物。室中有人，恐其屋破壞。腹中有神，畏神消亡也。」「言空虛者乃可用盛受萬物，故曰：虛無能制有形，道者空也。」此章的注解雖有王弼所謂的「以其無能受物之故，故能以寡統眾也」的意思，但卻更突出「器中有物」、「室中有人」、「腹中有神」這些可以「經營主化」的因素，而成為河上公注中的特色。

同理，《老子》經文中「沖」或「中」字，河上公多解為「虛器」或者「內」之義，如「沖氣以為和」，河上公注為：「萬物中皆有元氣〔註29〕，得以和柔。若胸中有藏，骨中有髓，草木中有空虛與氣通，故得久生也。」這與其他注本以「沖」為涌搖之意明顯有別。又如第五章釋「不如守中」言「不如好德於中，育養精神，愛氣希言」，也與王弼「持守空虛無為」或「中虛」之意不同〔註30〕，此乃河上公以「天地之間其猶橐籥」為「天地之間，空虛和氣流行」能居神明，而「橐籥中空虛，人能有聲氣」之故。凡此之例，皆表示河上公之注文所重者為能主化者，故其第一章注言「除情去欲守中和，是謂知道之門戶也」，其中的「守中和」實指為守內之和氣之意。

四、嚴遵與河上公、王弼之「道」

莊子之語言使用具有強烈的後設立場，因此有「卮言」、「寓言」、「重言」、「狂言」之說。王弼不像莊子視語言為有限的「人為建構」，而以語言為道的呈顯，二者的語言觀點雖然不同，然以語言是識道與不識道的關鍵則相一致。

〔註29〕據鄭成海《老子河上公注斟理》考證，舊題顧歡《道德真經注疏》、《河上公道德真經註本》在萬物下「之」字，作「萬物之中皆有元氣」。

〔註30〕王弼注言：「橐籥而守數中，則無窮盡。棄己任物，則莫不理。若橐籥有意於為聲，則不足以共吹者之求也。」

對照之下，嚴遵《老子指歸》及《河上公章句》雖也論及道與語言的問題，卻不以為它是一個根本的問題，這在道家理論內部而言（特別是對照《莊子》的思想）是一個值得注意的現象。

前節已分析《河上公注》中的對「道」這類語詞的表示，有「無標定」的意味，此無標定的語彙可依其自身而形成其意義。無標定語彙的使用，目的不在指涉道體，而在於指示超自然的能力，在《河上公注》中，這種超自然的能力可落實為形成萬物之氣，也可落實而為人身中的「神」。這種語言的使用，其取向應該不在於強調語言的工具性，而在於由「無標定」與「標定」的區分中，同時呈現「道」與「有形萬物」；「人」與「行為擇取」或「價值賦予」的形式。由此，河上公注文的目的在於揭示這種形式所顯示的意義，在他看來語言不是得道的工具，而是道之普遍形式的表現〔註31〕，在這形式之中，道的重要在於它不落於標定的意義系統中，而能變化，能行其意志。因此在河上公的注文中「多事害神」與「多言害身」〔註32〕的意義是一樣的，意即「患害起於意欲的對立偏失」，其解決之道是回到清明能應的意志狀態〔註33〕，入心出行，布施為德〔註34〕。這種經營主化的態度明顯不同於王弼注「棄己任物」令「萬物各適其所用」〔註35〕的解釋。

嚴遵的《老子指歸》雖也說：道不可宣、不可傳、不可言，但並不強烈的質疑語言，他的態度與河上公頗有相近之處，即將語言視為有待詮解的道之結構，因此二者都強調「對立性」與「神明」這類的概念。就《河上公注》而言，強調「對立性」的目的在於提示能形成對立的經營主化之道；由此而

〔註31〕如《河上公注・養身第二》釋「天下皆知美之為美」為「自揚己美，使顯彰也」，即將此句視為是意欲之問題；而不若王弼言：「美惡猶喜怒也，善不善猶是非也。喜怒同根，是非同門，故不可得而偏舉也。」視之為對立互生的名數。
〔註32〕見《河上公注・虛用第五》。
〔註33〕《河上公注・能為第十》釋「專氣致柔」為：「專守精氣使不亂，則形體能應之而柔順。」釋「滌除玄覽」為：「當洗其心，使絜淨也，心居玄冥之處，覽知萬事，故謂之玄覽也。」
〔註34〕《河上公注・能為第十》釋「抱一能無離」云：「言人能抱一，使不離於身，則長存。一者，道始所生，大和之精氣也，故曰一布名於天下。天得一以清，地得一以寧，侯王得一以為正平，入為心，出為行，布施為德，總名為一，一之為言，志一無二也。」
〔註35〕王弼《老子注》第五章：「天地不為獸生芻，而獸食芻；不為人生狗而人食狗。無為於萬物而萬物各得其所，則莫不贍矣。」又言：「棄己任物，則莫不理。若橐籥有意於為聲也，則不足以共吹者之求也。」

論意志之主宰——「神明」的重要，延伸而有如何保持精氣、令神明不去等問題。嚴遵與河上公不同，他之強調「對立性」的目的不在於揭示其背後的意志主宰，而在於說明對立雙方所形成的關係爲何。

　　《老子指歸》在論對立性時有二個重點，一是「對立同源」；二是「對立交感」。前者如釋「大國者天下之所流，天下之所交」一章，以爲：「天地並起，陰陽俱生，四時共本，五行同根，憂喜共戶，禍福同門。故所以爲寧者，所以爲危者也；而所以爲危者，所以爲寧者也。所以爲存者，所以爲亡者也；而所以爲亡者，所以爲存者也。」此段話所論及的對立語詞有陰陽、四時、五行這類宇宙論的語詞，也有價值語詞如憂喜、禍福等等，可見嚴遵並不視對立的形成是語言概念中的反義並立，而是將之視爲道運行下所呈現的現象。由於嚴遵所強調的對立不是反義式的兩極關係，而是「太和」之下的反復運動，故二者同源於道。

　　萬事萬物所呈現對立區別的現象既由道而成，故對立項間有同源同宗的關係，也因此具有「性情同生，心意同理」的共同元素，能有「物類相應，不失毫釐」的交感現象〔註36〕。嚴遵認爲，對立的形式通過「同源」、「交感」的概念可以形成現象萬物的種種結構，如《指歸》釋〈道生一〉章言：「故虛之虛者生虛虛者，無之無者生無無者，無者生有形者。故諸有形之徒皆屬物類，物有所宗，類有所祖。天地，物之大者，人次之矣。夫天人之生也，形因於氣，氣因於和，和因於神明，神明因於道德，道德因於自然，萬物以存。」這段話所說的是道生的結構，從「有／無」、「虛／實」的對立形式而言，其生成的關係是：

　　　　虛之虛者→虛虛者→無之無者→無無者→無者→有形

從道、德的語詞而言，其生成的關係是：

　　　　自然（道）→德→神明→和（太和）→氣（陰陽）→形（天、地、人）

　　將上兩個不同的表示結構相互對照，可以發現除「無者」與「有形」具有反義的意義外，其他則只表示爲一種狀態或關係。由此可知，在面對《老子指歸》釋文中的對立語詞時，或許不能以反義詞視之，如《指歸》釋「天

〔註36〕《老子指歸》釋「不出戶，知天下」章言：天地人物，皆同元始，共一宗祖，六合之內，宇宙之表，連屬一體，氣化分離，縱橫上下，剖而爲二，判而爲五。〔……〕性情同生，心意同理〔……〕物類相應，不失毫釐者，同體故也。」本文所引《老子指歸》據明刊六卷本《道德指歸論》，見於嚴靈峰：《無求備齋老子集成初編1》（臺北：藝文印書館，1965 年），以下同，不另注。

下之至柔」章言：「萬物借之而生，莫有見聞。毳不足爲號，弱不足以爲名，聖人以意存之物也。故字曰至柔，名曰無形，是以無形之物，不以堅堅，不以壯壯。」即指出「毳」、「弱」、「柔」皆非指爲對立項中的反義字。同理，釋「道生一」章言：「虛無無形，微寡柔弱者，天地所由興，而萬物之所因生也。眾人之所惡，而侯王之所以自名也，萬物之原泉，成功之本源也。」此段文中「虛無無形，微寡柔弱者」都有道的意義，也不應將之視爲「實有有形，顯多剛強」的反義描述，而應爲正反玄冥，交感反復的狀態。

　　《老子指歸》不但用對立項的同源及交感來說明道與萬物的生成結構，也依此而形成「道人」〔註37〕在行事上應有的思維結構。如其中的「一」〔註38〕、「神明」等語詞，不但爲道之生成結構的一環，亦爲聖人能否應感隨化的關鍵，釋「上德不德」章言「萬物之託君也，猶神明之居身，而井水之在庭也」，釋「天下之至柔」章亦有「意欲微妙，神明是守」之語。「神明」在道的生成結構中是指「太和之主」〔註39〕，而太和是清濁和而未分之狀態〔註40〕，因此「一」或「神明」，其指意皆爲清濁玄混的狀態，由此虛冥未分之狀態，《老子指歸》據之而論聖人合道的行爲。

　　《老子指歸》釋「爲無爲，事無事」章言：

> 神明之數，自然之道，無不生無，有不生有，不無不有，乃生無有。
> 由此觀之，憂不生憂，喜不生喜，不憂不喜，乃生憂喜，故居禍者
> 得福，居福得禍，福禍之主，在於元首，爲之無形，聽之無聲，無
> 形聲則深遠。〔……〕是以聖人不爲有不爲亡，不爲死不爲生，游
> 於無有之際，處於死生之間，變化因應，自然爲常。

《指歸》之意以爲聖人得「神明之數，自然之道」即是處於「不無不有」、「無福無禍」、「無形無聲」、「不爲有不爲亡」、「不爲死不爲生」的狀態〔註41〕。

〔註37〕《老子指歸》釋「上德不德，是以有德」章中分道、德、仁、義、禮五等人，其言曰：「虛無無爲，開導萬物，謂之道人；清靜因應，無所不爲，謂之德人；兼愛萬物，博施無窮，謂之仁人；理名正實，處事之義，謂之義人；謙退辭讓，敬以守和，謂之禮人。」

〔註38〕《老子指歸》釋「昔之得一」章言：「一其名也，德其號也，無有其舍也，無爲其事也，無形其度也，反其大數也，和其歸也，弱其用也。」

〔註39〕《老子指歸》釋「天下至柔」章言：「道德至靈而神明賓，神明至無而太和臣。」

〔註40〕《老子指歸》釋「道生一」章言：「一清一濁，與和俱行，天人所始，未有形朕圻埒，根繫於一，命於神者謂之三。」（谷神子注：三即太和也。）

〔註41〕同樣的意思，如釋「昔之得一」章言：「聖人爲之以反，守之以和，與時俯仰，

由此可知，嚴遵的論法與河上公不同，不強調能形成對立的意志作用，而訴諸於心靈境界之不落兩邊。從《指歸》的立場而言，這種不落對立思考的作用，使人能產生兩種感應的能力，這二種能力分別對應於「同源」及「交感」二種對立關係：其一是取得心靈之自由，因而對事物變化「能感能應」，豐富行事效用的可能性〔註42〕；其二是能與萬物在同體共感中，取得動邇應遠〔註43〕，似弱實強〔註44〕的優勢。

《老子指歸》釋「民不畏威」章言：

存身之道，莫急乎養神，養神之要，莫甚乎素然，常體憂畏，慄慄震震，失神之術，本於縱恣，喪神之數，在於自專。」釋「天下之至柔」章亦言：「無爲之關，不言之機，在於精妙，處於神微，神微之始，精妙之宗，生無根蒂，出入無明，常於爲否之間，時和之元。

由上段引文可知嚴遵的存身養神之論與精氣之說並無關係，其說也無所謂「向相反方向轉化」的意思〔註45〕，他所論說的重點應在於心靈境界的無所拘執

因物變化，不爲石不爲玉，常在玉石之間，不多不少，不貴不賤。」釋「名與身孰親」章言：「知止之人，貴爲天子，不以枉志，貧處嚴穴，不以幽神，進而不以爲顯，退而不以爲窮。無禍無福，無得無喪，不爲有罪，不爲有功，不求不辭。」釋「以正治國」章言：「天地之道，一陰一陽，陽氣主德，陰氣主刑，刑德相反，和在中央。王道人事，一柔一剛，一文一武，中正爲經，剛柔相反，兵與德連，兵終反德，德終反兵，兵德相保，法在中央，法數相參，故能大通。」

〔註42〕 《老子指歸》釋「出生入死」章言：「不以生爲利，不以死爲害，兼施無窮，物無細大，視之如身，無所憎愛，精神隆盛，福德並會，道爲中主，光見於外，自然之變，感而應之。」

〔註43〕 《老子指歸》釋「不出戶，知天下」章言：「人主動於邇，則人物應於遠；人物動於此，則天地應於彼，彼我相應，出入無門，往來無戶。天地之間，虛廓之中，邈遠廣大，物類相應，不失毫釐者，同體故也。」

〔註44〕 《老子指歸》釋「天下至柔」章言：「累柔積弱，常在民後，被羞蒙辱，國爲雌下，諸侯信之，比於赤子，天下歸之，若歸父母，人物同欲，威勢自起，強者不能凌，大者不能取。」又釋「以正治國」章言：「開萬民之心，生諸侯之謀。明我道德之祐，闡我天地之助。以渾四海之心，同萬國之意，百姓應我若響，鄰國隨我若影，飛鳥走獸，與我俱往。」

〔註45〕 王德有《老子指歸全譯》（成都：巴蜀書社，1992年）序文中曾提到《老子指歸》的思維邏輯有二點，一是「向對立的方向轉化」，二是「由漸化到突變」（頁461～461）。然由釋「昔之得一」章所言「道之至數，一之大方，變化由反，和纖爲常，起然於否，爲存於亡。天地生於太和，太和生於虛冥」這句話看來，「天地生於太和，太和生於虛冥」並不是一種對反的發展，而只在說明天地的根源是虛冥。而且「變化由反，和纖爲常」的重點應落在「和纖爲

上。然而這種心靈境界之說並不能直接視之爲「主觀的心靈境界」，它是透過「同源」、「交感」的客觀意義來達成的，非僅僅是主觀的境界。《指歸》釋「天下之至柔」章言：

> 有聲之聲，聞於百里；無聲之聲，動於天外，震於四海。言之所言，
> 異類不通，不言之言，陰陽化，天地感。且道德無爲，而天地成，
> 天地不言而四時行，凡此二者，神明之符，自然之驗也。

上段話中存在著二個相同的結構，一是聖人的無聲之聲、不言之言；一是道的無爲、天地的不言。道「無爲」、「不言」，而有「天地成」、「四時行」這二個符驗；同理，人的「無聲之聲」與「不言之言」也有「動於天外，震於四海」、「陰陽化，天地感」的效用，這說明聖人的神明之功，不是建立在一種境界上，而是他取得一種客觀之道，在同源交感的運化之下，而有道的種種妙用。故此說之建立，雖與王弼同樣強調心靈之無執，卻非以類比的思維來完成，其取向與王弼的「反本說」有不同之處。

王弼《老子注》、《老子指略》有「崇本息末」之說，其說的重點建立在人之「反本」〔註46〕上。「反本」是人心由「有境」反歸「無境」的活動，目的在使心靈「全而不偏」，因而使人心如整全之「道」般，能有成濟萬物的效用。換言之，心靈之駐於無爲之境，是藉由向上類比於道，向下將人爲的事物類比於道之現象而完成的。在這個雙向的類比中，因肯定「道」能「無爲」而使萬物各得其所；從而肯定了心靈之處於無爲，可以止息人爲的弊害，得事物之止。因此，反本說建立於「人心」對「道心」的類比上，而不在於人能掌道的客觀內涵。

不管是嚴遵論「處於神微」或者王弼論「崇本」、「反本」，二者所論都集中在如何讓心靈駐於「虛無」的狀態，然焦點相同，取向略異。在道與萬物的生成問題上，嚴遵並不懷疑他所說「道→德→神明→太和→氣→形」的生成次序，也因此他可以直接由人能掌握萬物的同源、交感，而說人心可以接近於道心，再由人心的道化，去說人之神明可以有道之神明的種種妙用。相較之下，王弼並不直接說道是如何，他經由語言理論，先指出「言→象→意」

　　常」；「變化由反」與「起然於否，爲存於亡」只是在說明對立反復並無常軌，不足以依之而爲向對立面發展的律則。本文以爲強調「否」、「亡」的目的應在於扭轉俗見之判斷而致，其最後所論應爲無價值對立區分的虛冥狀態。

〔註46〕王弼《老子注》四十章言：「天下之物，皆以有爲生；有之所始，以無爲本。將欲全有，必反於無也。」

的反溯類比，有其識道的可能；再由此可能說人心有反溯類比於道的可能，從而建立其「崇本息末」說。故嚴遵的論說是先肯定道是如此，而王弼論道並不能明確的說出道為何，而只能追出道為雜多中的整全，據此以為人能不違於全〔註47〕，能在方而法方，在圓而法圓〔註48〕，則能近於道。

　　相較之下，河上公並不由心靈的能感論得道，也不由類比的思維去理解道的妙用。《河上公注‧成象第六》言：「不死之有，在於玄牝。玄，天也；於人為鼻。牝，地也；於人為口。天食人以五氣，從鼻入，藏於心。五氣清微，為精神聰明，音聲五性，其鬼曰魂。魂者，雄也；主出入，人鼻與天通，故鼻為玄也。地食人以五味，從口入，藏於胃。五性濁辱，為形骸骨肉，血脈六情，其鬼曰魄。魄者雌也，主出入，於口與天地通，故口為牝也。」由這段話可知：河上公視人的活動，仍在天地生養之中，萬物的生存就在道的活動之中，而非王弼所論，以為天／人之間、有形有名／無形無名之間是相隔的，必須有一「天人之道」來加以彌合。河上公以為「鼻口之門」是「通天地元氣之往來」，是人與天地相通之門，也是天地生養人的門戶。人是否能得道，在於善養與不善養，利用與不利用，能養則能經營，而不在於心靈上有何見解。由此，他說柔弱安靜等語彙，目的不在王弼所言能類比於道，也不是嚴遵所論能利於心之能感能應，而只是有益於養神的種種措施。

五、結　語

　　「道」與「德」是《老子道德經》中的核心概念，但「道」、「德」這二個字，非由道家所獨專。《莊子‧天下》對先秦百家說解「道、德、聖、賢」的紛陳景象，有很好的評述，它在「古之道術」的前提下，論判百家諸子為「一曲之士」〔註49〕，為「道術」的不同流裔。〈天下〉所論的「道術」包含

〔註47〕王弼《老子注》二十五章釋「法地」為「人不違地，乃得全安」；釋「法天」為「地不違天，乃得全載」；釋「法道」為「天不違道，乃得全覆」。

〔註48〕王弼《老子注》二十五章：「法自然者，在方而法方，在圓而法圓，於自然無所違也。」

〔註49〕《莊子‧天下》言：「天下大亂，聖賢不明，道德不一，天下多得一察焉以自好。譬如耳、目、鼻、口，皆有所好，不能相通。猶如百家眾技也，皆有所長，時有所用。雖然，不該不偏，一曲之士也。判天地之美，析萬物之理，察古人之全，寡能備於天地之美‧稱神明之容。是故內聖外王之道，闇而不明，鬱而不發，天下之人，各為其所欲焉以自為方。悲夫！百家往而不反，必不合矣。後世之學者，不幸不見天地之純，古人之大體，道術將為天下裂。」見郭慶藩編：《莊子集釋》，頁1069。

了「道」與「術」（方術）二者。道所指應爲「聖有所生」、「王有所成」的實現原理〔註50〕；而術是指方法，爲將理論或原理付之實現的具體步驟，諸如仁、義、禮、樂；法、名、參、稽；養民之理等等「數度」〔註51〕。合道與術可說是〈天下〉所謂的「內聖外王之道」〔註52〕，由他所論的各家思想看來，這些道術的流裔，有極大的部分都涉及政治思想。

漢初人所論的道術，其政治的傾向更爲濃厚，如《史記・太史公自序》中所保存的司馬談〈論六家要指〉，即將當時主要的學說流派視爲是「務爲治」、「治天下」的學派〔註53〕。又在《史記》中，太史公將老子、莊子、申不害、韓非合傳，似乎也顯示相近的意見，認爲各家之說的根本與政治思想不無關係。假如這種意見是漢初人所承襲的傳統，這個傳統的影響勢力似乎不可等閒視之。

從《老子指歸》的內容看來，其爲治天下之書，應該無可懷疑，何況其中的〈君平說二經目〉也說：「智者見其經，效則通乎天地之數，陰陽之紀，夫婦之配，父子之親，君臣之儀，萬物敷矣。」由此而論，《河上公注》第一章注「道可道」爲「謂經術政教之道」，注「非常道」爲「非自然長生之道」，或許有與嚴遵這類論「經術政教」的道家學者劃分界線的意味。《河上公注》表達與治道傳統的斷絕不但表現在注文上，也表現在上、下經的次序上；由於〈德經〉的起始「上德不德，是以有德」章，所論的是「上德之君」，故以〈德經〉爲上，顯然較能表達治道傳統的論旨，而不適於長生傳統，故《河上公注》以〈道經〉爲上。

〈道經〉在上的傳本後來廣爲流傳，可能與東漢以來自然思想的發展有關，此點可由王弼注本中反映出來。如王弼《老子注》三十八章言「德者，

〔註50〕　《莊子・天下》言：「古之所謂道術者，果惡乎在？曰：惡乎不在。曰：神何所降明何所出？聖有所生，王有所成，皆原於一。不離於宗，謂之天人，不離於精，謂之神人，不離於眞，謂之至人。」見郭慶藩編：《莊子集釋》，頁1065。

〔註51〕　方術因法則度量而爲參稽之術，故同名曰「數」，〈天下〉言「其數散於天下，而設於中國者，百家之學，時或稱而道之」，所指之「數」即爲天下所治之方術。

〔註52〕　《莊子・天下》言：「內聖外王之道，闇而不明，鬱而不發，天下之人，各爲其所欲焉以自爲」。見郭慶藩編：《莊子集釋》，頁1069。

〔註53〕　司馬談〈論六家要指〉言：「夫陰陽、儒、墨、名、法、道德，此務爲治者也。」見《史記・太史公自序第七十》，（臺北：洪氏出版社點校本，1974），頁3288。

得也」，﹝註54﹞又注「上德」為「上德之人」，有意的去除「德」的形上意義，
明顯有別於《老子指歸》與《河上公注》以德為「一」為「道之子」﹝註55﹞，
以「上德」為「上德之君」或「太古無名號之君」。就注文而言，《老子指歸》
與《河上公注》頗有相同﹝註56﹞，而王弼常於二者之相近處另出新解，凡此
皆可顯示王弼《注》較《河上公注》更加的遠離治道傳統。

嚴遵與河上公雖說「道」不可名，然二者注文中，於形上學或宇宙論的
描述，大多先肯定無疑。如果要細分其型態，則嚴遵於道的內涵上強調「對
立同源」及「反復交感」的現象；而河上公則強調道之能「變化」、能「經
營」。王弼《注》的詮釋型態異於前二者，他不直接肯定道的實質為何，而由名言
的角度思考，追問「道」如何可說，並據此而論人如何能相應於道，在解釋
上強調道具「無限整全」的特性。從三者的詮釋結果看來，《河上公注》所論
之「道」於觀念上頗有承繼於《指歸》者。而王弼《注》的心靈境界說與嚴
遵在取向上雖有不同，但結論也頗有相合，這些現象或許是受限於《老子》
本文，有部分章節無法做過多的詮解所致。

後記：本文曾發表於《臺大文史哲學報》第52期（臺北：臺灣大學文學
院，2000年6月）

﹝註54﹞ 王弼《老子注》五十一章也說：「道者，物之所由也；德者，物之所得也。由
之乃得，故曰不得不失，尊之則害，故不得不貴。」
﹝註55﹞ 《老子指歸》釋「昔之得一者」言：「一者，道之子，神明之母，太和之宗，
天地之祖。」又言：「一其名也，德其號也。」《河上公注·法本第三十九》
言：「一，無為道之子也。」〈養德第五十一〉言：「德，一也，一主布氣而畜
養也。」
﹝註56﹞ 如釋「出生入死」章中「生之徒十有三，死之徒十有三」，《指歸》言：「四支
九竅，凡此十三，死生之外具也；虛實之事，剛柔之變，生死之內數也。故
以十三言諸。」《河上公注》言：「言生死之類，各有十三，謂九竅四關也。」
王弼《注》與上二家大不同，以為：「十有三，猶云十分有三分。」